URSULA ASAMER

Blätter, Knospen, Rinde & Co.

HEIMISCHE SPEISELAUBBÄUME FÜR KÜCHE UND GESUNDHEIT

Leopold Stocker Verlag
Graz – Stuttgart

Umschlaggestaltung: DSR Werbeagentur Rypka GmbH, 8143 Dobl/Graz, www.rypka.at
Titelbild: Mona Lorenz, Gmunden.
Umschlagrückseite: Christine Dausek: Bild 1; Mona Lorenz, Gmunden: Bild 2–5.

Bibliografische Information der Deutschen Nationalbibliothek
Die Deutsche Nationalbibliothek verzeichnet diese Publikation in der Deutschen Nationalbibliografie; detaillierte bibliografische Daten sind im Internet unter http://dnb.d-nb.de abrufbar.

Hinweis: Dieses Buch wurde auf chlorfrei gebleichtem Papier gedruckt. Die zum Schutz vor Verschmutzung verwendete Einschweißfolie ist aus Polyethylen chlor- und schwefelfrei hergestellt. Diese umweltfreundliche Folie verhält sich grundwasserneutral, ist voll recyclingfähig und verbrennt in Müllverbrennungsanlagen völlig ungiftig.

Auf Wunsch senden wir Ihnen gerne kostenlos unser Verlagsverzeichnis zu:
Leopold Stocker Verlag GmbH
Hofgasse 5/Postfach 438
A-8011 Graz
Tel.: +43 (0)316/82 16 36
Fax: +43 (0)316/83 56 12
E-Mail: stocker-verlag@stocker-verlag.com
www.stocker-verlag.com

ISBN 978-3-7020-1954-9

Layout und Repro: DSR Werbeagentur Rypka GmbH, 8143 Dobl/Graz

Inhalt

Inhalt

Inhalt

Inhalt

Inhalt

Danksagung und Widmung

Dieses Buch und Schriftensammlung ist eine Ehrbezeugung an die heimische Baumwelt. Ich bedanke mich bei der Natur für die Inspirationen im täglichen Leben und verneige mich vor dem Geschenk der Heilkräfte und der Nahrung unserer heimischen Speiselaubbäume.

Ein Dank gilt auch allen Unterstützern und Helfern, die mit ihrem Wissen und ihren Weisheiten zur Fülle dieser Schrift beigetragen haben und eine große Unterstützung waren. Danke an meine Naturvermittlerkollegin Maria Hageneder für ihre kulinarische Experimentierfreudigkeit.

Ein herzliches Vergelts Gott für die Begleitung und die Erduldung meiner endlosen Fachfragen an meine langjährigen Forst- und Waldlehrer Fritz Wolf und Poidl Putz sowie Heimo Strebl als Obstbaumspezialist.

Ein Dankeswort gebührt auch allen, die der Natur tief verbunden sind, sie schützen und pflegen.

Meine tiefe Anerkennung gilt vor allem auch Herrn Mag. Wolfgang Dvorak-Stocker für das Aufgreifen des Themas Speiselaubbäume, Frau Mag. Heike Pekarz als Lektorin und dem gesamten Team des Leopold Stocker Verlages für die professionelle Gestaltung und die grafische Bearbeitung.

Meine Hochachtung erbringe ich auch den Fotografinnen Mona Lorenz, Christine Dausek, Elisabeth Pilat und Daniela Stockinger sowie Josef Limberger und bedanke mich für die zur Verfügung gestellten Aufnahmen.

Wald und Bäume begleiten uns durch Zeiten und Räume. © Ursula Asamer

Die 7 Linden, für jeden Enkel eine

Einleitung

ÜBER DEN BLATTRAND HINAUS

Bäume sind Heiligtümer! Wer mit ihnen zu sprechen, wer ihnen zuzuhören weiß, der erfährt die Wahrheit.
Sie predigen nicht Lehren und Rezepte, sie predigen das Urgesetz des Lebens.
(Hermann Hesse)

Eure Nahrung soll Euer Heilmittel sein – eine Aussage, die Hippokrates, einem Arzt und Heilkundigen der Antike, zugeschrieben wird, hat auch heute noch Gültigkeit. Die unendliche Dimension der Baumzeit steht im Gegensatz zur Dosierung der in der Küche verwendeten Köstlichkeiten unserer Speiselaubbäume. Hier gilt, weniger ist mehr. Kein Blattraub und andere Beutezüge oder Kahlschläge sind nötig, um die Geschenke unserer heimischen Nutzbäume genießen zu können.

Bäume gab es bereits lange vor dem Menschen, wie die gesamte Natur immer ohne den Menschen existieren kann, im Gegensatz dazu, der Mensch aber nie ohne die Natur. Jeder Baum hat seine ureigene dendrochronologische Geschichte, die Damen und Herren der Ringe aus unseren heimischen Wäldern bereichern seit Menschengedenken unseren Speiseplan und füllen die naturheilkundliche Apotheke.

Mit der Baumkost erübrigen sich zusätzliche Supplemente und Nahrungsergänzung wie auch die zweite Portion. Baumkost als uralte Tradition und Weisheit in Sachen Gesundheit wird mit ihren wieder neu entdeckten Geschmackserlebnissen zur revolutionären, gesundheitsfördernden Nahrung. Native Wirkstoffkombinationen unserer heimischen Baumwelt ist verständliche, nährende und heilende Information für unsere Körperzellen. Quantitativ produzierte Nahrungsmittel ohne Seele und Naturqualität, auf Substraten anstatt Erde gezogen, mit Kunstlicht zu bestellten Terminen vorgereift, überdüngt und mit Unkrautvernichtern besprüht, sind denaturiert und bar jeglicher pflanzlichen Information und Nährwert. Die Baumkost von unseren heimischen Speiselaubbäumen kann dazu beitragen, sich eingefahrener Essgewohnheiten bewusst zu werden und diese zu mehr Wohlsein abzuändern. Achtsame naturnahe Ernährung führt zur Entdeckung eines neuen Körpergefühls. Rezepte und Zubereitungen aus der Baumkost lehren uns die Entschleunigung und heben den Wert dieser Köstlichkeiten. Wir bewegen uns damit auch abseits von jeglichem Einheitsschmack.

„Der Raupe wegen muss man den Baum nicht umlegen." Dieses deutsche Sprichwort unbekannter Herkunft gilt auch für die Nutzung unserer Baumschätze durch den Menschen. Mit dem Genuss der Kostbarkeiten von heimischen Speiselaubbäumen sind wir nicht auf dem Holzweg.

Speiselaubbäume gibt es seit Urzeiten in allen Kulturen der Erde. Bäume sind zu Lebenssymbolen und dem ständigen Begleiter des Menschen geworden. Sie sind Lehrmeisterinnen und Lehrmeister, Medizinfrauen und Medizinmänner der Natur. Die Natur und ihre Baumschätze sind die Basis für alles Leben auf unserem Planeten und für die Existenzmöglichkeit des Menschen. Keine Technik wird jemals an die Stelle der Natur treten können. Gleich ob man den eigenen Familien-Stammbaum oder einen Baumstamm betrachtet, einen Lebensbaum für die Kinder pflanzt oder die Produkte des Baumlebens nutzt, die Baumkraft oder Kraftbäume sucht, den Weltenbaum in den Baumwelten entdeckt, einen Grenzbaum an der Baumgrenze schlägt – Bäume tragen den Sinn des Lebens in sich. Bäume leben in anderen Dimensionen, sie lehren uns die Zeit. Scheinbar statisch an einen Ort gebunden, haben sie in Jahrtausenden Strategien der Vermehrung ausgebildet.

Die Bedeutung von Bäumen und dem Wald, ob als Arbeitsplatz, Einkommensquelle, Existenz, Wertanlage oder Gesundbrunnen, Erholungsraum und Nahrungsspender und letztendlich als wichtiger Klimaregulierer und Bereitsteller von Sauerstoff, ist überlebenswichtig für die Menschheit.

Der Strichcode des Waldes ist der Strichcode jeden Lebens. © Elisabeth Pilat

Mensch und Baum –

NUR GEMEINSAM SIND WIR STARK

Dieses Gewächs gleicht dem Menschen. Es hat seine Haut, das ist die Rinde; sein Haupt und Haar sind die Wurzeln; es hat seine Figur und seine Zeichen, seine Sinne und die Empfindlichkeit im Stamme. Sein Tod und sein Sterben sind die Zeiten des Jahres.

(Dieser Spruch wird Paracelsus zugeschrieben.)

Die Krone ist meist das Spiegelbild der Wurzeln eines Baumes.
Oben wie unten, unten wie oben.

(Aus den Prinzipien des Hermes Trismegistos)

Die alte Eiche © Daniela Stockinger

DIE UNTERSCHIEDLICHEN GLEICHHEITEN VON MENSCH UND BAUM

Das Individuum Baum ist im Leben eines Menschen grundsätzlich verankert. Das zeugt von der Wichtigkeit dieser Gewächse im Dasein der Menschheit. Der immaterielle Wert von Bäumen und dem Wald wird gerade wiederentdeckt. Nicht immer kann die Wertigkeit von Bäumen monetär bewertet werden. Achtsamkeit, Achtung und der Respekt vor der Natur dürfen aber noch wachsen.

Der alte Brauch, zur Geburt eines Kindes einen Lebensbaum zu pflanzen, hat sich bis heute erhalten. Ein Kind wird als Sprössling bezeichnet, Sprösslinge werden auch junge Bäume genannt. Der Nachwuchs ist aus dem gleichen Holz geschnitzt, der Apfel fällt nicht weit vom Stamm.

Der Mensch steht und geht aufrecht, aufgrund seiner Wirbelsäule, seinem Stamm. Bäume sind höchstentwickelte Wesen in ihrer Pflanzengruppe. Der Mensch sieht sich auch als die Krönung der Schöpfung. Bäume haben wie der Mensch im weitesten Sinn ein Hormonsystem, das physiologische Vorgänge steuert. Wenn der Mensch Wurzeln schlagen will, bleibt er an einem Ort, man kann auch in seiner Heimat verwurzelt sein. Der Stammbaum eines Menschen erzählt von seiner Herkunft. Bäume haben denselben Lebenszyklus wie Menschen.

Die Verbindung von Mensch und Baum gibt es in allen Kulturen der Erde seit Menschengedenken. Diese untrennbare Verbindung spiegelt sich auch in den unendlichen Verwendungsmöglichkeiten der Baumschätze. Von einer entfernten Blutsverwandtschaft von Mensch und Baum zeugen die Chlorophylle von Baumblättern. Sie unterscheiden sich in ihrer Grundzusammensetzung nur sehr gering vom Blutfarbstoff Hämoglobin im menschlichen Blut.

Die Verbindung von Mensch und Baum gibt es in allen Kulturen der Erde seit Menschengedenken.
© Daniela Stockinger

HARD FACTS

Trotz übervoller Supermärkte leben die Menschen der Industrieländer großteils in einer Zeit des Mangels. Eines Mangels an intakter Nahrung. Ich trenne in Lebens-, Nahrungs- und Genussmittel. Lebensmittel sind zum Überleben notwendig, dabei steht Wasser an erster Stelle. Nahrungs- und Genussmittel landen nicht nur auf dem Teller, sie sind jederzeit verfügbar. Nahrungsmittel oftmals mit zweifelhaften Konservierungsmitteln versetzt, stehen in permanentem Überfluss zur Verfügung und landen dank schneller Küche auf den Tischen. To Go, in Karton und Kunststoff verpackt, kommen sie auch zu jeder Tages- und Nachtzeit 7 x 24 Stunden bis vor die Haustüre. Dabei ist das Zubereiten und Kochen reine Lebensfreude und die beste Gesundheitsvorsorge. Warum muss alles schnell gehen? Sich die Zeit für den Kochvorgang und vor allem das entspannte Genießen zu nehmen, trägt erwiesenermaßen zur Gesundheit bei. Von Fast zu Slowfood ist ein kostenloses Rezept für Wohlergehen in einer hektischen Zeit.

Intakte Nahrung versus Strichcodeprodukt
© Daniela Stockinger

Nachhaltigkeit durch Regionalität sind mehr als nur moderne Schlagwörter, sie weisen auch aus gesundheitlicher Sicht die Zukunft. Regionalität ist bei der neu entdeckten kulinarischen wie gesundheitlichen Verwertung von Speiselaubbäumen gegeben und Nachhaltigkeit ergibt sich aus den nachwachsenden Rohstoffen. Grundvoraussetzung dafür ist der Respekt und der achtsame Umgang mit der Natur. Auf baumbasierte Ressourcen kann maßvoll zurückgegriffen werden.

Ein Umdenken in Sachen gesunder Ernährung ist längst angezeigt. Ein berühmtes Zitat, das Vincent Van Gogh zugeschrieben wird, lautet: „Wandlung ist notwendig wie die Erneuerung der Blätter im Frühling." Wissen und Bewusstseinsbildung ist generell keine Bringschuld von Schulen und anderen Institutionen. Die Sprache der Bäume und des Holzes zu verstehen, sich Wissen und althergebrachte Weisheiten anzueignen, ist ohne Einschränkung jedem möglich. Die gewonnene Lebensweisheit von unseren Bäumen ist Teil unserer ureigenen Lebenserfahrung.

Bäume und ihre Pflanzenteile sind Nahrungsquelle, Wärmespender, Baumaterial und Rohstoff für Mensch und Tier.

Das Wort Speiselaubbaum geht auf das germanische **lauba-* „Blatt" zurück, welches seinerseits auf dem indogermanischen **leup-* „abreißen, rupfen" beruht; die Ausgangsbedeutung des germanischen Wortes war demnach „Futterlaub, das vom Baum gerupft wurde".

Das althochdeutsche *spisa*, aus lateinisch *spensa*, bedeutet so viel wie „Vorrat und Nahrung". Das würde die Verwendung von Laub als Speise erklären.

In einer Interpretation alter keltischer Weisheiten bedeutet die Bezeichnung für Baum auch Wissen und Lernen.

Bäume prägen Landschaften. Jedem Landstrich ist eine eigene Ernährungsweise eigen.

Regionale Baumnahrung und die Volksheilkundliche Baumapotheke stärken und kräftigen, dazu passend entgiften unsere Wildkräuter, die in der Nachbarschaft und im Schatten der Baumriesen gedeihen. Eine Musskombination. Reinigung und die Basis schaffen für den Aufbau zur Gesundheitsprophylaxe mit Vitamin- und Proteinkost.

ACHTUNG!

Vermerken möchte ich an dieser Stelle, dass dieses Buch kein botanisches Bestimmungsbuch ist. Schon bei der kleinsten Unsicherheit beim Erkennen von Bäumen, Blüten, Blättern, Rinden oder Früchten ist fachkundiger Rat mit frischen Pflanzenteilen, die zu bestimmen sind, einzuholen.

Das Wirkstoff- und Informationsprinzip, das wir bei den Gewächsen ganzheitlich in wunderbarer Art und Weise vorfinden, ist in sich stimmig. Dennoch haben Pflanzen keinen Beipackzettel. Ich stelle Ihnen hiermit einen aus: Allergische Reaktionen bei der Anwendung von Gewächsen und den daraus hergestellten Produkten sind fallweise möglich. Gewarnt sei hier ausdrücklich vor Experimenten, Übertreibungen und Überdosierungen. Das hier Aufgeschriebene erhebt keinen Anspruch auf Vollständigkeit oder Richtigkeit. Der Fokus liegt auf der heimischen Baumwelt, ihrer kulinarischen und volksheilkundlichen, kosmetischen wie auch alltäglichen Verwendung.

Die Volksheilkunde als Erfahrungsmedizin ist eine wunderbare Ergänzung und Bereicherung zur Schulmedizin. Heilratschläge können hier nicht gegeben werden und der im Krankheitsfall nötige Arztbesuch liegt immer in Ihrem Eigenermessen. Die Auffassung der Schulmedizin und die Standardisierung von Medikamenten decken sich nicht immer mit der Weisheit und dem Wissen der Volksmedizin.

Naturbelassene Ernährung mithilfe der Baumkost soll dazu dienen, die Gesundheit zu erhalten. Dosierungen, Rezepturen oder Anwendungsbeschränkungen sind stets individuell zu sehen, die Verantwortlichkeit zur Nutzung von Pflanzen in allen Teilen liegt immer in Ihrer Eigenverantwortung. Für werdende Mütter, Babys und Kleinkinder sind zu den hier vorgeschlagenen Anwendungsbeispielen im Vorfeld Erkundigungen zur Eignung einzuholen.

Aussagen zu Inhaltsstoffen und deren Wirksamkeit unterliegen den bei naturbelassenen Naturprodukten üblichen Schwankungen.

Komplettiert wird diese Schrift mit Drumherum, altem Wissen und Weisheiten im Bereich von Brauchtum und Volkskunde. Uraltes, zum Teil mündlich überliefertes Wissen, das ich aufgezeichnet und zusammengetragen habe, dient auch der Natur. Denn Schützen durch Nützen der Pflanzenvielfalt vor unserer Haustür hat Tradition und dient der Gesundheitsprophylaxe. Eine Sammlung mit sehr besonderen Aspekten zu den Wirkungen unserer heimischen Bäume.

Für die Selbermacher und geschickte Produzenten von Zubereitungen gilt dies ebenfalls: Wichtig ist die genaue Bestimmung und die absolute Sicherheit, den richten Rohstoff in der Natur zu ernten, sowie die Einhaltung des Naturschutzes und die Beachtung von Eigentums- und Besitzverhältnissen.

Die optimalen Erntezeiten und Lagerbedingungen sind in den jeweiligen Baumportraits aufgeführt. Sammeltipps nach dem Mondkalender sind eigens herausgearbeitet. Die im Anhang befindliche Bezugsquellenliste bietet auch für Nichtmacher die Möglichkeit, Zubereitungen zu beziehen.

Die Grünzonen auf der Zunge

UND IMMER DER NASE NACH – DEN DUFT SCHMECKEN

Baumkost lässt brachliegende Geschmacksareale wieder zum Leben erwachen. Verkümmerte Geschmacksknospen erkennen neue Aromen. Man kann sich diese getrost auf der Zunge zergehen lassen.

Geschmack ist eine komplexe Angelegenheit. Das Olfaktorische und Gustatorische System registriert mittels ausgelöster Signalkaskaden ein Bouquet aus Aromen als Gesamtgeschmack. Beginnend bei den 2.000–5.000 Geschmacksknospen der Zunge, die zwischen sauer, bitter, salzig, süß und umami – was für würzig, fleischig und wohlschmeckend steht – unterscheiden, über Gaumen und Duftrezeptoren in der Nase, das Limbische System bis hin zum Großhirn, wo die Informationen verarbeitet und zugeordnet werden, führt der Weg eines Geschmacksignales. Die Vielfalt von Aromen, die zum Gesamtbild Geschmack gehören, nehmen wir über olfaktorische Rezeptoren, vorwiegend in der Nase, wahr. Das Umfeld, in dem Nahrung aufgenommen wird, wie auch Knuspergeräusche und ähnlich spezifische Geräusche runden das Geschmacksempfinden ab. Geschmacksknospen lassen sich auch nicht von künstlichen Farbgebungen moderner Nahrungsmittel übertölpeln, auch wenn das Auge freudig darauf anspricht.

Die Vielfalt von Aromen, die zum Gesamtbild Geschmack gehören, nehmen wir vorwiegend in der Nase wahr. © Daniela Stockinger

Nachgewiesen sind bislang um die 6 Millionen olfaktorischer Rezeptoren unseres Geruchssinnes. Forscher überlegen, das limbische System als 6. Sinn festzulegen. Wahrgenommen wird ein Stoff ab einer bestimmten Konzentration, erkannt und identifiziert wird ein Duftstoff nach einem Signal der zuständigen Riechzelle in der Nase. Der bewusste und geschulte Geruchssinn erkennt den Unterschied zwischen industriell hergestellten, synthetisch bedufteten Produkten und naturbelassenen, verarbeiteten Erzeugnissen.

Unser Verdauungssystem wird mittels des Geschmackssinnes gestartet. Geschmack und Aroma wird erst durch richtiges Kauen erkennbar. Eine umfangreiche Einspeichelung gilt als wichtiger Faktor einer funktionierenden Verdauung.

Da viele Giftpflanzen sehr bitter schmecken, werden auch Bitterstoffe umgehend als Warnung vor eventueller Ungenießbarkeit wahrgenommen und regulieren eine Überdosierung von selbst.

Eine Ausnahme bildet die Geschmacksempfindung scharf, die über einen Ast des *Nervus trigeminus* wahrgenommen wird, welcher auch vor bestimmten Giftgerüchen, wie Ammoniak, Chlor oder Buttersäure, warnt.

Der so genannte zweite Geruchssinn, das trigeminal-nasale System, nimmt nur grobe Geruchsreize wahr und warnt vor giftigen und ungesunden Stoffen.

Authentischer Geschmack bleibt aber immer ganz individuell in seiner Wahrnehmung, Gusto und Ohrfeigen sind eben verschieden.

Duftendes Tannenreisig © Ursula Asamer

Baumbotschaften –

DIE BOTSCHAFTEN VON HABITUS UND GESAMTERSCHEINUNG

Der **Ahorn** verkörpert Furchtlosigkeit, Unzerstörbarkeit und erinnert damit an die Auferstehung. Er fördert Menschen, die auf Sinnsuche sind, und stärkt deren Ausdauer. Ahorn bringt Pioniere auf den Weg zu höheren Erkenntnissen und mindert Schocksituationen.

Die **Birke** unterstützt das Weibliche, zeigt unsere Schattenseiten und lehrt uns, unsere Träume zu leben, unsere Gefühle anzunehmen und dabei uns selbst treu zu bleiben. Sie bietet auch selbstkritischen Menschen Hilfe an, die nicht allein sein können.

Buchen sind aus dem Holz für den Kopf. Sie weisen uns die Richtung zu Entschleunigung und eröffnen auch andere Zeitwelten. Buchen unterstützen Menschen, die in einem von Eindrücken überladenen Leben den Weg und Sinn aus den Augen verloren haben. Für die Denker, die nicht imstande sind, loszulassen und Lösungen für Probleme zu sehen.

Die knorrige **Eiche** drückt Weisheit und Gerechtigkeit aus, bekräftigt die eigenen Entscheidungen und das Vertrauen in den Moment, dass jede Erfahrung und jeder Schicksalsschlag den weiteren Weg bereichert und Ungerechtigkeiten ausgeglichen werden.

Die **Föhre** oder **Kiefer** steht für Daseinsberechtigung und für Menschen, die ihren eigenen Wert nicht sehen. Mangel an Selbstsicherheit und hemmende Schuldgefühle können Menschen sehr beeinflussen. Die Föhre fördert das Erkennen des Selbstwertes.

Lärchen stehen für starken Willen und das Tun. Für ein festes Sein und Sich-Behaupten in der Universellen Schöpfung mit ihrer Kraft. Sie unterstützen Personen, die wenig Selbstvertrauen haben, nichts delegieren können und in eine Handlungsstarre verfallen. Sie zeigen das Spielerische Lernen.

Eschen zeigen uns den Weg zu Fülle und innerem Reichtum, gleich auf welcher Ebene. Geben und Großzügigkeit aus innerer Überzeugung heraus kehren in Form eines erfüllten Lebens zurück. Das Loslassen alter Muster wird erleichtert.

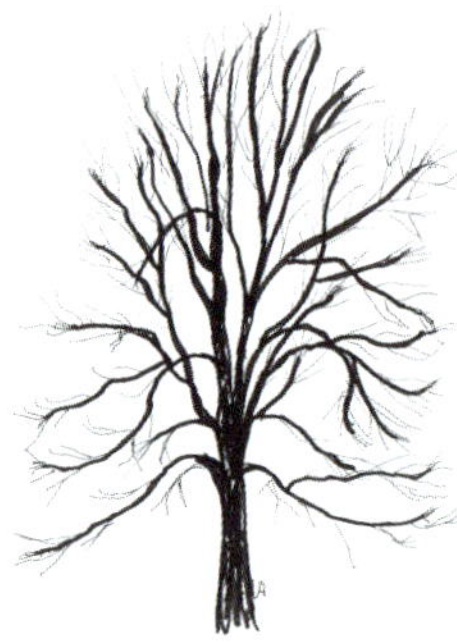

Die **Kastanie** zeugt von Redlichkeit, Heiterkeit und Freude. Kraft gibt die Kastanie allen Menschen, die über ihren Pflichten vergessen haben, dass das Leben mit Heiterkeit und Fröhlichkeit leichter wird. Sie lässt die Dankbarkeit erkennen, dass Verbissenheit in vermeintliche Ziele zu viel Kraft kostet.

Die **Linde** hebt die Stimmung und steht für Linderung von Schmerz, spendet Trost und ist die weise Wegbegleitung. Sie unterstützt bei der Festigung des eigenen Platzes in der Welt und sie vereint Menschen. Sie hilft Personen, die meist am Rande der Gesellschaft stehen, auch Einzelgängern und denjenigen die alles an- und beklagen.

Die **Tanne** steht für die Allumfassende Liebe, für Licht und für Nähe. Sie erleichtert die Akzeptanz und das Erspüren von Gefühlen. Sie hilft Menschen, die sich aus Angst nicht öffnen können und nach außen hin eine Schutzwand aufbauen, ohne einen Blick ins Innere zu gewähren. Raue Schale – weicher Kern, für Menschen, die, um sich zu schützen, andere verletzen.

Ulmen bringen uns auf spielerische Art und Weise zur Kreativität zurück. Alles ist im Fluss, Neues darf kommen, die Antworten für Fragen werden geliefert. Austausch und Kommunikation fördern Ideen.

Der **Walnussbaum** erzählt von Individualität, von Vielfältigkeit und der Einzigartigkeit des Individuums. Er unterstützt Menschen, auch einmal nein zu sagen, und hilft, die eigenen Talente zu erkennen. Er stärkt das Erkennen der eigenen Individualität mit all ihren Qualitäten und steckt die Grenzen anderer ab.

Bäume mit Köpfchen

STUTZEN UND NUTZEN – SCHNEITELBÄUME ODER WUNN UND WEID

Wunn- und Weidvereinbarungen wurden ab dem 14. Jahrhundert verwendet. Die Gemeinsamkeit aller unterschiedlicher Auslegungen zur Begriffsdeutung ist die Nutzung von Wald, Wasser und Weide. Der Ausdruck Wunn bezeichnet gutes Weideland mit Wasserzugang als notwendige Lebensgrundlage für die Viehhaltung und könnte mit Wonne und Freude zu tun haben. Wunn wurde regional häufig für das Recht, das Laub von Bäumen zu nutzen, verwendet. Gesamt ging es um den Fruchtgenuss zur Ernährung von Menschen und Vieh aus der gesamten Landschaft von Gemeinden. Streurechte, die das Nutzen von Laubernten erlauben, gab und gibt es auch im Salzkammergut.

Zur Selbstversorgung war das Schneiteln zur Laub- und Einstreugewinnung in Gegenden Süd- und Nordtirols sehr bekannt. Im oberösterreichischen Almtal kennt man das Schneiteln von Futterlaubbäumen aus früheren Zeiten auch noch vereinzelt. Stroh war in früheren Zeiten als Einstreu oft zu teuer, daher verwendete man auch Buchensägespäne und Raschgräser und gewann durch Laubstreurechen auf eigenen, fremden oder auch zur Allmende gehörenden Wald- und Weideflächen Nutzbares von Speiselaubbäumen. Allmende aus dem Mittelhochdeutschen setzt sich aus *al*, was alle und jeder bedeutet, und *mende* zusammen und ist eine alte Bezeichnung für Gemeinde. Allmende ist ungeteiltes, gemeinsam genutztes Gemeindegebiet. Die Rechte für Fruchtgenuss dieser Art fußen auf uralten Servitutsrechten. Erste Erwähnungen dieser Art der Baumbewirtschaftung stammen aus dem Neolithikum. Tannenreisig, reich an wertvollen Vitalstoffen als zusätzliche Nahrung, wird auch heute noch in strenger Winter- und Nachwinterzeit, in der ausreichende Äsungsmöglichkeiten in der Natur über sehr lange Zeiträume hinweg fehlen, angeboten. Wertvolles Prossholz mit weicher Rinde und den neuen Knospen für Niederwild gehört hier ebenfalls dazu.

Bäume mit großen Stockausschlagvermögen, wie Ulme, Linde, Esche, Hainbuche, Birke oder Hasel, zählen zu den Schnoatbäumen der Vergangenheit. Auch Ahorn wurde vereinzelt genutzt. Sie wurden in angemessenen Abständen von 2–3 Jahren beerntet, aus der sich die Schneitelbaumform der Kopfbäume entwickelte. Die Erntezeit der Laubäste war meist um die Sommersonnenwende und Johannis im Juni. Die meist drei Meter langen, belaubten Äste wurden sofort nach der Ernte zum Trocknen aufgehängt, in diesen Zeiten entstand auch die berühmte Laube, heute wie damals ein kühler, offener Rückzugsort für gemütliches Zusammensein oder verschwiegene Begegnungen. In Zeiten eines Mangels an verwertbarem Grünfutter aufgrund großer Trockenheit wurden diese Laubzweige auch frisch verfüttert. Ein Effekt des Schneitelns bei Linden war, dass auf diesen Bäumen größere Blätter nachwuchsen. Weidenruten fanden in der Korbmacherei ihre Verwendung. Es gab die Arten der Stock-, Kopf- und Astschneitelung und das Laubrupfen.

Das klassische althergebrachte Schneiteln oder Schnoaten, mittels Besteigen der höheren Bäume mit Steigeisen, zur Gewinnung von Laub, Futter und Stallstreu mit scharfen Messern ist heute per Forstgesetz verboten, da diese alten Techniken nicht mehr beherrscht werden und der Mensch in Unkunde und intensiver Nutzung zu viel Schaden an der Baumsubstanz anrichten könnte. Kopfbäume sind noch in Museumsbetrieben oder als Naturwunder im Pielachtal zu sehen. Unterschiedliche Schneitel-Rückschnittmethoden sind aus der Vergangenheit bekannt, wie die Astschneitelung zur Gewinnung von Laub und Flechtholz.

Gegen Wildverbiss wurde die Kopfschneitelung eingesetzt, die Austriebe und Zweige waren für Wild nicht mehr erreichbar. Wenn nur Blätter von den Ästen geerntet wurden, nannte man dies Laubschneitelung. Manche Bäume wurden auch bodennah gefällt, um die Triebe für die Stockschneitelung einfach zu erreichen.

Die heutige Nutzung der Kopfweiden als natürliche Flechtzäune und zum Korbflechten kommt mit dem Wunsch zur Rückkehr von natürlichen Gebrauchsmaterialien wieder in Mode. Auch Wasserreiser sind für Flechtwerk gut zu verwenden.

Altbewährt ist Flechtwerk als Gartendeko, Körbe und naturbelassene Meisenknödelhalterungen (siehe Bezugsquellen, S. 197).

Kopfweiden hingegen, deren Ruten zum alten Handwerk des Korbflechtens genutzt werden, findet man noch in vielen Gegenden. Diese Art der Schneitelung schafft neben dem Nutzen der Weidenruten wertvollen Lebensraum für allerlei Getier. Kopfweiden, deren Stämme in geringer Höhe eingekürzt und die nachwachsenden Gerten in Abständen von mehreren Jahren geschnitten wurden, zieren und prägen weite Landstriche unserer Heimat. Sie sind Zeugen einer Nutzung durch den Menschen. Heute sind sie unverzichtbarer Lebensraum für Steinkauz, Wiedehopf, Gartenrotschwanz und die Schnäpper, Insekten, Begleitpflanzen und Pilze. Über 160 Schmetterlingsarten wie auch Hornissen lieben die Kopfweiden, die wertvolle schützenswerte Biotope in unserer Landschaft sind.

Für die Nutzung unserer Speiselaubbäume in angemessener Form ist es auch nicht notwendig, die Bäume zu plündern.

Der Ausdruck Wied für das getrocknete Fichtenreisig könnte vom althochdeutschen Ausdruck *vitu*, was so viel wie Holz bedeutet, stammen.

Wie überall, wo Rohstoffe aus der Natur geerntet werden, sei auch bei der Beerntung von Bäumen die Bescheidenheit der Entnahme im Fokus unseres Tuns.

Alte Kopfweide © Josef Limberger

Alles mit Maß und Ziel

VERANTWORTUNGSBEWUSSTES ERNTEN UND BEVORRATUNG

Vor dem Genuss von Baumköstlichkeiten beachten Sie bitte Folgendes:

Zuallererst müssen Sie sicher sein, das gewünschte ungiftige Gewächs vor sich zu haben. Bei der kleinsten Unsicherheit bei selbstgeernteten Zutaten aus Wald und Wiese bitte mit einem Pflanzenkundigen abklären, ob Sie auch die Pflanzenteile vom richtigen Baum gesammelt haben! Eine korrekte Bestimmung kann meist nur im frischen Zustand erfolgen.

Auch zu Erntemengen gibt es Gebote: Nur das, was man wirklich braucht, darf der Natur entnommen werden! Gefährden Sie nie das Gewächs in seinem Weiterbestand und ernten Sie nie von unter Schutz stehenden Pflanzen und Bäumen! Bei Knospen bitte größte Sorgfalt walten lassen und nur jede 5. Knospe pro Ast ernten. Bedenken wir bei der Ernte von Rindenteilen, dass die Borke ähnlich der menschlichen Haut in ihren Schichten nicht nur eine Schutzfunktion hat, sondern auch für den lebensnotwendigen Wassertransport zu den Blättern dient. Auch gilt es, die menschliche Triebhaftigkeit bei der Verwendung von jungen zarten Triebspitzen im Zaum zu halten.

Es gibt auch klare gesetzliche Bestimmungen, die das Ernten in freier Natur zwar ermöglichen, in einigen Fällen aber auch verbieten. Es liegt immer in Ihrer persönlichen Pflicht, sich über die regionalen Bestimmungen und Artenschutzgesetze zu informieren. Es kann z. B. per Bundeslandgesetz verboten sein, Edelkastanien im Wald zu sammeln. Für den Eigenbedarf ist das Sammeln von Maroni zwar nicht strafbar, kann aber vom Eigentümer des Baumes oder des Waldes untersagt sein. Das Abschneiden von Latschenzweigen hingegen ist auch forstrechtlich strafbar. Feldschutzgesetze gibt es in einigen Bundesländern Österreichs, sie verbieten das Abbrechen und Schneiden von Stämmen, Ästen, Zweigen, Blüten oder Früchten wie auch das Beschädigen der Gewächse. Generell verboten ist das Ernten in ausgewiesenen Naturschutzgebieten und die Entnahme von geschützten Pflanzen. Die Handstraußregel in einigen Bundesländern besagt, dass die Erntemenge für den Eigengebrauch nur die Menge enthalten darf, die von Daumen und Zeigefinger einer Hand umfasst werden kann.

Bei Nadelbäumen niemals den Endtrieb oder die Endknospe ernten!

Baumblätter, Knospen, Blüten oder Rinde haben den Vorteil gegenüber Kräutern, dass sie außerhalb der Pinkelzone von Hunden liegen.

ERNTEN UND VERARBEITEN NACH DEM MOND – VOM RICHTIGEN ZEITPUNKT

Baumspezifische Erntezeiten finden sich direkt in den jeweiligen Baumportraits.

Generell kann als Orientierung herangezogen werden:

Knospen im Winter und im Vorfrühling bei zunehmendem Mond, wenn die Knospen sofort verarbeitet werden, bei abnehmendem Mond, wenn sie getrocknet werden sollen.

Wurzeln werden immer bei Vollmond oder abnehmendem Mond in den Morgen- oder den Abendstunden ohne Sonnenbestrahlung geerntet.

Blüten immer zur Zeit der Vollblüte, der Hochzeit der Blühzeit, d. h. einen bis drei Tage nach dem völligen Öffnen der Blüten

Blätter zur sofortigen frischen Verwendung bei zunehmendem Mond oder Vollmond.

Blätter und Blüten zum Trocknen bei abnehmendem Mond.

Früchte und Samen für den Sofortgebrauch bei zunehmendem Mond, zum Trocknen und Lagern bei abnehmendem Mond.

Rinden nehmen wir im Frühjahr und Herbst, wenn möglich an Tagen rund um den Vollmond.

Lindenbaum mit Venus und Mondsichel © Josef Limberger

Holz als Nutzwerkstoff hat in vielen Bereichen eine große Bedeutung. Der Mondstand zum Zeitpunkt der Ernte kann ein sehr wichtiger Qualitätsfaktor sein. Besondere Eigenschaften zeichnen Holz, das zum richtigen Mondstand geerntet wird, aus. Eine alte Weisheit besagt: „Wenn Du bei zunehmendem Mond zäunst, dann wackelt der ganze Zaun schon im ersten Winter. Zaunstempel, die bei abnehmendem Mond gesetzt werden, ziehen in die Erde ein und bringen die gewünschte Festigkeit. Quellfassungen hingegen werden nur bei zunehmendem Mond mit Holz eingefasst und geleitet. Die Holzkamine in früheren Zeiten hatten nur dann Bestand, wenn der Baum zum richtigen Mondstand geerntet wurde, man tat dies in bestimmten Regionen an nur einem Tag im Jahr, dem 1. März nach Sonnenuntergang. Mondholz wird nachgewiesenermaßen während der Lager- und Trockenzeit weniger von Schadinsekten befallen. In Zeiten des Julius Cäsar wurden Schiffe ausschließlich aus Mondholz gebaut. Winterholz ist hier ebenfalls besonders zu erwähnen, es ist, wie die langjährigen Erfahrungen zeigen, gegen Witterung und Schädlinge besonders resistent. Holz, das nicht schwinden sollte, wurde am besten am St. Thomastag, dem 21. Dezember, zwischen 11 und 12 Uhr geschlagen oder an Neumond- und Frauentagen, wie dem 15. August. Für Bauholz eignen sich Tage des zunehmenden Mondes im Tierkreiszeichen Fisch. Diese Tage fallen auf den Zeitraum September bis März.

Für das Schlagen von Krecht- und Machlholz, also rechtes, richtiges Holz (Krecht-), aus dem was gemacht wird (Machl-), empfehlen alte Weisheiten den 26. Februar im abnehmenden Mond im Sternzeichen des Krebses. Zur Bringung von Brennholz, das auch gut nachwachsen soll, eignen sich Tage im Oktober im ersten Viertel des aufnehmenden Mondes und alle Tage nach der Wintersonnenwende bei abnehmendem Mond. Diese und weitere andere Weisheiten verdienen sich durchaus auch heute noch beachtet zu werden.

Die Wertigkeit von im Kreislauf der Natur verbleibendem Totholz sei hier ebenfalls erwähnt: Als Habitate für allerlei Getier oder für Biotop- und Artenschutz im Rahmen von Abbauprozessen, die der Entstehung von Bodenmaterial und daraus neuem Naturerwachen dienen.

DIE 10 JAHRESZEITEN

Im Gegensatz zu den astronomischen Jahreszeiten sind die phänologischen Perioden nicht an fixe Daten gebunden. Jahresabschnitte werden durch Beobachtungen aus der Natur bestimmt und bestimmen letztendlich die Sammelzeiten je nach Wachstumsfortschritt und Witterung.

Der phänologische Kalender kennt 10 Jahreszeiten: Vorfrühling, Erstfrühling, Vollfrühling, Frühsommer, Hochsommer, Spätsommer, Frühherbst, Vollherbst, Spätherbst und Winter. Die Blüte, Fruchtreife, Blattfärbung oder der Blattabwurf von bestimmten Pflanzenarten – so genannte Zeigerpflanzen – markieren jeweils den Beginn einer neuen Jahresphase.

VORFRÜHLING

Schneeglöckchen und die Kätzchen der Hasel bringen mit Gewissheit Kunde vom Vorfrühling. Der Winter ist vorbei.

ERSTFRÜHLING

Um den April herum haben wir Erstfrühling in unseren Breiten. Er wird eingeläutet, wenn die Forsythie blüht und wenn die Stachelbeeren ihre Blätter entfalten.

VOLLFRÜHLING

Im Vollfrühling entwickeln sich Pflanzen schnell und unaufhaltsam. Eingeleitet wird diese Jahreszeit durch die Blüte am Apfelbaum und die Blattentfaltung der Eiche.

© marilyn barbone/Shutterstock.com

FRÜHSOMMER

Der Frühsommer hält meist im Laufe des Juni Einzug. Der Schwarze Holunder blüht. Der erste Grasschnitt auf den Wiesen, die Heuernte, beginnt.

HOCHSOMMER

In dieser heißen Zeit blüht die Sommerlinde und reifen die Johannisbeeren heran. Jetzt wird auch mit der Getreideernte begonnen.

© marilyn barbone/Shutterstock.com

SPÄTSOMMER

Wenn sich der Sommer dem Ende zuneigt, ernten wir frühe Apfelsorten. Auch die Eberesche erreicht die Fruchtreife. Winterroggen und Winterweizen werden jetzt geerntet. Das botanische Silvester ist am 31. August, bis dahin haben gesunde Bäume die Ausbildung der Frühlingsknospen unter Dach und Fach.

FRÜHHERBST

Im September werden die großen Ernten eingebracht. Die Dirndl reifen, der Frühherbst ist angekommen.

VOLLHERBST

Früchte der Rosskastanie und die Eicheln beginnen, vom Baum zu fallen, und zeugen vom Vollherbst. Die Obsternte wird jetzt abgeschlossen, je nach Witterung färben sich die Blätter der meisten Laubgehölze auf Rot und Gelb.

© marilyn barbone/Shutterstock.com

SPÄTHERBST

Die Blattentfärbung bei Eichen zeugt vom Spätherbst. Ebereschen entledigen sich ihres Laubes.

WINTER

Die Schlehe und die Mispel sind erntereif und der Blattfall der Stieleiche sowie der Nadelfall der Lärche bekunden den Beginn des phänologischen Winters. Die Natur begibt sich in Winterruhe.

© marilyn barbone/Shutterstock.com

IM RHYTHMUS DER JAHRESZEITEN UND IM TAKT DER NATUR

Nun ist ein alter Baum ein Stückchen Leben. Er beruhigt, er erinnert, er setzt das sinnlos heraufgeschraubte Tempo herab ...
(Kurt Tucholsky, 1890–1935, unter dem Pseudonym Peter Panter im Jahr 1930)

Was verstehen wir unter Intakter Nahrung? Intakt sein, im Takt und im Rhythmus sein mit den Natur- und Mondrhythmen. Baumschätze in Kombination mit regionalen Bio-Zutaten und heimischen Wildkräutern sind die Basis für intakte Lebens-, Nahrungs- und Genussmittel.

Sich im Rhythmus und im Takt zu befinden, scheint einem Großteil der Menschheit abhandengekommen zu sein. Akute und chronische Krankheiten, Epidemien greifen schnell Platz, wenn Menschen aufgrund einer naturfernen Lebensweise dafür anfällig sind.

Wir können uns in unseren Breiten sehr glücklich schätzen, dass unterscheidbare Jahreszeiten uns durch das Jahr begleiten. Ein Tag-Nacht-Ablauf gehört ebenfalls zu den Rhythmen, die Ruhephasen und Aktivitätszeiten im Leben prägen. Nacht- oder Mehrschichtarbeit wie auch Lichtverschmutzung lassen diese gesunderhaltende Tag- und Nachtrhythmik allerdings kaum mehr zu, umso wichtiger wird die Ernährung.

Nahrung, die im Rhythmus der Natur gedeiht. Nahrung, die saisonal und regional erhältlich ist. Wir unterscheiden grundsätzlich in Lebensmittel, Nahrungsmittel und Genussmittel.

Ein absolutes Lebensmittel ist Wasser in seiner reinen ursprünglichen Form. Weiters benötigt der menschliche Körper Vitamine, Mineralstoffe, Spurenelemente, Ungesättigte Fettsäuren, Enzyme und Faserstoffe, um seine Vitalfunktionen aufrechtzuerhalten. Getreide und Gemüse gehören ebenfalls zu den Lebensmitteln, wenn sie ohne künstliche Zusätze verarbeitet, dennoch roh belassen werden.

Nahrungsmittel sind Erzeugnisse aus Rohprodukten, die erhitzt, konserviert und durch Zusätze sehr oft verfälscht werden. Zum Teil denaturierte Nahrungsmittel oder Fertigkost und Fast Food finden wir in vielen Regalen der Supermärkte. Diese Waren sind vorhanden, für das Leben an sich aber nicht wirklich vonnöten. Lagerfähigkeit und Haltbarkeit zu Lasten der Qualität entwerten diese Produkte und lassen sie zu einem hohen Prozentsatz gesundheitsschädigend werden.

Zu den Genussmitteln gehören alkoholische Getränke und herkömmliche Süßigkeiten.

Eine Entwicklung Richtung Regalbescheidenheit könnte wegweisend sein für eine natürliche Gesundheitsprophylaxe. Naturbelassene Ernährung kann einen Abstand zur Wegwerfgesellschaft ermöglichen und die Wertschätzung zu wieder verwendbaren – nicht wiederverwertbaren – Materialien bewusstmachen.

Besteht die Ernährung des Menschen auf Dauer nur aus Nahrungsmitteln, entstehen die gut bekannten Zivilisationserkrankungen, wie Arteriosklerose, Herzinfarkt, Darmerkrankungen, Diabetes, Erkrankungen des rheumatischen Formenkreises und letztendlich Krebs. Es ist zwar bekannt, dass Krankheiten aus Fehlernährung entstehen, das Bewusstsein zu intakter Nahrung darf aber allgemein noch sehr viel besser werden. Auch ist es von Wichtigkeit, Mahlzeiten regelmäßig täglich zur annähernd selben Stunde einzunehmen, was im modernen Berufsleben nicht immer einfach ist.

Die hier beschriebene Baumkost und Herstellungen aus der Volksheilkunde beinhalten die Rhythmik der Natur. Für die Nutzung unserer Baumschätze benötigen wir auch das Wissen um die phänologischen Jahreszeiten. Naturbelassene Nahrung ist nicht standardisiert oder mit Wachstumsmitteln auf das benötigte Reifedatum geplant.

Verwenden Sie Naturbehältnisse, wie Gras- oder Weidenkörbe, Leinen- oder Papiersäcke zum Sammeln und Transportieren (siehe Bezugsquellen, S. 197).

Als Lagerbehältnisse für getrocknete Zubereitungen bieten sich Glas oder Holzgefäße an, wie Glasgefäße aus Violett-, Blau- oder medizinischem Braunglas (siehe Bezugsquellen, S. 197).

Getrocknete Lindenblüten fühlen sich in einem Leinensack wohl.

Sammelbehältnisse aus Naturmaterialien © Mona Lorenz

Vom Ahornlöffel bis zur Walnussschale

Ein Fingerhutvoll

WENIGER IST OFT MEHR – DIE MASSEINHEITEN DER BAUMKOST

Ein neuer Zeitgeschmack und die bewusste geschmackliche Wahrnehmung von naturbelassenen Zutaten und deren Aromen bedingen auch neue Dosierungen bei den Rezeptkreationen und deren Zusammensetzungen. Naturbelassene Zutaten sind nicht standardisiert oder genormt. Mit Naturingredienzien zu arbeiten und zu kochen, ist immer mit viel Freiheit und Kreativität verbunden. „Maßhalten, Natur nützen und dennoch schützen" ist die oberste Prämisse im Umgang mit wertvollster Nahrung aus dem Pflanzenreich. Die hochwertigen Geschenke unserer Bäume kommen respektvoll und wohl dosiert zum Einsatz.

Daraus entstanden neue Maße zu den Rezepten wie ich auch uralte Maßeinheiten wieder ausgegraben habe:

1 Fingerhutvoll = FH
1 Eierbechervoll = EB
1 Handvoll = HV
1 Doppelhandvoll = DHV

Das Daumenmaß der Köchin und des Koches stammt von unseren Großmüttern. Hier geht es um das Gefühl und Gespür, wieviel an Zutat nötig ist.

1 Prise = 1 PR
1 Quentchen = 1 QU
1 Messerspitze = 1 MSP
1 Walnussschalenhälfte voll = 1 WNS
1 Pfiff = 1 PF
1 Becher = 1 BE
1 gtt = 1 Tropfen

Ein Fingerhut voll © Christine Dausek

- Das Fingerhutmaß, das im 19. Jahrhundert mit 1 cl genau definiert wurde, bezeichnet eine Kleindosierung aufgrund hoher Wertigkeit einer Zutat, eines Gewürzes oder Aromas. Heute sind Fingerhüte aus lebensmitteltauglichen Materialien hergestellt und in minimal unterschiedlichen Größen erhältlich. Die meisten Fingerhüte heutzutage fassen um die 5 ml Flüssigkeit.
- Das Eierbechermaß gehört ebenfalls zur Kleindosierung und kann je nach Modell variieren. Von 20 bis 35 ml reicht die gängige Palette.
- Ahornlöffel können unterschiedliche Größen aufweisen. In Esslöffelgröße sprechen wir meist von ca. 10 ml Flüssigkeit als Mengenangabe.
- Für das Handmaß oder Doppelhandmaß und das Daumenmaß der Köchin oder des Kochs sprechen meist Erfahrungswerte. Wer in den 1960er- oder 1970er-Jahren von seiner Großmutter im Kochen unterrichtet wurde, kennt den Ausspruch: „Das hat man im Gefühl, nimm halt eine Handvoll." Altbewährt und immer noch topaktuell, denn das Gefühl für Zutaten spielt bei jedem Kochvorgang eine große Rolle. Das Daumenmaß bezeichnet auch die Individualität, denn jeder Daumen oder Gusto ist anders.
- Die berühmte Prise ist eine Menge meist fein vermahlenen Pulvers, das zwischen Daumen und Zeigefinger erfasst werden kann.
- Das Quentchen Glück wiegt um die 4 g nach heutigen Werten.
- Bei einer Messerspitze kann man je nach Dichte und spezifischem Gewicht der Zutat von ca. 100 mg ausgehen.
- Am Beispiel der Walnussschalenhälften – sie fassen zwischen 7,5 und 9,5 g grobes Natursalz.
- Den Pfiff kennen wir als kleinstes Biermaß und das beläuft sich auf ca. 177 ml.
- Das alte Bechermaß fasst etwas mehr als 480 ml an Flüssigkeitsmenge.
- Die Bezeichnung gtt kommt von den Guttationstropfen des Frauenmantels, einer Ausscheidung der Pflanze mit wertvollen Pflanzenwirkstoffen.

DIE UNENDLICHEN VERWENDUNGSMÖGLICHKEITEN UNSERER BAUMSCHÄTZE –

VIEL MEHR ALS RAUPENKOST

Fastenkost

Das Wort Fasten kommt vom mittelhochdeutschen *vaste*, was so viel hieß wie fest. Jemand, der fastet, muss also an den Fastenregeln festhalten. Der Begriff Fastnacht bezeichnete ursprünglich die Nacht vor der Fastenzeit, also von Faschingsdienstag auf Aschermittwoch. Das Fasten im Frühling dient zur Gewichtsreduktion, aber in erster Linie zum Großreinemachen im Körper. Denn bekommt der menschliche Organismus nach einem Startsignal keine feste Nahrung mehr zugeführt, stellt er um auf Autophagie. Angesammelte Vorräte werden angegriffen und verbraucht. Unterschiedliche Ansätze und Methoden stehen für Fastenkuren zur Verfügung. Baumschätze unterstützen während der Fastenzeiten, Diäten und Abnehmkuren wie auch im Zeitraum des Aufbauens nach den Tagen ohne feste Nahrungsaufnahme.

Der Darm ist der Sitz der Gesundheit, diese Aussage hat sich schon oft als richtungsweisend bei Verdauungsproblemen und den daraus resultierenden Erkrankungen erwiesen. Fasten ist Naturalhygiene. Eine jährliche Reinigung des Darms in Zusammenhang mit Nahrungsumstellung- oder -änderung gibt dem Körper im Frühjahr Kraft.

Darmschleimhautzellen erneuern sich alle 72 Stunden. Manchen Zellen sogar schon nach 36 Stunden. Dies erklärt auch, warum in Fastenzeiten ohne feste Nahrungsaufnahme trotzdem Stuhl ausgeschieden wir. Ein Großteil des Stuhlvolumens besteht aus diesen ausgetauschten Zellen, die ausgeschieden werden.

Mit knapp 400 m^2, also der Größe eines Fußballfeldes, ist die Darmschleimhaut die größte Schleimhaut des menschlichen Körpers und hat eine der wichtigsten Funktionen im Stoffwechselablauf. Stoffwechselprodukte und Schlacken werden auch teils über die Nieren ausgeschieden.

Ein Ansatz zur Körperreinigung als Fastenprozess: Gefastet wird in den Naturregeln folgend im frühen Frühjahr, um die Winterschlacken auszuscheiden. Dies geschieht in der so genannten Holzzeit, in der der Körper bereit ist, gelöste Giftstoffe auch auszuscheiden. Von diesen Schlacken befreit, vergeht auch die berühmte Frühjahrsmüdigkeit.

Im Sommer oder im tiefen Winter sind die Ausleitorgane des menschlichen Körpers nicht bereit für diesen Reinigungsprozess. Im Spätherbst, in den Monaten Oktober und November, der so genannten Metallzeit, kann eine zweite Fastenzeit im Jahreszeitenkreislauf abgehalten werden.

DIE BAUMSCHÄTZE IN DER BEGLEITUNG DES FASTENPROZESSES

Als Einstimmung am Entlastungstag bietet sich Birnenkompott an. Es reguliert mit seinem Fruchtzucker den Blutzuckerspiegel und hemmt in seiner Zusammensetzung den Heißhunger.

Fasten ist auch ein Reinemachen für Geist und Seele, die Gelegenheit Ballast abzuwerfen und die Leichtigkeit zurückzubekommen.

Zur Begleitung an den darauffolgenden Tagen ohne feste Nahrungsaufnahme bietet sich Birkentee zum Entschlacken und Entwässern sowie zum Senken der Harnsäurekonzentration und äußerlich bei Hautunreinheiten und Ekzemen, die beim Reinigungsprozess entstehen können, an.

2 EL fein geschnittene (oder 1 EL getrocknete) Birkenblätter mit 250 ml kochendem Wasser überbrühen, 5 Minuten ziehen lassen und abseihen. Für die Frühjahrskur morgens und abends je 2 Tassen über 6 Wochen hinweg trinken, auch über den Fastenzeitraum hinaus.

Ebenfalls fördernd ist ein Tee aus getrockneten Birnenbaumblättern. Er wirkt entschlackend während der Fastenkur. Birnenblätter sind auch gut mit Birkenblättern kombinierbar im Wirkansatz.

Fasten und Wandern hat sich als Idealkombination für die Frühjahrskur herausgestellt. Frisch gezapfter Birkensaft für Fasten-Wanderer ist eine willkommene Abwechslung in der Fastengetränkelandschaft. Birkensaft macht in der Seele Platz für Neues.

Die Bachblüten von Kiefer, Rosskastanie, Kirschpflaume, Zitterpappel, Eiche, Weide, Hainbuche, des Holzapfels und der Buche bieten Hilfestellungen für das Durchhaltevermögen im Fastenprozess.

Baumgewürze aus Knospen, Blättern oder die basische Asche von Buchenholz sind ideale Würzmöglichkeiten für die täglichen Fastenbrühen aus Gemüse.

Reine Weiden-, Birken- oder Buchenasche schmeckt jeweils säuerlich, aber doch in Nuancen unterschiedlich.

Reine Asche kann in homöopathischen Dosen als basisches Würzmittel in Fastensuppen verwendet werden. Die reine hellgebrannte Asche durch ein Sieb schütteln und in eine Gewürzmühle füllen.

KÖRPERPFLEGE AUS DER BAUMKOSMETIK WÄHREND DER ZEIT DER FASTENKUR

DAS BAUMPAKET ZUM FASTEN

- Innerlich Birkenblättertee
- Äußerlich Birkenblätterabsud für das Badewasser
- Äußerlich Buchenasche für das basische Fußbad
- Äußerlich Zahnputzpulver aus Baumblättern
- Äußerlich Birkenknospenöl zur Hautpflege

BASISCHES FASTENBAD ZUR REINIGUNG UND ENTSPANNUNG

Für ein reinigendes Fastenbad: Basenpulver nach Angaben oder 3 EL reine Buchenasche mit Birkenblätterabsud als Vollbad oder auch als Fußbad.

BIRKENBLÄTTERZAHNPUTZPULVER FÜR DIE FASTENZEIT

Getrocknete Birken-, Salbei- und Pfefferminzblätter mit Steinsalz fein vermahlen. Das Zahnpulver in einem sterilen Glas aufbewahren. Das Pulver mit einem Spatel auf die feuchte Zahnbürste auftragen und wie gewohnt die Zähne putzen. Echtes Birkenxylit in bester Qualität kann auf Wunsch der Mischung zugegeben werden.

BIRKENKNOSPENÖL

Frische angedrückte oder geschnittene Birkenknospen in heimischem Bio-Rapsöl (nicht trocknendes Öl) für 14 Tage ausziehen. Abseihen und in einer sterilen Flasche lagern. Pflegt trockene und schuppende Haut.

GESUND UND SCHLANK, DEN BITTERSTOFFEN SEI DANK

Auf der Zunge sind in etwa 25 Bitterrezeptoren angesiedelt, die aber möglicherweise bald gänzlich verschwunden sein könnten. Die heutigen Nahrungsmittel (nicht Lebensmittel) werden geschmacklich meist verfälscht (gezuckert usw.), um dem modernen Gaumen zu entsprechen, und die Bitterstoffe werden aus vielen Gemüsen absichtlich herausgezüchtet.

Auch für die Zahn- und Mundgesundheit sind Bitterstoffe wichtig, da die Zähne durch die verminderte Lust auf Süßes durch den Verzehr von Bitterstoffen weniger anfällig für Karies sind, und auch bei empfindlichem Zahnfleisch und Entzündungen des Zahnhalteapparates profitiert die Mundflora von bitteren Nahrungsmitteln. In einer Reihe von Baumblättern finden wir Bitterstoffe, die im Rahmen einer Fastenkur gute Dienste leisten können, sie stillen den Heißhunger.

Bitterkräuter werden nach ihrer Wirkweise in drei Gruppen aufgeteilt:

- ***Amara pura,*** die reinen Bitterkräuter in hoher Konzentration
- ***Amara aromatica*** beinhalten hochwirksame ätherische Öle
- ***Amara Acria*** kommen in Kombination mit Scharfstoffen vor, die vor allem auf unsere Schleimhäute wirken.

All diese Pflanzenwirkstoffe helfen bei der Blutreinigung und steigern die Entgiftung und die Ausscheidungen.

Sie regen unseren Stoffwechsel auf natürliche Art und Weise an und stärken unser Immunsystem.

Bitterstoffgehalte finden wir in Knospen und anderen Teilen der Esche, Eiche, Linde, Kiefer, Mehl- und Elsbeere, Pappel, Ulme, Vogelbeere, Weide, Weißdorn und Zirbe.

UND WENN ES DANN GESCHAFFT IST

ZUM FASTENBRECHEN

Zum Fastenbrechen eignet sich ein Apfel und Spinat oder eine Suppe aus ganz jungen Baumblättern.

BASISCHER MISPELSAFT ZUM FASTENBRECHEN

Vollfruchtsaft aus Asperln, ein Vitamin-C- und eisenhältiges Getränk, bietet sich hervorragend zum ersten Frühstück nach dem Fastenbrechen an. Der Saft kräftigt auch bei Schwächezuständen und nach langer Krankheit.

EBERESCHENTEE AUS GETROCKNETEN BEEREN

Dieser Tee forciert die Entschlackung und Entgiftung, indem er die Nierentätigkeit anregt, und kann somit auch den Abgang von Nierengrieß unterstützen.

KUR MIT VOGELBEEREN

Im Anschluss an die Fastenzeit empfiehlt sich eine Kuranwendung mit Vogelbeeren. Die 30 Tage dauernde Entschlackungskur mit getrockneten Vogelbeeren: 1. Tag 1 Vogelbeere, am 2. Tag 2 Beeren, am 3. Tag 3 Beeren usw. bis zum 15. Tag. Am 16. Tag 14 Beeren, am 17. Tag 13 Beeren, am 18. Tag 12 Beeren bis zum letzten Tag, an dem man wieder bei 1 getrockneten Vogelbeere angelangt ist.

FÜR DIE ZEIT DANACH

APFELESSIG ALS FATBURNER UND GEGEN HEISSHUNGERATTACKEN

1 EL Bio-Apfelessig, naturtrüb, 1 EL Honig und 1 Becher heißes Wasser zum Tagesstart bringen den Kreislauf und die Verdauung in Schwung.

FRÜHLINGSSTÄRKUNGSMITTEL AUS BLÄTTERAUSTAUSCHMEHLEN UND -PULVER

Austauschmehle und -pulver bieten für die Zeit nach dem Fasten einen gesunden Ansatz wie auch bei der Nahrungsumstellung. (siehe auch Kapitel *Moderne Nahrungsergänzung,* S. 42)

INFO

Ein Begleitdetail am Rande: Als Unterstützung beim Rauchenaufhören und zur schnelleren Entwöhnung kann ein Apfel gute Dienste leisten. Bei Verlangen auf eine Zigarette in einen sauren Apfel beißen und der Gusto auf die Zigarette schwindet.

FASTEN IN FRÜHEREN ZEITEN

Das Fasten in früheren Zeiten hatte einen anderen Charakter. Fastenbiere entstanden in Klöstern. Mönche verzichteten zwar auf feste Nahrung, doch für Gusto und Geschmack stellten sie hochwertige Biere her, die dem Genuss in Verzichtszeiten dienten, der Durchhaltewillen wurde mit Stark- und anderen Bieren in der Fastenzeit gestärkt. Gleichzeitig wurde mit dem Biergenuss auch die sexuelle Lust kalmiert. Zwei bis drei Fliegen mit einer Klappe geschlagen. Aus alter Klosterzeit ist auch das Eichelbier bekannt.

Birkenknospenöl
© Christine Dausek

Vogelbeerheißgetränk und Basenwürze © Mona Lorenz

Birkenblattpulver als Zahnputzmittel © Christine Dausek

O'zapft is

Die Birke als Licht- und Pionierbaum spielt in der Erfahrungsmedizin der Volksheilkunde und in der Küche seit jeher eine bedeutende Rolle.

Um Birkensaft gewinnen zu können, bedarf es einiger Grundkenntnisse. Zu aller Anfang muss der Baumbesitzer oder Eigentümer um Erlaubnis gefragt werden. Auch ist Flexibilität vonnöten, denn die Natur gibt vor, wann die Säfte der Birke zu steigen beginnen. Der Vor- und der Erstfrühling bieten sich zur Saftgewinnung an. Man kann die Birkensaftgewinnung aber nicht fix im Kalender einplanen, der Zeitraum für das Erwachen der Natur aus der Winterruhe kann zwischen Ende Februar und Ende April sein.

Ideal ist es, Birken unmittelbar nach dem Fällen anzuzapfen. An lebenden Bäumen ist größtmögliche Sorgfalt anzuwenden. Junge Birken mit weniger als 20 cm Stammdurchmesser wie alte Bäume werden nicht zur Saftgewinnung herangezogen. Verwendbar sind Bäume ab 20 cm Durchmesser, was einem ungefähren Stammumfang von 63 cm entspricht.

Ideal für ergiebigen Saftfluss ist die zunehmende Phase des Mondes. Als Tageszeit hat sich der Vormittag als am ertragreichsten herausgestellt. Die Tagestemperatur sollte 15 °C nicht unterschreiten, bei kühleren Temperaturen zirkuliert wenig bis gar kein Saft im Baum. Die schonendste Art, den kostbaren Saft zu gewinnen, ist an einem frisch angeschnittenen Zweig mit ca. 1 cm Durchmesser eine Glasflasche zu fixieren.

Beim Anbohren der Birke, was gelernt sein will, bohrt man den Birkenstamm in einer Höhe von 1,20 m, ca. 1–2 cm tief, schräg nach oben führend, an. Vor dem Bohren ein Gefäß unterhalb des Bohrloches am Baum befestigen. Verschlüsse zum Verschließen der Bohrwunden nach der Saftgewinnung bereithalten. Dies können Holzteile oder Ästchen sein. Der Durchmesser der Bohrung soll niemals größer als 1 cm im

Birkenwasser © Mona Lorenz

Durchmesser sein! Ein ausgehöhlter Holunderzweig oder ein Glasrohr dient zur Ableitung des Saftes vom Baum in die Flasche. Die freibleibende Öffnung mückensicher mit Küchenpapier abdichten. Die Gesamtentnahmemenge soll 3 Liter pro Baum nicht überschreiten. Am Ende der Zapfvorganges das Bohrloch mit einem bereitgehaltenen Astteilchen und gegebenenfalls Erde dicht verschließen. Birkenbäume sollen nur jedes dritte Jahr angezapft werden.

Birkensaft kann für einige Wochen zur Konservierung eingefroren werden. Glasbehältnisse beim Einfrieren nur zu 75 % befüllen. Der Leerraum dient als Ausdehnungsraum der Flüssigkeit beim Auftauen. Kleinmengen zum direkten Gebrauch haben sich bewährt. Eiswürfelformen bieten sich ebenfalls zum portionsweisen Einfrieren an. Birkenwassereiswürfel geben jedem Getränk eine besondere Geschmacksnote.

Im Kühlschrank ist Birkensaft unter Zugabe von Zitronensaft auch über längere Zeiträume hinweg haltbar. Schwebstoffe sind unbedenklich und keine Qualitätsminderung, sie bezeugen das Naturprodukt.

Wie fließt der Birkenblutungssaft aufwärts? Ging man noch vor einiger Zeit von der Schubkraft der Wurzeln, die man als Osmose bezeichnete, aus, weiß man heute zumindest theoretisch, dass es die Blätter sind, die durch ihre Transpiration Wasserfäden ansaugen, die von den Wurzeln bis in die höchstgelegenen Triebe reichen. Markstrahlen leiten Nährstoffe aus der Innenrinde radial in den Stamm. In ihnen mischt sich das aufsteigende Wasser mit dem abwärts fließenden Saft. Baumwasser ist ebenfalls eine benetzende Flüssigkeit, die Wasserteilchen halten zäh aneinander. Wasserfäden ziehen sich so den Stamm hoch. Die langen, röhrenartigen Saftleitungszellen sind eine Errungenschaft der Laubbäume. Sie erleichtern den Wasseraufstieg aus den Wurzeln wesentlich.

Die Hängebirke *Betula pendula* spendet den begehrten Birkensaft, der im Frühling unser Immunsystem beflügelt und vor allem zur Entgiftung und Entschlackung von Bedeutung ist. Inhaltsstoffe, wie Aminosäuren, Vitamin C, Kalzium, Magnesium, Eisen, Kalium, Natrium, Phosphor und Zink wie auch Proteine und Saponine haben entzündungshemmende Wirkung. Sie regulieren den Cholesterinspiegel, Hormonausgleich und die nötige Entwässerung, Reduzierung von freien Radikalen, Regulation des Säure-Basen-Haushalts bis hin zur Blut- und Hautreinigung, die Linderung von Rheuma- und Gichtsymptomen wie die Anregung der Nierentätigkeit und die Stimulierung der Galle.

Gegenanzeigen für den Genuss von Birkensaft sind Ödeme, die von Nieren- und Herzerkrankungen verursacht sind!

Die kurmäßige Anwendung im Frühjahr wirkt durch die angekurbelte Entgiftung stärkend und vertreibt die Frühjahrsmüdigkeit, die auf eine Überlastung der Körpersysteme hinweist. Birkenwasser steigert die Nierentätigkeit und die Harnausscheidung auf sanfte Art und Weise, ohne die Nieren zu reizen.

Der kalorienarme echte Birkenzucker Xylitol wird im Norden Europas in Finnland hergestellt. Ein die Zähne schonendes Süßungsmittel, denn Xylit entzieht den Kariesbakterien die Lebensbasis.

In Mitteleuropa wird dieser Zuckeraustauschstoff allerdings schon häufig als Nebenprodukt aus landwirtschaftlichen Produkten, wie Maiskolbenspindeln nach der Entfernung der Körner, Stroh, Getreidekleie, Kokosnüssen oder Buchenholz, gewonnen.

Es ist immer naturnahe gewonnenes Xylit dem aus industrieller Gewinnung vorzuziehen. Bei den Prozessen der industriellen Herstellung sind Schwefelsäure und alkalische Gewinnungsvorgänge im Einsatz. Auch die erlaubte Kennzeichnung und Beschreibung von Industriexylit im großen Stil ist oft irreführend in der Aussage.

ACHTUNG

Für Hunde ist Xylit gesundheitsschädlich, es führt zur Entgleisung des Blutzuckerspiegels und zu Leberschädigungen der Tiere und kann sogar zum Tod der Vierbeiner führen!!!

Welchen Einfluss die Anwendung von entschlackendem, blutreinigendem Birkenwasser auf den heutigen meist übersäuerten und anderweitig belasteten, oft allergisch reagierenden Organismus eines modernen Menschen hat, muss individuell ermittelt werden.

AHORNSIRUP

Ahornsirup, der Blutungssaft, hauptsächlich vom kanadischen Zuckerahorn gezapft, sei hier an dieser Stelle erwähnt.

Bis zum 18. Jh. wurde auch in Europa meist vom Bergahorn Saft gewonnen und verwendet.

Um den Saft zu ernten, bedarf es einer Verletzung des Baumes. Dies sei den kundigen Menschen überlassen, die das auch wirklich beherrschen, um den Baum nicht nachhaltig zu schädigen.

VON GUMMEN UND HARZEN

Steinobstbäume produzieren als schnellen Wundverschluss und bei stressbedingten Erkrankungen der Bäume wie auch extremen Klimabedingungen, Pilz- oder Schädlingsbefall eine gelartige Gummimasse. Man findet dies meist bei Zwetschken und Pflaumen-, Kirsch- und auch Marillenbäumen. Diese harzähnliche klebrige Masse wird im akuten Verwundungsfall sehr rasch im Bauminneren gebildet. Bei Dauerstress und übermäßiger permanenter Gummibildung geht dies allerdings zu Lasten der Baumsubstanz. Pflaumenartige Steinobstbäume, wie z. B. Zwetschken, werden in der Vegetationsruhezeit, in der die Gummiproduktion weniger rasch ist als in der Vegetationszeit, geschnitten. Kirsch-, Weichsel- und Marillenbäume hingegen werden in der Vegetationszeit eingekürzt. Das Baumschneiden ist ein umfangreiches Sachgebiet, das der Schulung bedarf.

Im Gegensatz zu den Harzen der Nadelbäume ist Gummi von Steinobstbäumen beinahe zur Gänze wasserlöslich.

In der Volksheilkunde kennt man das Lutschen von Kirschgummi als antiviral wirkendes Halswehzuckerl oder laut dem Antikmediziner Dioscurides, aufgelöst in Wein oder einem Aufgussgetränk, entkrampfend bei Blasensteinen. Das Blut der Kirsche, wie der Kirschgummi auch genannt wird, findet Verwendung bei der künstlerischen Verarbeitung von Pflanzenfarben und dient als Konsistenzgeber zum Verdicken der Farben und Tinten, auch als Haftvermittler für das Malen auf Papier, Leinwand oder anderen Maluntergründen.

Harze von Koniferen werden von den Bäumen ebenfalls als Wundverschlüsse gebildet und in speziellen Zellen und Harzkanälen transportiert.

Pechgewinnung von Kiefern gibt es hierzulande heutzutage nur mehr vereinzelt. Es sollte auch nur von fachkundigen Pechern angewendet werden, denn die Spanne zwischen maßvoller Ernte und der Schädigung des Baumes ist nicht groß. Der Baum wird zur dauernden Harzausscheidung durch eine absichtliche Verletzung angeregt. Es verlangt Können und Wissen, um die Harzgewinnung schadlos für den Baum vorzunehmen. Das Harz, das von lebenden Bäumen gewonnen wird, wird als rezentes Harz bezeichnet.

Zur Konservierung von Weinen wurde oder wird Baumharz ebenfalls verwendet.

So genanntes Brühpech, das als fester Rückstand Kolophonium bei der Harzdestillation entsteht, kann zur Entfernung der Borsten von Schweinehaut und Geflügel verwendet werden. Spezielles Kolophonium dient der Saitenpflege von Geigen oder auch als Flussmittel beim Löten.

Harze wurden oder werden als Abdichtmittel für Holzfässer und andere Behältnisse angewendet.

Wer naturbelassenen Leim verarbeiten möchte, kann Baumharze als Heißkleber verwenden. Mit Alkohol verdünnt, ergibt Harz eine Versiegelungsflüssigkeit ähnlich dem Firnislack.

Das spirituelle Räuchern von Harzen in Raunächten erfreut sich großer Beliebtheit.

Auch Ameisen verwenden Harze als Abdichtmaterial für ihre Bauten. Das Harz wird von den Ameisen in der Nestkuppel verteilt. Bei Sonneneinstrahlung wird das Harz weich und verklebt die oberen Nadelschichten des Baues. Den Harzen wird auch keimtötende Wirkung nachgesagt, das nutzen die Ameisen, um ihre Heime steril zu halten.

Das Fichtenpech wird laut mündlicher Überlieferung als der erste Kaugummi bezeichnet. Zur Zahnreinigung und Desinfektion des Mundraumes wurde dieser Kaugummi genüsslich gekaut.

Ahornsirup © Christine Dausek

Lärchenterpentin, Fichtenharz natur und Kirschgummi © Christine Dausek

Von moderner Nahrungsergänzung und Austauschmehlen

Austauschmehle aus essbaren Pflanzen sind vor allem aus Notzeiten bekannt. Heute sind sie aufgrund ihrer hohen Wertigkeit und der hohen Wirkstoffkonzentration eine gesundheitsfördernde willkommene Abwechslung und Ergänzung in unserer Ernährung. Diese Mehle werden in der Regel aus getrockneten Pflanzenteilen hergestellt. Der Trocknungsvorgang führt zu einer Konzentration der Inhaltsstoffe. Geschmacklich punkten diese Mehle in besonderer Art und Weise. Die enthaltenen Nährstoffe sind von essentieller Bedeutung für gute Gesundheit.

Aus den Jahren des Ersten Weltkrieges gibt es Aufzeichnungen, dass Blättermehle zum Strecken von Getreidemehl beim Backen von Kriegsbroten verwendet wurden. Sie boten auch in anderen Zeiten der Getreidenot Versorgung mit Kohlenhydraten und Nährstoffen wie auch die aus der Volksheilkunde bekannten, bewährten Wirkungen in diesen Zeiten der Entbehrungen der Bevölkerung zu Hilfe kamen. Heute können wir diese fein vermahlenen Pflanzenschätze als wertvolle Nahrungsergänzungsmittel aus der Natur bezeichnen. Wie immer ist auch hier bewusstes Ernten im Fokus, vor allem bei den Schätzen von gefährdeten Baumarten in bestimmten Regionen.

Gewonnen werden Austauschmehle aus getrockneten Knospen, Blättern, Blüten, Früchten, Samen, Borken und Rindenbast von essbaren ungiftigen Bäumen. Beim Sammeln ist auf jeglichen Insekten- und Larvenbefall zu achten und nur makellose Pflanzenteile zu verarbeiten.

Hochwertige gesundheitsfördernde Inhaltsstoffe zeichnen diese Mehle aus. Chlorophylle, Flavonoide, Carotinoide, Pektine, Gerb-, Bitter- und Schleimstoffe, Mineralstoffe, Spurenelemente, Stärke, Vitamine, Ballaststoffe, Proteine, Öle und Fette ergeben ein stimmiges Gesamtpaket.

Gerade die aufwändige Herstellung macht diese vielseitig verwendbaren Pflanzenpulver, die es kaum im Handel zu kaufen gibt, zu etwas ganz Besonderem. Die Achtsamkeit gegenüber unseren Naturschätzen wird bei der Aufbereitung sehr bewusst.

Es empfiehlt sich, die einzelnen Mehle getrennt voneinander herzustellen und zu lagern. Dann können individuelle Mischungen je nach Geschmack zusammengestellt werden. Manche Mehle haben einen bitteren Geschmack, andere Pulver, wie die aus Lindenteilen, schmecken sehr mild.

Bei Austauschmehlen und der Nutzung der Baumblätterpulver ist ein Einschleichen von Dosierungen empfohlen. Weniger ist oft mehr, hat hier Gültigkeit. Es ist immer möglich, die tägliche Einnahmemenge langsam zu steigern.

AUSTAUSCHMEHLE IN DER KÜCHE

Streckmehle haben keine Kleberanteile, daher sollen max. 30 % der Getreidemehlmenge eines Backrezeptes durch Streckmehle ausgetauscht werden.

BLÄTTERMEHLE

Für Blättermehle bieten sich die jungen frischen, leicht herben Blätter des Feldahorns, die nussig schmeckenden Blätter des Spitzahorns, die säuerlich-herben Birkenblätter, die ebenfalls säuerliche Buche an, Eichenblätter schmecken säuerlich und herb, getrocknet kommt auch noch ein Nussaroma dazu. Die harzig, herb-säuerlichen Fichtennadeln, Kirschbaumblätter mit feinem Mandelaroma, säuerliche Kiefernnadeln, neutrale Pappelblätter, Sommerlinde mit mild-nussigem Geschmack, die herb-harzigen Tannennadeln, die herben und würzigen Wacholdernadeln, die säuerlichen Zirbennadeln und die frisch, aber neutral schmeckenden Ulmenblätter bieten sich ebenfalls an. Maronibaumblätter geben sich frisch als herb und säuerlich. Auch aus getrockneten Lindenblüten kann feines Pulver vermahlen werden.

Die Blätter und Nadeln von März, April bis Anfang Juni ernten, sehr rasch luftig trocknen. Bei Temperaturen über 40 °C Trocknungshitze gehen aber wertvolle Schleimstoffe verloren. Wenn die Blätter rascheltrocken sind, können sie mit einer Kaffeemühle zu Mehlpulver vermahlen werden.

Bei Fichten- und Tannennadeln empfiehlt es sich, die Nadeln nach dem Trocknen einzufrieren. Die Nadeln brechen dann, sind leichter zu vermahlen und werden auch beim Mahlvorgang nicht über 25 °C warm.

Blättermehle sind glutenfrei. Sie halten ohne Inhaltsstoffverlust gute 6 Monate.

Auch empfiehlt es sich, zu unterschiedlichen Zeitpunkten Mehle aus Blättern herzustellen. Der Geschmack variiert von mild bis herb oder bitter im Laufe der Saison.

KNOSPEN- UND KÄTZCHENMEHLE

Knospen- und Kätzchenmehle können aus den Knospen von Birke, Hainbuche, Hasel und der Linde hergestellt werden. Bei der Knospenernte ist darauf zu achten, den Baum nicht zu schädigen oder ein Zuviel an Bienennahrung zu entnehmen! Bei Linden, Erlen oder Pappeln kann auch oft auf Knospen vom Stockausschlag zurückgegriffen werden. Eine Grundprämisse ist es auch, den Baum nicht durch große Entnahmemengen in seinem Fortbestand zu schädigen.

Erntezeit für Knospen und Kätzchen ist die Winterzeit oder um Maria Lichtmess, Anfang Februar. Die frisch geernteten Knospen müssen rasch, bei Zuhilfenahme von Dörrgeräten oder dem Backofen bei max. 40 °C getrocknet werden. Bei zu langer Trockendauer könnten die Knospen bitter werden. Der Mahlvorgang kann durch die in getrockneten Knospen gespeicherten, konzentrierten Aromen und ätherischen Ölen angenehme Naturdüfte hervorbringen.

FRÜCHTEPULVER UND MEHLE AUS WILDFRÜCHTEN

Für Früchtepulver und Mehle aus Wildfrüchten eignen sich getrocknete Vogelbeeren, Weißdornfrüchte, die auch den Beinamen Mehlfässchen haben, Elsbeeren, Mehlbeeren, Holunderbeeren wie auch gedörrte Äpfel und Birnen. Vogelbeermehl- oder Pulver aus frischen Früchten sollte immer vor dem Genuss in Zubereitungen erhitzt werden, um die Parasorbinsäure umzuwandeln. Auch beim Trocknen der Beeren vor dem Vermahlen kann die Parasorbinsäure umgewandelt werden. Dies wird auch für einige anverwandte Mehlbeerarten empfohlen.

Nüsse, Eicheln und Maroni eignen sich ebenfalls für die Mehlzubereitung. Die Erntezeit von Wildfrüchten ist ab September bis hin zu den ersten Frösten.

Der Säuregehalt von Mehlbeerenmehl trägt auch zur Erhaltung des Vitamin C bei und kann gut als Konservierungskomponente verwendet werden.

MARONIMEHL

Edelkastanien gelten von jeher als Nutzfrucht. Das basenbildende, an Mikronähr- und Ballaststoffen reiche Mehl eignet sich in Brot- und Kuchen-Backrezepten als Streck- oder Austauschmehl bis zu einem Prozentsatz von 20 % der Gesamtmehlmenge. Das moderne Superfood beinhaltet komplexe Kohlenhydrate, essentiell wichtige Aminosäuren und Proteine, die den Blutzuckerspiegel positiv beeinflussen. Als Zusatz in Smoothies, für Süßspeisen und Milchshakes eine willkommene Abwechslung.

EICHELFRÜCHTE, DIE GANZ GROSSEN INDIVIDUALISTEN

Eicheln müssen je nach Bittergrad mehrmals entbittert werden. Man kann die Früchte anrösten und noch warm schälen, dann zum Entziehen der Bitterstoffe in Wasser legen. Das Wasser immer wieder abgießen, bis es klar und farblos ist. Dann sind die Eicheln bereit zur Weiterverarbeitung. Eine andere Methode ist es, die geschälten Eicheln mit reichlich Wasser und 1 EL Speisenatron ca. 15 Minuten knapp am Siedepunkt köcheln zu lassen. Das Wasser abgießen und den Vorgang so oft wiederholen, bis der Kochsud farblos und klar erscheint. Die Eicheln auch bei dieser Art der Verarbeitung immer heiß bzw. warm von der Schale befreien.

Durch das Kochen und die Hitze löst sich auch die bitter schmeckende Samenhaut. Da Eicheln leicht braun werden, kann man sie nach dem Schälen in Wasser legen, das verlangsamt das Braunwerden. Eine dritte Variante: Man röstet die Eicheln im Backofen, die Schalen können dabei aufspringen. Mit einem Tuch die bitteren Häute abrubbeln, die Eicheln anschließend im Natronwasser, das immer wieder gewechselt wird, entbittern.

Zur anschließenden Weiterverarbeitung die Eicheln pürieren und verkosten. Sollten noch zu viele Bitterstoffe vorhanden sein, weiter auswässern und das Wasser wechseln.

Die Masse dann auf ein Blech streichen und im Backofen bei niedriger Temperatur trocknen. Ein Kochlöffel in die Backrohrtür geklemmt, begünstigt das Verdunsten von eventuell vorhandener Flüssigkeit. Anschließend zu Pulver/Mehl vermahlen. Das Eichelpüree kann auch zu Pralinen weiterverarbeitet werden.

Wenn man sich mit der Verarbeitung von Eicheln befasst, hat sich manchmal gezeigt, dass spät geerntete Früchte, die schon wieder zu keimen beginnen, zum Teil weniger Gerbstoffe enthalten. Eicheln sollen im Winter vor dem Schneefall gesammelt werden, da zu dieser Zeit schadhafte und von Würmern befallene Eicheln besser von intakten guten Früchten unterschieden werden können. Sie sind in der Kälte auch nicht so bitter wie im Herbst.

Topfbrot mit Eichelaustauschmehl

APFELSCHALENMEHL

Sehr gut getrocknete Apfelschalen feinst vermahlen und in einem dunklen Glas kühl und trocken lagern.

AUSTAUSCHMEHLE AUS RINDEN

Austauschmehle aus Rinden und der Rinde von Ästen sind eine Besonderheit. Die Borke ist der Schutz des Baumes nach außen und die in Rinden und Bast vorhandenen Wirkstoffe schützen auch die menschliche Gesundheit. Sie werden aus der feinen Wachstumsgewebeschicht, die das Dickenwachstum eines Baumes steuert, hergestellt. Das Kambium liegt zwischen der Borke und dem Baumbast. Im Inneren eines Baumes befindet sich das Splintholz. Die Gewinnung von Kambium will gelernt sein. Sie muss ausschließlich von frisch gefällten, um-

Baummehle in veganen Kapseln

gestürzten Bäumen erfolgen. Mit speziellen Reifmessern wird die Borke entfernt.

Auch die darunterliegende Bastschicht könnte zur Mehlgewinnung herangezogen werden. Das freigelegte Kambium wird geerntet, in Stücke gebrochen und einen Tag lang rasch getrocknet.

Anschließend kann in mehreren Arbeitsgängen von grob- auf feinstvermahlen werden. Astrinde soll gewässert und rasch im Backofen getrocknet werden, dadurch werden Bitterstoffe reduziert, es entsteht ein angenehmer Röstgeschmack.

Rindenmehle sind jahrelang ohne Wirkstoff- und Geschmacksverlust haltbar.

Die Herstellung dieser Mehle zeigt es schon an: Weniger ist oft mehr. Es eignen sich Birken, Kiefern, Linden, Ulmen, Fichten und Lärchen zur Kambium- und Bastgewinnung. Bei Buchen ist die Gewinnung der Wachstumsschicht besonders vorsichtig anzugehen, da Buchen eine sehr dünne glatte Borke haben und das Kambium sehr weit außen liegt.

An Rindenmehle muss sich der menschliche Organismus gewöhnen, d. h., man beginnt mit Fingerhutdosierung und findet die richtige zuträgliche Menge von Rindenmehlen ganz individuell für sich heraus. Nach der Gewöhnung an Rindenmehle können bei Backrezepten bis zu 15 % des Hauptmehles ausgetauscht werden.

DIE ERFAHRUNGSMEDIZIN DER VOLKSHEILKUNDE WEISS

Blättermehl der Esche, Ulme und Linde können den Cholesterinspiegel positiv beeinflussen wie auch bei Rheuma und Gicht Entzündungsprozessen vorbeugen.

Kiefernrindenmehl hat auch in unseren Breiten eine alte Tradition beim Backen von Broten.

In der biologischen Tierhaltung von Vieh und Schweinen sind Streckmehle als Beifutter vor allem in der Winterzeit sehr geschätzt.

DER VITAMINBOOSTER FÜR DIE HANDTASCHE

Mehle aus vielen Teilen unserer Bäume sind reinste Wirkstoffe ohne Füll- und Zusatzstoffe.

Als modernes Nahrungsergänzungsmittel können alle Mehle- und Pulverzubereitungen auch in Leerkapseln abgefüllt und somit bequem andernorts als auf dem Teller zuhause genossen werden. Leerkapseln gibt es auch in veganer Form ohne Gelatine. Inhaltsstoffe von Pflanzenteilen sind allerdings nicht standardisiert und haben keinen Beipackzettel, daher erfordert ein Herantasten an die Dosierung Zeit und aufmerksame individuelle Wahrnehmung hinsichtlich der Verträglichkeit.

Edelkastanien für hervorragendes glutenfreies Mehl © Mona Lorenz

„Der Kas is bissen" und „Alles in Butter"

ALTE BAUERNWEISHEITEN RUND UM UNSERE HEIMISCHEN BÄUME, DIE BEIM BUTTERN UND KÄSEN GUTE DIENSTE LEISTEN.

Roh- oder Vorzugsmilch lässt sich besser zu Butter verarbeiten, wenn die Milch vor dem Rahmmachen mit einem Sanddornzweig geschlagen wird.

Handgemachte Butter gelingt immer, wenn das **Rührwerkzeug aus Ebereschenholz** oder das **Butterfass aus Eschen- oder Kiefernholz** gefertigt ist.

Kiefernnadelbutter: Eine gute Bauernbutter, mit einer Prise feingewiegten Kiefernnadeln aromatisiert, bringt den Wald auf den Tisch.

Bauernbutter, aus Rohmilch hergestellt, hält sich, in Ahornblätter gewickelt, lange Zeit frisch wie am ersten Tag, was dem Ahorn den Namen Butterblattlbaum eingebracht hat.

Zur **Butterlagerung** empfehlen sich **Bienenwachstücher,** hergestellt aus bio-zertifizierten Stoffen und heimischem regionalem Bienenwachs (siehe Bezugsquellen, S. 197).

DIE GROSSEN STINKER SIND DIE BESTEN

REIFUNG VON ROTSCHMIEREKÄSE IN JUNGEN AHORNBLÄTTERN IN DER ERDMIETE

Käse zur Reifung in die Baumblätter wickeln und in einem Bügelglas in der Erdmiete der Reife zuführen. Die Erdmiete ist eine 30–40 cm tiefe Grube an einem geschützten Gartenplatz mit einer Lage Sand als Feuchtigkeitsdrainage und einer losen Holzabdeckung. In der Erdmiete werden Gemüse und Früchte in Behältnissen frisch gehalten. Walnusslaub im Lagerraum in der Erde hält Schädlinge fern. Diese Lagerräume stammen aus Zeiten, in denen es noch keine Kühlschränke gab. Die Miete hat eine konstante Temperatur um die 10 °C. Die Reifezeit für den Käse beträgt je nach Sorte 28–42 Tage. Beim

Rotschmierekäse in Ahornblättern, Bienenwachstuch für längere Frische nach der Reife

© Mona Lorenz

Öffnen des Glases strömt feiner „grüner Geruch" entgegen. Die Aromen der Blätter sind dann auch mild im Käse vorhanden.

REIFUNG MIT HILFE VON ASCHE

Asche entzieht dem Käse im Reifungsprozess Feuchtigkeit.

Unterschiedliche Käse sind für die Reifung in Ascheschmiere geeignet. Cremige Käse aus Ziegenmilch oder halbfeste bis feste Schnittkäsearten aus Kuhrohmilch eignen sich für diese Art der Affinierung.

Die Achtung vor dem Rohstoff Milch und Sparsamkeit hat ein Käserezept mit Buchenasche hervorgebracht. Die Milch vom Morgen wurde gekäst und abgefüllt. Um diesen Käseansatz gegen Ungeziefer zu schützen, wurde er mit reiner Buchenasche bestreut.

Am Abend kam dann die ebenfalls verkäste Milch auf den Morgenkäse, der dann gepresst wurde. So wurde ein Käse mit salziger Aschenwürze in der Mitte geschaffen.

Weißschimmelweichkäsearten sind für diese Käse geeignet. Die Aschespuren ähneln optisch Blauschimmeladern.

REIFUNG IN HOLZ

Ein Weichkäse der besonderen Art aus Rohmilch von der Kuh, der hauptsächlich im Winter hergestellt wird, darf in einer runden **Fichten- oder Weißtannenholzschachtel** reifen, in der er dann auch geschmolzen werden kann. Dieser Käse hat eine charakteristische Holznote und wird mit gekochten Kartoffeln, Knoblauch und Weißwein serviert.

Ein Ziegenmilchweichkäse mit derselben Käseteigkonsistenz wird zur Formgebung vor dem Platzieren in der Holzschachtel noch mit **Fichtenkambium** umwickelt.

Weichkäsearten mit Harzaromen aus Kuh- oder Schafrohmilch mit Rotschmiere entstehen durch das Einbinden in frische **Fichtenrinde (Kambium)** während der Reifezeit. Auch nimmt der Käse eine leicht rötliche Färbung von der Rinde an.

Tannennadeln bringen Waldaromen und dienen auch als Würze von Käsen.

LAGERUNG DES KÄSES

Reife Käse lagern bestens in Bienenwachstüchern (siehe Bezugsquellen, S. 197) in der für Käse vorgesehenen Kühlzone im Kühlschrank und sollen immer eine halbe Stunde vor dem Genuss auf Zimmertemperatur gebracht werden.

Auf allen Käseabbildungen hier in diesem Buch sind wunderbare Käseprodukte von meiner Naturvermittlerkollegin Maria Hageneder aus Scharnstein zu sehen. Sie hat diese besonderen, äußerst schmackhaften Käse mit viel Liebe nach alten Rezepturen und eigenen Erfahrungswerten für den Eigenverbrauch hergestellt und zum Fotografieren zur Verfügung gestellt. Ein herzliches Dankeschön dafür!

Käse nach Morbierart mit Buchenaschestreifen © Mona Lorenz

Rohmilchkäse während der Reife zur Geschmacksgebung in Fichtenkambium gebunden © Mona Lorenz

Beinahe für die Ewigkeit

UND DIE GESCHICHTE MIT DER GESCHMACKSSACHE

Holz von heimischen Bäumen für die Lagerung, zur Reifung und zur Geschmacksgebung von Lebensmitteln ist heutzutage nicht mehr so bekannt. Kunststoff oder Metall hat für die in Massen hergestellten Produkte, die künstlich haltbar gemacht werden, Holzbehältnisse vielfach verdrängt. Dennoch haben diese Methoden für Qualitätserzeugnisse Bestand und die ausgezeichnete Eignung, um hochwertige Lebens- und Nahrungsmittel zu bewahren oder zu aromatisieren.

Holzbehälter als Lebensmittelbehältnis wurden vermutlich schon vor 4.000 Jahren verwendet und werden in allen Geschichtsepochen erwähnt. Holzfässer in gerader Form gab es schon bei unseren keltischen Vorfahren. Holzfässer aus Eiche als Klassiker zum Ausbau von Whiskey und Weinen heben die Qualität der Produkte während der Fassreife. Geschmacklich hochinteressante Starkbiere, die in mit Wein vorbelegten Fässern ausgebaut werden, liegen stark im Trend.

Jedem Holzfass ist ein „Terroir" eigen, das sich aus dem Holz und den Lebens- und Umweltbedingungen der Bäume ergibt, eine Tatsache, die vor allem bei der Weinfasserzeugung beachtet wird. Schonendes Schneiden ohne Holzfaserstrukturverletzung bringt bestmögliche Weiterverarbeitung. Die Innenseite der Fassdauben werden mittels einer Wärmebehandlung getoastet, in der die Zellulose des Holzes zu Holzzucker aufgespalten wird, dadurch entsteht das typische Vanille-Röstaroma. Auch die Größe der Fässer spielt im Reifeprozess eine Rolle.

Es wurde bald erkannt, dass nicht nur Geschmacksvarianten durch die Holzfasslagerung entstanden, sondern der Fassinhalt auch wesentlich länger haltbar war. Das Vanillearoma wird als tertiäres Aroma bezeichnet. Das primäre Aroma bekommt Wein von der Traube, das sekundäre Aroma entsteht bei der alkoholischen Gärung. Deshalb standen und stehen gebrauchte Leerfässer höher im Kurs als ungebrauchte.

Die Holzfassherstellung bedarf genauer Holzschnitttechniken, die zur Dichtheit der Holzfässer beitragen. Das Wort Barrikade stammt aus der Zeit der französischen Revolution, da für Straßensperren und Verschanzungen häufig Barriquefässer verwendet wurden.

Fässer waren lange Zeit das wichtigste Transportmittel. Auch große Fässer konnten von einer Person durch Rollen bewegt werden.

Holz ist bei angemessener Behandlung beinahe unverwüstlich. Die heute moderne Maßeinheit des Rohölmaßes Barrel rührt auch vom Wort „Barrique" her, der französischen Bezeichnung für das Eichenfass.

Nicht nur hochgeistig Flüssiges reift in Holz. Auch Gewürz- und Essiggurken sowie Sauerkrautfässer aus Holz sind wieder im Kommen, ist doch Holz auch hier immer ein Garant für Geschmacksgebung und naturnahe Lagerung. Die antibakterielle Wirkung des Holzes ist bekannt und diese kann man sich gut zunutze machen.

Tannenholzbehältnisse für Gürkchen enthalten wertvolle Tannine, die dafür sorgen, dass eingelegte Gurken knackig bleiben.

Gurken und Einlegegurken benötigen zum gesunden Gedeihen den richtigen Platz und Boden.

Sie reagieren sehr empfindlich auf falsche Düngung und zu hohe Kohlenstoffanteile in der Erde, in der sie wachsen.

Es können sich bei falscher Aufzucht gesundheitsschädliche Bitterstoffe in den Gurkenfrüchten entwickeln.

Bei vielen Züchtungen von heutigen Gurkenpflanzen sind diese Bitterstoffe aber bereits herausgezüchtet.

KNOW-HOW FÜR DIE DIY-SALZGURKENHERSTELLUNG IM HOLZFÄSSCHEN FÜR DEN HAUSGEBRAUCH

Für die Salzlake hochwertiges unraffiniertes, ungebleichtes, unjodiertes Salz ohne Rieselhilfe verwenden. Die Salzlake ist eine 2–3%ige Salzlösung, d. h. 20–30 g Salz in 1 l kaltem Wasser auflösen, aufkochen und zugedeckt abkühlen lassen. Die kleinen Gurken mit Wasser gründlich waschen und mehrfach anstechen. In das mit kochendem Wasser sterilisierte Fass werden die Gürkchen mit den gewünschten Gewürzen eingeschlichtet. Die Salzlake zugeben, mit Walnussblättern belegen, mit einem sterilen Teller oder Glasstück beschweren und verschließen.

Mögliche Würzkräuter für Holzfasseinlegegurken sind Dille, Borretsch, Fenchelkraut und -samen, Kresse, Kerbel, Knoblauch, Nelkenwurz in sehr geringen Mengen, Pfeffer, Senfkörner, Wacholder. Für die scharfe Variante eignen sich zusätzlich Chili, Kren oder Wasserpfefferblätter und/oder -samen.

Die Walnussblätter wirken gegen eventuelle Bitterkeit durch Cucurbitacine, sie nehmen vorhandene schädliche Bitterstoffe aus den Gurken auf oder setzen diese außer Kraft. Sie eignen sich auch zum Einlegen von Bittermelonen, die bei moderatem maßvollem Einsatz für ihren gesundheitsfördernden Effekt bei beginnender Diabetes-II-Erkrankung bekannt sind.

Auch Kirschbaum- oder Weichselbaumblätter, Weinblätter, Blätter der Ribisel oder Eichenblätter als Zugabe haben sich bewährt. Die Inhaltsstoffe dieser Blätter wirken auf das Enzym Pektinase in der Gurkenschale, das die Gurken durchs Einlegen matschig werden lässt.

Nach 4 Wochen eine Verkostung vornehmen und je nach vorhandener Bitterkeit die Nussblätter entfernen oder für eine weitere Woche bei den Gurken belassen.

Salzgurken mit Nussbaumblättern im Holzfassl
© Christine Dausek

Um die Haltbarkeit der Salzgurken noch weiter zu verlängern, kann auch Weißweinessig zugegeben werden. Entnahmen aus dem Holzfass immer nur mit Werkzeugen durchführen, die frisch mit kochendem Wasser abgebrüht wurden.

ALTHERGEBRACHT SIND HOLZFÄSSER AUCH FÜR DIE SAUERKRAUTHERSTELLUNG

Gehobeltes Weißkraut wird mit Gewürzen und Salz in das Fass eingestampft, beschwert und kann in der überstehenden Lake auf milde Art reifen.

Als Sauerkrautwürze eignen sich Lorbeer, Wacholderbeeren, Kümmel, Nelken, Rosinen, Äpfel, Zwiebel.

Braunschweigerkrautköpfe werden nach traditionellen Rezepten aus Siebenbürgen im Ganzen eingelegt. Ende September, spätestens aber Ende Oktober soll das Kraut ins Krautwasser. Gewürze für diese Rezepte sind Dillkraut und -samen, Bohnenkraut, Kren, Quitten zur Farbgebung, wenn vorhanden eine Handvoll getrockneter Maiskörner und Weichselblätter, um das Kraut nicht matschig werden zu lassen. Für die Salzlake unjodiertes Salz ohne Rieselhilfe verwenden. Grundrezept für die Salzlake: 40 g Salz vollkommen in 1 l Wasser auflösen.

Das Holzfässchen für das Sauerkraut muss mit kochendem Wasser steril gemacht werden.

Man beginnt mit einem Teil der Gewürze, auf die die von den Außenblättern befreiten, größten, am Strunk über Kreuz eingeschnittenen Krautköpfe, geschlichtet werden. Sie benötigen am längsten zum Säuern. Bei sehr großen Köpfen kann man einen kleinen Teil des Strunks herausschneiden und die entstandene Vertiefung mit Salz füllen. Über die untere Lage Krautköpfe wird wieder ein Gewürzanteil verteilt, es folgen die kleineren Krautköpfe, die für die Weihnachtszeit und Silvester gedacht sind. Mit Gewürzen, den Quittenstücken und einer Schicht Weichselblättern abschließen. Diese dienen dazu, dass das Kraut nicht zu weich wird. Krenscheiben dienen der Schimmelvermeidung. Mit Salzlake, die über alle Krautteile stehen muss, übergießen und beschweren. Es dürfen keine Krautteile aus der Lake ragen.

In den ersten zwei Wochen mit einem festen Tuch, das mehrmals gewechselt wird, bedecken und alle zwei Tage ein Zuviel an gebildeter Sauerkrautsaftlake und Hautfilm abschöpfen. Falls zu wenig Krautwasser vorhanden ist, abgekochtes Wasser nachfüllen.

Dann das Fass mit den gewässerten, eingefrorenen und wieder aufgetauten, gequollenen Bretterzuschnitten verschließen oder bei Vorhandensein einer Drehspindel das Deckbrett festdrehen. Das Einfrieren dient der Bindung des Wassers im Holz zum besseren Quellen und zur Abtötung von Bakterien.

Erwähnt seien hier auch die hölzernen Geschmacksgeber für **Balsamessig.** Aus Eiche, Kirsche, Esche, Maulbeere, Wacholder und Kastanie gefertigte Fässer werden in unterschiedlicher Reihenfolge zur Reifung und dem geschmacklichen Ausbau des Balsamessigs verwendet. Jeder Erzeuger hat sein eigenes Konzept, begonnen wird jeweils mit Fässern aus porösen Holzarten wie Kirsche und Maulbeere, die eine natürliche Reduktion durch Verdunsten ermöglichen. In der Phase der Geschmacksgebung durch Holzaromen kommen Fässer aus Eiche oder Kastanie zum Einsatz. Die Endergebnisse in Form von aromatischem Balsamessig sind bekannt und in der Küche hochgeschätzt.

TRADITIONELLE DAUERFLEISCHZUBEREITUNG

Trockenpökeln im Lärchenholzfass, Eichen- oder Buchenbottich mit Deckel und Holzspindel hat sich als alte Tradition der Konservierung bis heute erhalten. Pökelbottiche aus Holz müssen zwecks Luftzirkulation immer auf Kanthölzern aufgestellt werden.

Salzmischung: unjodiertes Salz ohne Rieselhilfe oder besser mineralstoffreiches Steinsalz mit einem niedrigen Nitritanteil, grober Rübenzucker, Wacholderbeeren, gepresster Knoblauch, Kümmel, angedrückte Pfefferkörner, Rosmarinnadeln, Bohnenkraut, Lorbeerblätter.

Das Fleisch dicht an dicht mit den Gewürzen in das Holzfass schlichten, mit einem passenden Brett abdecken und mit einem gereinigten Stein beschweren. Für Surbraten die Fleischstücke nach Dicke 3–5 Tage in der Würzmischung belassen. Für die Weiterverarbeitung als Räucherspeck 3–4 Wochen in der sich bildenden Pöckellake bei maximaler Umgebungstemperatur von 6 °C suren.

SAUERBLÄTTER VON BÄUMEN

Laub- und Nadelbaumblätter von Berg- und Feldahorn, von Eiche, Ulme, Kirschbaum, Weinstaude und natürlich die altbewährten Lindenblätter eignen sich hervorragend zum Fermentieren, einer gesunden Konservierungsart, die wieder in Mode kommt. Sehr junge Fichten- und Tannenwipferl oder auch Wacholderblätter eignen sich ebenfalls sehr gut. Auch die Kombination mit Wildkräutern zaubert wunderbare Geschmackserlebnisse.

Zum Fermentieren eignen sich Blätter, die im Schatten gedeihen. Die richtige Erntezeit ist kurz, denn die Blätter sollen nicht zu jung sein, aber auch noch nicht zu fest und faserig.

Für ein 250 ml Glas benötigt man ca. 30–40 unbeschadete, gereinigte Baumblätter. Jeweils 10 Stück werden aufeinandergelegt, gerollt, zusammengebunden und eng in ein Glas geschlichtet. Mit 250 ml Wasser, in dem 10 g Natursalz gelöst werden, übergießen. Mit einem Fermentier-Glasgewicht beschweren und für drei Wochen fermentieren. Glas ist ein neutrales Material zum Beschweren. Kalkhaltige Steine dagegen können z. B. den Fermentationsprozess verzögern. Glasierte Keramik bietet sich ebenfalls an.

Sauerblätter eignen sich aufgrund ihrer Weichheit sehr gut zum Befüllen und Einrollen. Sie sind eine willkommene, gesunde Abwechslung zu vielerlei Speisen.

Getrocknete und pulverisierte, zuvor fermentierte Baumblätter eignen sich als Würzpulver für Gerichte jeder Art und auch zum Fermentieren von Gemüse.

Siehe Rezept vom Ahornsauerkraut im Kapitel *In der Früh, zu Mittag und am Abend*, S. 142.

Fermentierte Baumblätter © Christine Dausek

HERBSTFRÜCHTE

Äpfel und Birnen sollten nach altem Wissen und weisen Bauernregeln immer im letzten Viertel des abnehmenden Mondes geerntet werden, dann halten sie länger und besser. Da Früchte und Gemüse nach der Ernte noch lebendig sind, sollten Streuobstsorten immer getrennt von Gemüse aufbewahrt werden, da Äpfel das Wachstumshormon Ethylen ausgasen, das den Verderb von anderen Früchten oder vorzeitige Austriebe von Kartoffeln auslösen kann. Äpfel nie aufeinander schlichten, um Druckstellen zu vermeiden.

Optimal, aber schon sehr selten sind Erdkeller, in denen Luftfeuchte/Trockenheit und die Temperaturen ideale Bedingungen für lange Lagerzeiten ermöglichen.

Die Temperatur sollte bis max. 10 °C haben, idealerweise zwischen 2 und 6 °C liegen und es hat sich eine Luftfeuchte zwischen 60 und 95 % bewährt.

Frostsichere Gartenhäuser aus Holz bieten ebenfalls Möglichkeiten für die Obst- und Gemüselagerung.

Althergebrachte Holzregale, die mit einem Reiniger aus Essig und Wacholderbeeren behandelt werden, haben sich überall in der Lagerung als geeignet erwiesen.

Ahornblätter vertreiben Mäuse im Keller, so eine alte Weisheit der Urgroßmutter.

Walnussblätter wurden als Abdeckung in Marmeladengläser gelegt, um Schimmel hintan zu halten.

DÖRREN UND TROCKNEN

Das Dörren – häufig von Äpfeln, Birnen und Zwetschken – gehört zu den ältesten Methoden, Früchte zu konservieren. Getrocknete Apfelstücke sind als Wintersnack nicht mehr vom Speiseplan wegzudenken.

Zum Dörren im traditionellen Dörrhäuschen oder dem eigenen Backofen und Dörrautomat eignen sich überreife Hauszwetschken. Dafür die gewaschenen Zwetschken halbieren und den Kern entfernen. Mit der Schnittseite nach oben auf das Dörrgitter legen. Je nach Feuchtigkeitsgehalt kann die Trockendauer zwischen 5 und 6 Stunden oder auch länger andauern. Die Früchte immer wieder prüfen und bereits fertige Dörrzwetschken entnehmen. Die trockenen Früchte anschließend wieder zusammenklappen und in einem luftdicht verschlossenen Glas lagern. Sollte das Glas anlaufen, sind die Zwetschken noch zu feucht und sollten weiter trocknen.

Außen ledrig, innen weich und süß, werden Dörrzwetschken und Kletzenbirnen auch zu traditionellen Weihnachtsgebäcken weiterverarbeitet. In dunklen Glasgefäßen gelagert, halten sie mehrere Monate ihr Aroma.

Das Trocknen von Baumblättern und anderen Pflanzenteilen soll immer rasch, aber dennoch behutsam erfolgen. Ein schattiger luftiger Ort ohne Windanfälligkeit ist dafür geeignet. Das Trockengut mehrmals wenden und auf Schimmel- oder Insektenbefall absuchen. Ein schnelles Nachtrocknen, meist aus Platzgründen zur Hochzeit der Ernten, im Backofen bei höchstens 45 °C ist möglich.

Hutzeln, Apfelchips und Dörrzwetschken
© Christine Dausek

Aromatisieren von Gemüse mit Buchenholzrauch

Rauchzeichen und Aschereifung

MEHR ALS NUR HALTBARMACHEN – WELCHES RÄUCHERMEHL WOFÜR?

KALTRÄUCHERN

Bei dieser feinen Methode liegt der Temperaturbereich beim Räuchern zwischen 15 und 25 °C, maximal jedoch bei 30 °C. Bewährt haben sich Räucheröfen und Räucherschränke, in denen die Fleischstücke im Rauch hangen. Mit einer Sparbrandvorrichtung gelingt dies auch im Kugelgrill bzw. in jedem Grill, der verschließbar ist.

Räucherwaren dürfen nie mit dem offenen Feuer in Verbindung kommen, sie sollen lediglich vom Rauch umhüllt werden.

Räuchern ist ein Vorgang, der Zeit braucht, je nach Räuchergut von 5 Stunden aufwärts über Tage bis hin zu 3 Wochen. Räucher- und Lüftungs-/Trocknungsphasen wechseln sich ab.

Es gibt vielerlei Rezepte für Vorbehandlungen des Räuchergutes beim Kalträuchern (siehe Rezept im Kapitel *Beinahe für die Ewigkeit*, S. 49). Zur Verwendung gelangen meist fein vermahlenes Räuchermehl von Buche, Eiche, Erle, Wacholder und getrocknete Fichtenzapfen, deren Samen ausgefallen sind.

Fichte und **Tanne** wie auch **Wacholder** in sehr geringer Dosierung werden als reiner Rauch-Geschmacksgeber für Schinkenräucherungen verwendet.

HEISSRÄUCHERN UND SELCHEN

Heißräuchern und Selchen sind klassische Konservierungs- und Geschmacksgebermethoden, die meist bei Fleischteilen angewendet werden. Die Temperaturen liegen hier zwischen 60 und 120 °C. Neben dem Rauchgeschmack erfährt das Räuchergut auch eine Gare. Moderne Räucheröfen mit Hängeregalen und -rosten verfügen über von außen ablesbare Thermometer, die eine gleichmäßige Räucherung erleichtern.

Zwischen beiden Methoden liegt noch die Art des Warmräucherns bei 30–50 °C. Die Räucherzeiten sind hierbei kürzer als beim Kalträuchern, das Räuchergut wird nicht nur geräuchert, sondern auch gegart.

HOLZARTEN ZUM RÄUCHERN

Alle Holzarten können für alle Räucherarten verwendet werden. Für Heißräuchern werden größere Holzteile, die langsam dahinglosen, verwendet. Für das Kalt- und Warmräuchern eignen sich Späne und Räuchermehl.

Apfelbaumholz und **-rinde** geben Rindfleisch, Geflügel und Schinken einen intensiven Räuchergeschmack.

Fichten-, Tannen- und Kiefernzapfen als Räucherfeuer geben einen einzigartigen aromatischen Waldgeschmack an Grillgut jeglicher Art ab.

Kirschbaumrindenmehl oder Räucherholzstücke, in Rotwein getränkt, verwenden wir im Kalträucherverfahren für Rohmilchkäse, wie Camembert, für Rotkulturkäsesorten, aber auch für andere Käse, wie Butterkäse, Gouda, Emmentaler und Bergkäsesorten.
Kirschbaumräuchermehl- und **-späne** naturbelassen für alle Räucherverfahren, sind für Fisch, Geflügel, Schweinefleisch, Schinken und Rindfleisch zu empfehlen.

Buchenspäne und -räuchermehl haben sich für Fleischarten, Schinken, Fisch, Nüsse und Gemüse im Kalt- wie auch im Heißräucherverfahren bewährt. Gekochte, geschälte Eier bekommen im kalten Buchenrauch ein hervorragendes rauchiges Aroma und eine schöne Goldfärbung.

Die **Erle** hat eine alte Tradition als Räucherholz für Schweinefleisch, Geflügel und für Lachs bzw. Lachsforellen. Sie fördert die Rotfärbung des Räuchergutes.

Einen besonderen Geschmack und eine schöne Farbintensivierung von Fleischarten, Wild, Fisch und Spareribs beschert das **Eichenholz** in allen Räucherverfahren.

Zwetschkenholz- und **-rinde** als Raucharoma machen sich mit einem eigenen unvergleichlichen Wohlgeruch als Feinwürze bemerkbar.

AROMATISIEREN VON GEMÜSE MIT BUCHENRAUCH

Sorgfältig gedämpftes Gemüse, kurz vor dem Servieren mit Buchenrauch aromatisiert, verspricht ein Geschmackserlebnis der ganz besonderen Art.

Dazu den Boden eines Kochtopfes mit einem Deckel mit Buchensägemehl bedecken und durch Hitzezufuhr zum Glimmen bringen. Bei Rauchentwicklung von der Wärmequelle nehmen und einen Gareinsatz mit dem Gemüse einlegen, den Deckel verschließen und für wenige Minuten räuchern. Oder augenfreundlich unter edlen Glasglocken gleich im Rauch zu Tisch bringen.

WERTVOLLE HOLZASCHE, VIELSEITIG VERWENDBAR …

Reine Holzasche ist basisch und ein hervorragender Lieferant für Mineralstoffe und Spurenelemente.

KÄSEREIFUNG IN ASCHE

Althergebracht und bewährt ist die Reifung von Käse in Asche (siehe auch Kapitel *Der Kas is bissen,* S. 47, *In der Früh, Zu Mittag und am Abend,* S. 142).

ASCHEREIFUNG VON FLEISCH

Eine alte, aber ganz besondere Konservierungs- und Reifemethode für hochwertige Fleischstücke ist die Aschereifung. Abgelagerte, durchgebrannte Fleischstücke wie Dry Aged Beef, aber auch für zwei Wochen gesurtes Schweine- oder Wildfleisch, Entenbrust und auch Rohwürste, werden in reiner, gesiebter Buchenasche für mehrere Wochen der Reife zugeführt.

Verwendet wird reine, gesiebte Buchenasche aus unbehandeltem Buchenholz. In einem abgedichteten, hygienischen, lebensmittelgeeigneten Karton wird das abgehangene und mit Wacholderschnaps eingepinselte Fleisch in die Buchenasche eingeschlagen. Die Ascheschicht rund um das Fleischstück soll mindestens 7 cm betragen. Den Karton gut verschließen und bei Kellerraumtemperatur bis 4 °C reifen lassen. Am sichersten ist die Reife in einem Kühlschrank. Die Reifezeit wird von der Größe und dem Feuchtigkeitsgehalt des Reifegutes bestimmt. Pro cm Fleischdicke wird eine Woche Reifezeit berechnet. Nach der Reifezeit die Asche mit lauwarmem Wasser und Wacholderschnaps abwaschen. Der Gewichtsverlust der aschegereiften Fleischstücke liegt bei ca. 40 %. Es empfehlen sich engmaschige Kontrollen des Fleischstückes beim Ablauf der Aschereifung.

Diese besondere Art der Geschmacksgebung lohnt allemal und erweitert den Speiseplan mit außergewöhnlichen Spezialitäten.

Weitere Ascheverwendungen in den Kapiteln: *Und sonst noch Wichtiges*, S. 186, *Der Kas is bissen*, S. 47, *Baumkosmetik*, S. 177, *Die Würze des Lebens*, S. 126, *Fastenkost*, S. 35.

ZEICHEN AUS DEM RAUCH

GRILLEN ÜBER HOLZFEUER

Grillen über Holzfeuer bringt feine Aromen in das Grillgut. Harzarme Holzarten bieten sich dazu an. Birke hat ein sehr ruhiges Feuer, aber auch Buche, Eiche und Esche eignen sich gut. Walnussholz verträgt sich sehr gut mit Wildfleisch. Esche und Eiche halten dabei die Glut am längsten.

GRILLFURNIERBLÄTTER

Sehr dünne Buchen-/Erlenholzfurnierblätter werden eingeweicht und um das Grillgut gebunden. Während des Garvorganges gibt das feuchte Holz seinen Geschmack an das Grillgut ab.

Aschenkäse, Rußkäse aus einer Bergkäseart, heller Schnittkäse aus Rohmilch von der Kuh, Tannennadelbutter © Mona Lorenz

Aschereifung von durchgebranntem Dry Aged Beef © Mona Lorenz

ERLENFISCH

Ein Grillfurnierblatt in abgekochtem abgekühltem Wasser und Weißwein zu gleichen Teilen, gewürzt mit einem Lorbeerblatt, für ca. 1 Stunde einweichen.

Zanderfilet mit Ahornfischgewürz würzen und mit Gemüsen, wie Fenchel und Karottenstiften, in das Grillfurnier wickeln. Mit Zitronensaft beträufeln und auf dem Griller garen. Das Erlenholz sorgt für ein sehr besonderes Aroma.

RAUCHAROMEN IN DER FLASCHE

Angekohlte Holzstücke in 96%igen Alkohol einlegen und für 21 Tage ausziehen lassen. Das Holzraucharoma geht auf den Alkohol über.

Fisch in Erlen-Grillfurnier © Mona Lorenz

RAUCHSALZ

Rauchsalz ist einfach im Kalträucherverfahren herzustellen. Im Heißräucherverfahren würde das Salz zwar schneller geräuchert, aber das Salz wird sehr dunkel.

Wir benötigen 200 g Natursalz oder anderes unjodiertes, unraffiniertes Salz ohne Rieselhilfe, Wacholderbeeren, Rosmarin und eine Flasche Bier nach Wahl und Buchenspäne oder Buchensägemehl zum Räuchern.

Buchenspäne/Sägemehl für 2 Stunden in Bier einweichen, ausdrücken bzw. leicht trocknen. Gewürze zugeben. Es gibt mehrere Möglichkeiten, Salz zu räuchern. In der Restglut in einem Griller mit Deckel nach einem Grillvorgang oder in einem Wok oder hohen Pfanne, ebenfalls mit Deckel auf einer anderen Hitzequelle. Es wird empfohlen, im Freien zu räuchern.

Das Buchensägemehl oder die Buchenspäne entzünden und zum Glimmen bringen. Das Salz auf einem Teller oder in einem Gazesäckchen über dem Räuchermehl platzieren. Weißes Salz färbt sich dabei dunkel, Natursalz bekommt eine Brauntönung. Je nach gewünschter Aromastärke 15–30 Minuten räuchern. In Gläsern lagern, die Deckel können durch die Restfeuchte beschlagen oder rosten, daher immer wieder abwischen.

Rauchsalz eignet sich zum Würzen von Fisch, allen Fleischarten, Röstgemüse, Kartoffeln, Pilzen, Eierspeisen und Grillsaucen.

WEITERE ÖFEN

Und nicht zuletzt seien auch die offenen Feuer in **Originalpizzaöfen** genannt. **Buchenholz ohne Rinde** dient als Feuerungsholz. Hasel- und Walnussschalen werden zum Entzünden verwendet und auch die Feuerstellen werden immer auf der linken Seite im Pizzaofen gehalten. Dies ist eine alte italienische Tradition, damit die Hitze entlang der Wölbung im Inneren des Ofens gleichmäßig zirkulieren kann. Die Temperatur in einem Originalpizzaofen beträgt zwischen 350 und 400 °C, je nach Größe des Ofens. Leider werden diese Originalöfen immer öfters von Elektrogeräten abgelöst. Ein Geschmacksvergleich aber bringt es sofort auf den Punkt. Holz ist auch hier der Geschmacksgeber.

Erste Erwähnungen von Kuppelöfen im heutigen Europa stammen aus der Zeit um 4000 v. Chr.

Römische Gladiatoren erhielten zur Stärkung ein isotonisches Getränk aus der basischen Buchenasche aus den Backöfen, das den Mineralstoffverlust nach schweißtreibenden Kämpfen wieder ausglich.

Heimische Brotbacköfen werden mit Holzarten, wie Buche, Fichte, Ahorn, Pappel, Obstbäumen oder Erle, befeuert. Von Eschenholz weiß man, dass dieses die Glut am längsten hält. Es wurde oder wird auch immer das regionale Holz verwendet, das vorhanden ist. Die gängige Brotbacktemperatur ist um die 250 °C. Das verwendete Holz ist Aromageber und eine zusätzliche Zutat für das Brot. Auch werden nasse Zweige, zu einem Besen gebunden, verwendet, um nach der Entfernung der Glutreste den Boden des Ofens für die Brotlaibe zu reinigen, bevor sie eingeschossen werden. Dies wird als Heraushudeln des Ofenbodens bezeichnet und kommt von der ursprünglichen Bedeutung des Wortes Hudel für Fetzen oder Lumpen. Hudeln musste immer schnell erfolgen, denn jedes Öffnen des Backofens bedeutet Hitzeverlust. Heute verstehen wir unter Hudeln übereiltes, ungenaues Arbeiten.

HARZRÄUCHERN DESINFIZIERT RÄUME

Ein Rezept für Räucherpralinen zur Raumreinigung

Fichten- und Lärchenharz erwärmen, auf einen Teller gießen, leicht abkühlen und verfestigen lassen. Getrocknete, stark zerkleinerte Baumblätter, Nadeln und Knospenteile in das Harz einarbeiten und kleine Kügelchen formen. Diese Räucherpralinen ergeben feine Einmalportionen für Räucherungen und Aromaräucherungen.

NEUNERLEI HOLZ UND NOTFEUER ALS PROPHYLAXE UND GEGEN SEUCHEN

Die heilige Zahl 9 als Vielfaches der Zahl 3 spielt in der Volkskunde eine große Rolle. So auch im Seuchenfeuer.

Um Krankheiten beim Vieh hintanzuhalten und in Seuchenzeiten wurde das Vieh durch den Rauch von 9 regionalen Hölzern getrieben. Auch bei anderen Festen wurde 9erlei Holz dem Feuer übergeben. Notfeuer aus 9 unterschiedlichen Hölzern diente zum Neuentfachen eines reinen Feuers nach Krankheiten und Epidemien.

Weitere Räuchertipps finden Sie bei den einzelnen Baumportraits.

Eschen-Eichenholzschreiben, Räucherpralinen und -stäbchen © Christine Dausek

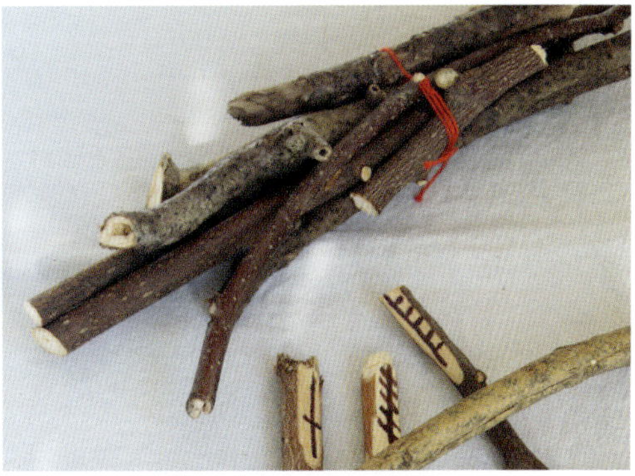

Oghamstäbchen und Neunerleiholz © Christine Dausek

Fibonacci grüßt den Goldenen Schnitt

In der Natur erkennt das aufmerksame Auge harmonische Formen, die mathematische Muster zeigen. Der geheimnisvolle Bauplan von Pflanzen wurde von dem berühmten Mathematiker aus dem 12. Jh. Leonardo von Pisa – „*figlio* des Bonacci“, später wurde der Name zusammengefasst auf Fibonacci – in mathematischen spiralförmig angeordneten Zahlenreihen dargestellt. Die Fibonaccireihe ist die Abfolge von Zahlen, in der die Summe zweier aufeinanderfolgender Zahlen die nächste ergibt. Beispiel: 1, 2, 3, 5, 8, 13, 21, 34 ... Diese Zahlenreihe ist unendlich fortsetzbar und symbolisiert das Leben und die Ewigkeit.

Bei den Samenanlagen von Koniferenzapfen wird dies augenscheinlich in der Zahl der rechts- und linksdrehenden Spiralen sehr gut ersichtlich. Ein Beispiel sind die Kiefernzapfen, die auch Kienäpfel genannt werden.

Eine weitere mathematische Sensation ist der Goldene Schnitt, der keine Erfindung der Menschheit, sondern in der Natur vielfach zugegen ist. Er ist die bekannteste Proportionsregel und bezeichnet das Teilungsverhältnis zweier Größen zueinander. Er ist eine geheimnisvolle Ordnung mit Symmetrie und Asymmetrie in perfekter Harmonie mit durchaus nutzvoller praktischer Wirkung. Blüten, Blätter und Knospen vieler Gewächse stehen immer in einem bestimmten Abstand und Winkel zueinander, um jedem Blatt die größtmögliche Lichtausbeute des Sonnenlichts zu sichern und keine Schatten auf die eigenen Blätter zu werfen. Auch das Verhältnis der Blattrippen zueinander und die Anordnung der Zweige und Blätter an Bäumen zeugen von diesem großen gesamtheitlichen Plan.

Beim Spitzahorn findet sich der Goldene Schnitt beim gesamten Baum wie auch in seinen Details wieder. Die oberen Blattenden folgen in ihrem Verhältnis zueinander der Pentagrammgeometrie, die Blattspitzen formen die Fibonaccispirale nach, die Blüten in ihrer Grundstruktur folgen wieder der Pentagrammform. Der gesamte Blütenstand folgt in seinen Aufbauproportionen der Fibonaccispirale. Die Samenkapseln richten sich ebenfalls nach Fibonacci, die markanten Doppelflügel entsprechen in ihren Maßverhältnissen zueinander dem Goldenen Schnitt.

In all den wunderbaren natürlichen Wachstumsprinzipien zeigt sich eine faszinierende Harmonie von Symmetrie und Asymmetrie in der größtmöglichen Individualität jedes einzelnen Gewächses und gleichzeitig als Ganzheit im großen Universum.

Kiefernzapfen © Mona Lorenz

DIE STARS DIESER SCHRIFTEN-SAMMLUNG IM EINZELNEN

AHORN – DER MASSHOLDER UND NASENZWICKER

Insgesamt kennt man weltweit bislang um die 124 Arten von Ahornbäumen innerhalb der Familie der Seifenbaumgewächse. In Europa sind grundsätzlich fünf Arten heimisch. Sie erreichen sehr oft ein Alter von mehreren Hundert Jahren.

Wir befassen uns hier mit dem bei uns heimischen Trio von:

Acer platanoides L. – Spitzahorn
Acer pseudoplatanus L. – Bergahorn
Acer campestre L. – Feldahorn
Aus der Familie der Seifenbaumgewächse – *Sapindaceae*

NAMENSHERKUNFT

Die lateinische Silbe *Ac*, die wie die indogermanische Silbe *Ak* spitz und scharf bedeutet, könnte den lateinisch wissenschaftlichen Namen *Acer* hervorgerbacht haben. Man geht davon aus, dass diese Bezeichnung von der Blattform abgeleitet wurde.

Der heutige Beiname Nasenzwicker kommt von den spitzwinkeligen doppelten Ahornfruchtflügeln des Bergahorns. Alle Ahornsamen werden vom Wind verbreitet und trennen sich erst, wenn sie tatsächlich reif sind, auf einflügelige Fruchthälften auf.

ALTE UND REGIONALE BEZEICHNUNGEN DES AHORNS

Weißbaum heißt vor allem der Bergahorn aufgrund der Helligkeit seines Holzes. Butterblattlbaum kommt von der Verwendung der Blätter bei der Butterlagerung, Löffelbaum wegen der Verwendung für Küchengeräte, den Namen Lautenbaum hat er durch die Verarbeitung des Holzes für Geigen und andere Musikinstrumente. Ortsbezeichnungen finden sich überall dort, wo Ahornbäume häufig vorkamen, z. B. der Große Ahornboden, Ahorn im Mühlviertel.

DER AHORN UND SEIN UMFELD

Mehr als 20 Schmetterlingsraupen sind hocherfreut über Ahornbäume als ihre vorrangige Futterquelle. Käfer, Hautflügler und 20 Vogelarten, die den Ahorn als Nahrungsbaum nutzen, sind bekannt. Bestäubt werden Ahorne durch Insekten und durch den Wind.

INHALTSSTOFFE …

Bisher bekannte Inhaltsstoffe in den Teilen der Ahorne sind Gerbstoffe, Eisen, Saponine, Eiweiße, Flavonoide, Calcium, Kalium, Magnesium und Mangan sowie Zuckerarten.

Vor allem die Blätter und die Blüten des Ahorns sind gute Proteinquellen.

… UND BOTANIK

Der sommergrüne Spitzahorn kann eine Höhe von bis zu 30 m erreichen, die gelbweißen Blüten finden wir je nach Witterungslage von März bis Mai. Tallagen bis 700 m sind sein bevorzugtes Vorkommensgebiet. Er kann bis zu 150 Jahre alt werden. Die Bodenverdichtung im besiedelten Gebiet macht ihm allerdings zu schaffen.

Der Feldahorn als Flachländler erlangt eine Höhe von bis zu 15 m und sein Alter kann bis zu 100 Jahre betragen.

Der größte unter den heimischen Ahornbäumen, der Bergahorn, wird in unseren Breiten bis zu 35 m hoch. Wir finden ihn im Alpengebiet bis zu 1.600 m Seehöhe. Augenscheinliche Unterschiede auf den ersten Blick bestehen in der Form der Blätter und der Samenfrüchte.

Der Spitzahorn ist ein beliebter Schattenspender in Parkanlagen. Die Blattformen sind je nach Art 3- bis 5-gliedrig ausgeformt. Die Borke bei jungen Bäumen zeigt sich hellbraun und glatt, im Alter ist sie dann silbrig bis rotbraun und abblätternd.

An den Früchten erkennt man den Unterschied der heimischen Ahorne sehr gut. Die Flügelfrucht im stumpfen Winkel gehört zum Spitzahorn. Die Samenflügel im spitzen Winkel gehören zum Bergahorn und die Samenkörner mit waagrechten Flügeln sind dem Feldahorn zuzuordnen.

Die charakteristische Herbstfärbung der Ahornblätter in Gelb und Rot entsteht durch das Auslagern von Chlorophyllen als Wintervorrat in Stamm, Äste und Wurzeln, wenn die ersten kalten Nächte den herannahenden Winter ankündigen. Je geringer der Unterschied zwischen Tages- und Nachttemperatur ausfällt, desto rascher geht die Färbung von Gelb in Rot über.

In Zeiten, in denen der Ahorn Rot trägt, sorgt er auch in seinem unmittelbaren Umfeld dafür, dass keine anderen Konkurrenzpflanzen außer der eigenen Art aufkommen können. Allelopathische sekundäre Pflanzeninhaltsstoffe unterdrücken jegliche Besiedelung von andersartigen Mitbewerbern am verteidigten Standort.

WISSENSWERTES

Von Ahornbäumen ist bereits auf den über 3.000 Jahre alten Schriften des Papyrus Eber, in römischen Aufzeichnungen um 23 n. Chr. und bei Hildegard von Bingen im Mittelalter die Rede. Die Griechen weihten den Ahorn dem Kriegsgott Ares.

Nachweise in unseren Breiten zeigen Ahornpfeiler, die aufgrund ihrer langen Haltbarkeit in der Pfahlbauzeit verwendet wurden.

Die charakteristischen, sehr hellen Ahornmöbel sind meist aus dem Bergahorn gefertigt. Auch Kochlöffel, Bestecke und weitere Küchenhelfer aus Ahornholz sind sehr gefragt.

Türzargen aus Ahornholz sollen mit ihrer Kraft Böses vom Haus fernhalten.

Die besondere Schwingung des Ahorns hat letztendlich dazu geführt, dass eine Vielzahl von Musikinstrumenten aus diesem Holz hergestellt werden. Als Klangholz von den berühmten Stradivari-Geigen hat Ahorn einen sehr hohen Preis.

Das Trojanische Pferd soll ebenfalls aus Ahorn gefertigt worden sein.

Und last, but not least finden wir Ahornholz auch in der Erotikszene. Edle, naturnah geformte Dildos erfreuen die Damenwelt.

Modum tenere debemus –
Maß müssen wir halten.

(Der Ausspruch von Lucius Annaeus Seneca (ca. 4 v. Chr. bis 65 n. Chr.), genannt Seneca der Jüngere, römischer Philosoph, Stoiker, Schriftsteller, Naturforscher und Politiker hat heute mehr denn je Gültigkeit und ist Denkanstoß für alle Lebensbereiche.)

Der Ahorn ist ein klassischer Speiselaubbaum. Erklärt dies doch schon der Name des Feldahorn – „Maßholder". Der Ausdruck *Maß* könnte sich aus dem althochdeutschen *mazzaltra* und dem altsächsischen *mat*, was eine alte Bezeichnung für Mahl und Speise ist, entwickelt haben. Bis zum 16. Jahrhundert wurde *Maß* für Nahrung des Menschen gebraucht, später beschränkte sich das auf Tiernahrung.

Ahornbäume beherbergen Ahorneule und Ahornzahnspinner. Die Früchte des Bergahorns dienen 20 Vogelarten zur Ernährung, darunter Kleiber, Meisenarten, Kernbeißer, Fichtenkreuzschnabel, Berg-, Buch- und Grünfinken. Vögel und Mäuse ritzen gelegentlich die Rinde des Bergahorns an, um an den zuckerhaltigen Frühjahrssaft zu gelangen

ZU VERWENDENDE PFLANZENTEILE:
Blüten, Knospen, Keimlinge, junge Blätter, Samen (Baumsaft, von Fachleuten gezapft).

SAMMELZEITEN:
Blüten, Blätter und Keimlinge bei zunehmendem Mond zwischen Februar und Mai.

Anfang des 19. Jahrhunderts wurde aufgrund kriegerischer Handlungen der Rohrzucker aus fernen Kolonien in Europa knapp. In dieser Zeit besann man sich auf die Süße heimischer Ahornarten. Auch im Ersten Weltkrieg verwendete man Ahornzucker aus dem Saft der Bäume.

Der Ahorn in der Küche bringt vielerlei Verwendungsmöglichkeiten, siehe in den Rezeptteilen *Flüssiges*, S. 134, *In der Früh*, *Zu Mittag*, S. 142, *Die Würze des Lebens*, S. 123, *Volksheilkundliche Baumapotheke*, S. 156.

DER AHORN IN DER VOLKSHEILKUNDE

Ahornblätter, angepresst und zerrieben auf die betroffene Stelle aufgelegt, lindern Insektenstiche. In Wanderschuhen kühlen Ahornblätter heiß gelaufene Füße. Voraussetzung für die Verwendung ist unverletzte, intakte Haut.

Der Teeaufguss mit Ahornblättern kann innerlich angewendet Magenbeschwerden erleichtern. Äußerlich auf der Haut verwendet, hemmt der frische Aufguss Entzündungsgeschehen. Dazu Ahornblätter mit kochendem Wasser übergießen und ca. 5 Minuten ziehen lassen.

Hildegard von Bingen verordnete die kühlende Wirkung des Ahorns gegen hohes Fieber.

Rindenpulver kann als gesundheitsförderndes Mittel bei Magen-Darm-Unpässlichkeiten Verwendung finden.

Auch als Einschleusertonikum zur besseren Aufnahme von Mineralstoffen und als Unterstützung in der Diabetestherapie eignen sich Teeaufgüsse von Ahornblättern.

Ahornknospenansätze in Mazeratform dienen auch der Liebe, sie sollen Impotenz und sexuelle Schwäche beseitigen.

Als **Gemmomazerat** wirkt der Feldahorn bei Muskel- und arthritischen Schmerzen, als Unterstützung der Leber bei Entgiftung und Entschlackung, auch bei Arterienverkalkung, Gallensteinen und als Dämpfer bei Herpes-Zoster-Symptomen. Das Mazerat regt die Nieren an und beugt der Steinbildung vor und findet Verwendung bei sexueller Schwäche und Impotenz, verbessert die Mineralstoffaufnahme im Körper. Und es unterstützt Menschen, die aufgrund hoher Erwartungen immer wieder enttäuscht werden.

Das Mazerat des Bergahorns wird in der Gemmotherapie überwiegend zur Behandlung der Haut, der Leber und bei Entzündungen eingesetzt: bei trockener, schuppender Haut, Schuppenflechte, Gürtelrose, Entzündungen der Haut, Akne.

Stoffwechsel: Gicht, Fettleber, Leberfunktionsstörungen. Es ist ein allgemeines Tonikum.

Bewegungsapparat: Gelenksentzündungen, entzündliche rheumatische Schübe.

Der Bergahorn als **Blütenessenz** bringt Zuversicht und Stärke. Er festigt das Sein im Leben und lichtet trübe Gedanken (siehe Bezugsquellen, S. 197).

Ahornblätter, -blüten und -rinde, als spirituelle **Räucherung** eingesetzt, nehmen Angst und Furcht, lassen einen kühlen Kopf bewahren, vereinigen Gegensätze, beruhigen bei Stress und Unruhe, bringen Ruhe und Gelassenheit und helfen bei der Traum- und Wunscherfüllung.

Rezepte in den Kapiteln: *Volksheilkundliche Baumapotheke*, S. 156, *Die Würze des Lebens*, S. 123, *Flüssiges*, S. 134, *In der Früh*, S. 142, *Moderne Nahrungsergänzung*, S. 42, *O'zapft is*, S. 38.

APFELBAUM

Holzapfel *Malus sylvestris*, Kulturapfel *Malus domesticus var.* aus der Familie der Rosengewächse *Rosaceae*

Apfelblüte © Archiv Landwirt

Apfelblatt © Archiv Landwirt

NAMENSHERKUNFT

Vermutet wird, dass sich die heutige Bezeichnung Apfel aus dem althochdeutschen *apful* abgeleitet hat.

Auch die lateinische Bezeichnung *malum* weist darauf hin, *sylvestris* steht für im Wald vorkommend, *domesticus* bedeutet zum Haus gehörend.

ALTE UND REGIONALE BEZEICHNUNGEN DES APFELBAUMS

Die Bezeichnungen sind regional sehr vielfältig und können hier nicht alle aufgezeichnet werden, allgemein aber gehören Essigapfel, Wildling und Wildapfel zu den am häufigsten verwendeten regionalen Namen.

Ortsbezeichnungen wie Affalterbach rühren von der mittelalterlichen Bezeichnung *Affalter* für Äpfel her.

DER APFELBAUM UND SEIN UMFELD

Gängige Apfelsorten, wie Boskoop, Golden Delicious, Elstar, Kronprinz Rudolf und viele mehr, füllen heutzutage die Obstkörbe. Etwas in Vergessenheit geraten sind alte Arten, wie der Holzapfel, auch Wildapfel genannt. Der selten gewordene Holzapfel kann bis zu 10 m hoch und bis zu 100 Jahre alt werden. Der Wildapfel kann als Erkennungsmerkmal lange Sprossdorne aufweisen.

Der Apfelbaum beherbergt viele Bewohner wie Insekten, die die Rinde besiedeln, wie der Marmorierte Rosenkäfer, Marienkäfer, die sich an Läusen delektieren, und auch das Abendpfauenauge ist auf den Holzapfel als Futterpflanze angewiesen.

Der Apfelbaum war unseren keltischen Vorfahren heilig. Wanderstöcke, aus Apfelbaumholz oder einem Ast gefertigt, verhelfen zu mehr Lebensfreude und enger Verbindung zur Natur.

„Die Grundlage des Christentums ist ein Apfel“ – dieses Zitat von Gustave Flaubert (1821–1880) spielt auf die Vertreibung von Adam und Eva aus dem Paradies an. Der Apfel wird seit der Verführung des Adam durch Eva mit einem Apfel als sündige Frucht bezeichnet. Dabei sind sich Wissenschaftler nicht einmal einig, ob es sich bei der paradiesischen Frucht wirklich um einen Apfel gehandelt hat. Der extra herbe Holzapfel würde sich vermutlich auch nur bedingt für den Sündenfall eignen.

In vielen Sagen und alten Erzählungen ist von goldenen Äpfeln die Rede. Schneewittchen wurde mit einem Apfel vergiftet und auch in der Geschichte vom Fall Trojas spielt der Apfel eine Rolle, wie der Reichsapfel in Händen eines gottgewollten Herrschers Macht über die ganze Welt darstellen soll. Der Zankapfel begleitet uns auch heute noch im Leben, wie wir wertvolle Schätze hüten wie unseren Augapfel. Der Behaim-Globus zu Nürnberg ist der älteste erhaltene Erdglobus aus den Jahren 1492–1493, er wurde und wird Erdapfel genannt. Amerika war auf der mit vielen Schichten Leinwand und Pergament überzogenen Lehmkugel noch nicht eingezeichnet, da Christoph Kolumbus sich noch auf Entdeckungsreise befand und die Kunde von der Entdeckung Amerikas noch nicht in Europa angekommen war.

Ab ovo usque ad mala.
Vom Ei bis zu den Äpfeln.

(Horaz, 65 v. Chr. bis 8 v. Chr. Das Zitat bringt die Wichtigkeit des Apfels für die Gesundheit des Menschen zum Ausdruck. Vom Anfang bis zum Ende, von der Vorspeise bis zur Nachspeise ...)

INHALTSSTOFFE

Bisher bekannte **Inhaltsstoffe** in den Früchten: Pektin, Gerbstoffe, Flavonoide, Mineralstoffe, wie Kalium, Calcium, Eisen, Phosphor, sowie die Vitamine A, B und C.

ZU VERWENDENDE PFLANZENTEILE

Knospen, Blüten, sehr junge Blätter und Triebe, Früchte, Rinde, Holz, Samenkerne.

SAMMELZEITEN

Blüten in der Zeit der Vollblüte, junge Triebe vor der Blüte bei der Entfaltung der Blätter und die Blätter im Vollfrühling, Früchte im Herbst.

DER APFELBAUM IN DER VOLKSHEILKUNDE

„An apple a day, keeps the doctor away“ oder *„Ein Apfel am Tag und der Doktor kann bleiben, wo er mag“* sind wahrheitsgetreue Sprüche.

Die Inhaltsstoffe des Apfels in ihrer Zusammensetzung haben großen Einfluss auf die Verdauung und regulieren auf natürliche Art den Cholesterinspiegel. Auch zur natürlichen Blutdruckregulierung hat sich der Apfel gut bewährt.

Die Pektine wirken verdauungsanregend, binden Schadstoffe im Darm und zur Stuhlregulierung sind Äpfel seit alters her bekannt.

Die Schalen als Heißgetränk sind als harntreibend bekannt, Blüten und Blätter zur Schmerzlinderung bei rheumatischen Erkrankungen.

Die Apfelfrucht hat sich in der Volksmedizin als Allrounder für vielerlei Beschwerdebilder als nützlich erwiesen. Der Apfelgenuss dämpft Heißhunger auf Süßes und dämpft das Verlangen nach Nikotin in der Entwöhnungsphase beim Abgewöhnen des Rauchens.

Die **Bachblüte *Crab Apple*** des Holzapfels steht für Reinigung, Reinheit und Ordnung. Sie unterstützt Menschen mit übertriebenem Ordnungssinn und zwanghaftem Reinlichkeitsbedürfnis, Menschen, die auch in ihrem privaten Umfeld und persönlichen Räumlichkeiten wie in Ausstellungsräumen leben möchten. Mit Crab Apple wird eine Aufweichung dieser Zwänge und erste Blicke auf ein Wohlfühlen in nicht perfekter Umgebung möglich.

Als **Gemmotherapiemazerat** findet das Holzapfelknospenmazerat bei Hormonungleichgewicht, Hitzewallungen, Suchtkrankheit und der dazugehörigen Entgiftung Anwendung. Es unterstützt die Nieren in ihrer Entgiftungsarbeit, wirkt blutreinigend und regt den Lymphfluss an.

Es hilft Menschen, ihre eigene Vergangenheit uneingeschränkt anzunehmen.

Die **Apfelbaumrindenräucherung** bringt zerstrittene, aber liebende Seelen wieder zusammen, bereitet den Weg zur Versöhnung, wenn Beziehungen keine Erfüllung mehr bringen, sich die Partner voneinander entfernt haben, und es gilt, den Liebsten wieder neu zu entdecken.

Materielle Dinge treten in den Hintergrund, Charaktere finden wieder zueinander und ergänzen sich neu.

Auch für die Suche nach einem neuen Lebenspartner stärkt das Apfelräucherwerk und lässt von innen heraus strahlen.

Zubereitungen in den Rezeptteilen von *Baumkosmetik*, S. 177, *Volksheilkundliche Baumapotheke*, S. 156, *Beinahe für die Ewigkeit*, S. 49, *Essig, Öle, S. 127, Essenzen*, S. 167, *Fastenkost*, S. 34, *Flüssiges*, S. 134, *In der Früh, Zu Mittag*, S. 142, *Moderne Nahrungsergänzung*, S. 42, *Rauchzeichen und Aschereifung*, S. 55, *Soim und Schmier*, S. 162, *Und sonst noch Wichtiges*, S. 186.

BIRKE – EINE PIONIERIN, DIE DAS LICHT LIEBT

Betula pendula Roth, die Hängebirke aus der Familie der Birkengewächse *Betulaceae*

© Ledy X/Shutterstock.com

© SP KIMA/Shutterstock.com

NAMENSHERKUNFT

Vermutlich kommt die heutige Bezeichnung der Birke vom indogermanischen *bherg*, was so viel wie strahlend und hell leuchtend bedeutet.

ALTE UND REGIONALE BEZEICHNUNGEN DER BIRKE

Maibaum, Nierenbaum, Hängebirke, Sandbirke, Weißbirke

DIE BIRKE UND IHR UMFELD

Die Birke gilt als Pionierin, die keine besonderen Ansprüche an die Bodenverhältnisse stellt und daher gerne Freiflächen besiedelt. Als einer der ersten Bäume nach der letzten Eiszeit ist sie alteingesessen und gut an unser Klima angepasst. Eine schlanke Silhouette mit den typisch herabhängenden dünnen Zweigen macht sie unverwechselbar. In unseren Breiten erlangt sie Höhen von 20–30 m, wobei sie in den ersten 25 Jahren sehr schnell wachsen. Sie ist sommergrün und treibt sehr früh im Jahr aus. Das Alter von Birken ist sehr variabel und liegt zwischen 70 und 110 Jahren. Die papierartige weiße Rinde/Borke ist in der Jugend glatt, im Alter kommen schwarz rissige „Falten" dazu. Die Blütezeit, die für wirkliche Allergiker manchmal eine Belastung darstellt, ist je nach Witterung von Ende März über April bis Mai.

Sie ist ein Sinnbild für die Jugend und das Frühlingserwachen und war in früheren Zeiten ein beliebtes Holz für Kinderwägen und -wiegen.

Die Birke ist mehreren Gottheiten geweiht: Brighid, Freya und Frigg.

Ihr Holz brennt als ruhiges Feuer und das auch in frisch geschlagenem Zustand. Dafür zeichnet das eingelagerte Harz, der Birkenteer, verantwortlich.

Als Maibaum diente die Birke vielerorts als Heiratsantrag, steht sie doch für Neubeginn, Reinheit und Lebensfreude.

Heiratswillige junge Männer stellten ihren auserwählten Damen in der Walpurgisnacht ein Birkenbäumchen vor die Haustüre und erwarteten sehnsüchtig die Antwort. Liebesbotschaften, auf Birkenrindenpapier geschrieben, fördern einen wunderbaren Beginn einer Liebesromanze.

Parkettböden aus Birkenholz wird von Menschen bevorzugt, die ihren eigenen Weg gehen ...

Beth ist der erste Buchstabe im keltischen Baumalphabeth – *Ogham* und steht für Neubeginn.

Birke ist der Schutzbaum von Pflegepersonal, Krankenschwestern und Hebammen.

Xylit, der originale Birkenzuckeraustauschstoff, ist vor allem für Diabetiker geeignet. Es wird unabhängig von der Insulinproduktion im Körper verwertet. Für Haustiere ist Xylit allerdings in keiner Form genießbar und kann zu Vergiftungen und bis zum Tod führen!!!

Um die 118 Schmetterlingsraupenarten, die Birkenzikade, Birkenwanze, der Birkenprachtkäfer und viele mehr nutzen die Birke als Futterpflanze und leben auf und von der Birke. Der

Birkenpilz als Hauptsymbiosepartner ist neben anderen Täublingen an ihrem Fuß zu finden. An geschwächten Bäumen selbst finden wir den Birkenporling, einen wertvollen Vitalpilz. Birken werden durch den Wind bestäubt, daher setzen sie auch sehr viele Pollen frei.

Papier aus der Birkenrinde war in unseren Breiten der Vorläufer von anderen Papierarten. Auch Fahrradgriffe und Vorratsgefäße wurden und werden aus Birkenrinde erzeugt.

Ortsnamen wie Bürmoos stammen nach einigen Umwandlungen im Laufe der Zeit von der Birke ab.

Birke, wie warst du schön, als du im grünen Kleid, zierliche Jungfrau stand'st und dir der Frühlingswind leise durchs zage Gezweig strich, wie des Bräutigams Hand zärtlich der Braut durch die schimmernden Locken streicht.

(Otto Julius Bierbaum)

BISHER BEKANNTE INHALTSSTOFFE

Saponine, Flavone, Triterpene, Tannine, Vitamin C, Xylit, Mineralstoffe, ätherische Öle, Gerb- und Bitterstoffe.

Rindeninhaltsstoffe: Zuckerarten, Öle, Vitamin C.

ZU VERWENDENDE TEILE

Knospen, Kätzchen, Blätter, Rinde, Holz.

DIE BIRKE IN DER VOLKSHEILKUNDE

Die herb schmeckenden Birkenblätter sind seit jeher in der Volksheilkunde im Einsatz. Tee aus den Blättern wirkt blutreinigend, entzündungshemmend und regt Blase und Nieren an. Bei Flüssigkeitseinlagerungen in Gewebe und Ödemen, Gicht und Rheuma, leichten Harnwegserkrankungen wie auch Steinleiden wird mit dem Absud aus Birkenblättern ein Abtransport der Schlacken erreicht.

Birkenblätterabsud wird am besten vormittags und mittags getrunken.

Birkenblättertee zum Entgiften und Entwässern als Begleitgetränk bei Fastenkuren im Frühling (siehe Kapitel *Fastenkost*, S. 34). Der Absud kann gerade in Entgiftungsphasen Rheuma- und Gichtschübe abschwächen. Bei 3- bis 4-wöchigen Kuranwendungen kommt das Entwässerungsgetränk auch prophylaktisch zum Einsatz.

In der Form von alkoholischen Auszügen/Tinkturen wird die Heilkraft der Birke natürlich auch verwendet.

Bei Hautunreinheiten können Birkenblätterauszüge ebenfalls zur äußerlichen Anwendung kommen.

Seife aus Birkenteer/Pech erzielt gute entzündungshemmende Linderungsergebnisse bei Aknehaut, Schuppenbildung, Ekzemen und Psoriasis.

Birkenrinden- und -blätterölansatz eignet sich für Kälteschutzcremen und bei Cellulite.

Die **Gemmotherapie** hält ein Knospenmazerat der Hängebirke zur Linderung von rheumatischen Ödemen, bei Arthrose, Osteoporose, bei Frühjahrsmüdigkeit durch Übersäuerung und Verschlackung und bei Heuschnupfen parat. Für Frauen ist es ein Stärkemittel, ihre Weiblichkeit anzunehmen und zu leben.

Gemmopräparat aus der Moorbirke (*Betula pubescens*): gegen Dekalzifikation, Arthrose, Gelenkserkrankungen, Nasen- und Rachenschleimhaut-Entzündung der Kinder, Verstopfung, sexuelle Schwächezustände, Impotenz, erhöhte Harnsäurewerte.

Als **Blütenessenz** stärkt die Birke Selbstvertrauen, stärkt die eigene Persönlichkeit und ermöglicht sanftes Umgehen mit anderen Menschen (siehe Bezugsquellen, S. 197).

Beim **Räuchern** stehen die Birkenrinde und die Blätter für Neubeginn, der Rauch bringt die frühlingsfrische Leichtigkeit, die den Blick für das Wesentliche und Veränderungen öffnet. Diese Räucherung erleichtert einen Neubeginn im neuen Heim, am neuen Arbeitsplatz oder für Kindergarten- und Schulanfänger.

Rezepte in den Kapiteln: *Baumkosmetik*, S. 177, *Volksheilkundliche Baumapotheke*, S. 156, *Die Würze des Lebens*, S. 123, *Essenzen*, S. 167, *Fastenkost*, S. 34, *In der Früh*, S. 142, *Moderne Nahrungsergänzung*, S. 42, *O'zapft is*, S. 38, *Rauchzeichen und Aschereifung*, S. 55, *Soim und Schmier*, S. 162, *Und sonst noch Wichtiges*, S. 186.

BUCHE - DIE MUTTER DES WALDES

Fagus sylvatica L. aus der Familie der Buchengewächse *Fagaceae*

© Ihor Hvozdetskyi/Shutterstock.com

© Hartmut Goldhahn/Shutterstock.com

NAMENSHERKUNFT

Zum heutigen Namen der Buche gibt es viele unterschiedliche Ansätze zur Entwicklung aus indogermanischen Sprachen wie auch aus dem Lateinischen, Griechischen und Slawischen. Zusammenhänge zwischen Buche, Buch und Buchstaben aber sind geschichtlich aus der Zeit der Gotik belegt, erfand man doch in dieser Epoche den Buchdruck. Die ersten Buchstaben für Druckwerke wurden aus Buchenholz geschnitzt.

Aufzeichnungen zufolge ist die Buche der Göttin Frigga, der Vertreterin für Fruchtbarkeit, Mutter- und Liebesgöttin und Beschutzerin der Ehe und des heimischen Herdes, geweiht.

Auch Landstriche, wie die Bukowina – das Buchenland –, wurden nach dem Buchenbaum benannt. Einen Buchberg findet man in meiner Gegend vielfach.

ALTE UND REGIONALE BEZEICHNUNGEN DER BUCHE

Rothbuche, Gemeine Buche, Waldbuche, Hutebaum. Junge Buchen werden auch Heisterbäume genannt.

DIE BUCHE UND IHR UMFELD

Die Buche hat voreiszeitliche Perioden überdauert und ist seit dem Beginn der Buchen-Eichenzeit (ca. 500 v. Chr.) einer der häufigsten Laubbäume in unseren Breiten. Moore sind bekannterweise unsere aufschlussreichsten Pflanzenarchive, Nachweise von Buchengewächsen finden sich meist in oberen Schichten. Sie ist ein Schattenbaum und auch Jungbäume kommen mit viel weniger Licht aus als die Kollegenschaft der Lichtbäume. Sie kann gut Größen bis zu 40 m erlangen.

Die graubraune bis silbergraue Rinde macht sie gut erkennbar. Die Blätter sind ganzrandig und etwas gewellt. Das Alter der Buchen kann gut und gerne 300 Jahre betragen, falls sie nicht vorher gefällt werden.

Bis zu 7.000 Tiere und Insekten benötigen den Buchenhain als Lebensraum. Zahlreiche Schmetterlinge, wie der Buchenzahnspinner, die Buchenkahneule und viele mehr, besiedeln den Baum. Spechte legen gerne ihre Höhlen in Buchen an. Eichhörnchen delektieren sich an den Bucheckern.

Die Pilzpartner der Buche sind Totentrompeten, der süße Milchling, der Saitenstielige Knoblauchschwindling, der auch aus Würzpilz verwendet werden kann, bestimmte Täublinge und auch der giftigste Pilzvertreter unserer Breiten, der Grüne Knollenblätterpilz, lieben ebenfalls das unterirdische Versorgungsnetz der Buchen.

Die ersten Buchstaben in der Entwicklung von Schrift und Aufzeichnungen wurden als Zeichen auf Buchenstäbe geritzt oder gemalt. Mit diesen Buchenstäben befragte man das Orakel zur Zukunft.

Heute sind Buchstaben die Grundlage unserer Schrift.

Bucheckern, in Brot eingebacken, galten in früheren Zeiten als Totenspeise. Diese Brote wurden um Allerheiligen herum gebacken.

INHALTSSTOFFE

Bisher bekannte Inhaltsstoffe in den Teilen der Buche: In der Rinde finden wir Gerbstoffe, im Holz Kreosotum, in den Blättern Vitamin C und Mineralstoffe, Saponine, in den Früchten fettes Öl, Eiweiß, Stärke, Vitamin B, Fagin, einen schwachen Giftstoff, der bei Erhitzung unschädlich wird, und Oxalsäure.

Ich lief als Knab' im Buchenhain, vergnügt und guter Dinge, und alle Nester waren mein, und alle Schmetterlinge. Und feine Kirsche hing so hoch, auf noch so glatten Zweigen, der kleine Wildfang wusste doch, sie pfeilschnell zu ersteigen …

(… heißt es in der ersten Strophe des Gedichtes Buchenhain von Ignaz Franz Castelli, 1781–1862)

ZU VERWENDENDE PFLANZENTEILE

Buchensprossen, Knospen, Blätter, Früchte/Bucheckern, Rinde von kleineren Ästen im Februar.

SAMMELZEITEN

Knospen im Winter, Blüten und Blätter je nach Witterungslage im April und Mai, die Bucheckernfrüchte im September und Oktober, sie fallen besonders in Mastjahren an.

DIE BUCHE IN DER VOLKSHEILKUNDE

Buchen gelten als die Sauerstoffspender und mit ihrer Wasserverdunstung als Klimapflanze. Ein Buchenhain hat die Wirkung einer Luftkurhalle.

Umschläge und Kompressen mit Buchenblätterabsud helfen bei Schwellungen und trockenen Ekzemen. Die Buchenknospentinktur unterstützt bei Zahnfleischproblemen.

Die **Bachblüte *beech*** unterstützt arrogante, intolerante Kritiker, die ohne Empathie über andere urteilen, von diesen Unarten loszukommen.

Die **Gemmotherapie** kommt zum Einsatz bei Allergien, chronischen Nierenerkrankungen, wirkt immunsystemstärkend und beeinflusst die Regulierung des Cholersterinspiegels. Sie fördert die Ausleitung von Schlacken aus dem Körper. Für Menschen, die sich schwertun, Grenzen zu setzen.

Als **Räucherung** stellt die Buche die Verbindung zu höheren Sphären her, ist eine kostenlose Kraft der Natur, hilft gegen das Gedankenchaos im Kopf, für Menschen, die meinen, alles mental lösen zu können.

Rezepte in den Kapiteln: *Baumkosmetik*, S. 177, *Der Kas is bissen*, S. 47, *Die Würze des Lebens*, S. 123, *Essig*, Öle, S. 127, *Flüssiges*, S. 134, *In der Früh*, S. 142, *Moderne Nahrungsergänzung*, S. 42, *Rauchzeichen und Aschereifung*, S. 55.

EICHE

Quercus sp. aus der Familie der Buchengewächse *Fagaceae*

Stieleiche *Quercus robur* und Traubeneiche *Quercus petraea*

Es gibt noch weitere Eichenarten und bereits bastardierende Mischformen, die aber in unseren Breiten noch eher selten sind.

© Anastasiia Malinich/Shutterstock.com

NAMENSHERKUNFT

Die Eiche wurde schon im Althochdeutschen als *eik* bezeichnet, was so viel wie starker Baum bedeutet.

Von der keltischen Bezeichnung *dair* leitet sich auch die Bezeichnung der Druiden ab, die, bevor sie weissagten, eine Eiche bestiegen und mit einer goldenen Sichel die Riemenblume *Loranthus europaeus*, die Eichenmistel, schnitten. Die Eiche ist in vielen Regionen Göttern geweiht. Ortsbezeichnungen, wie Eichstätt oder Eichendorf, gibt es vielerorts im mitteleuropäischen Raum.

ALTE UND REGIONALE BEZEICHNUNGEN DER EICHE

Loheiche – Lohe ist der aus Blättern und Rinde gewonnene Ansatz zum Gerben von Leder. Weiters auch Wintereiche, Mastbaum, Oachn, Haseleiche, Sommereiche, Deutsche Eiche, Thingbaum.

DIE EICHE UND IHR UMFELD

Die Eiche ist ein stattlicher kräftiger Baum. Sie kann zwischen 20 und 40 m hoch werden. Als Tiefwurzlerin hält sie Stürmen bestens stand. Die weit ausladende Krone und ein kurzer Stamm mit knorrigen Ästen prägen ihren Habitus. Als Symbol für Standhaftigkeit erreicht sie nicht selten ein Alter zwischen 500 und 800 Jahren. Die Eiche kann als natürliche Klimaanlage bezeichnet werden. Eine massive alte Eiche kann innerhalb eines Jahres bis zu 50.000 Liter Wasser aus der Erde ansaugen und großteils als kühlende Verdunstung wieder abgeben. Man geht davon aus, dass sie mit ihren Tausenden Blättern Tonnen von Staub und Schadstoffen aus der Luft filtert.

Der Eichenbaum zählt seit früheren Zeiten ebenfalls zu den Brotbäumen. Das harte Holz fand und findet vielerlei Verwendung. Traubeneichenholz, das sehr langsam wächst, gehört zu den teuersten Holzarten. Die Früchte gerieten ab dem 16. Jh. durch die Einfuhr der Kartoffel im heutigen Europa in Vergessenheit.

Die Schweinemast mit Eicheln unterblieb ebenso wie auch der Mensch die aufwändige Verarbeitung von Eicheln aufgab. Die Eiche lieferte die Ursprungsnahrung für Mensch und Tier.

Ein uralter Hochzeitsbrauch schrieb vor, dass jedes frischgebackene Ehepaar eine Eiche pflanzen musste, um die damit nicht nur symbolische Ernährung der neuen Familie zu sichern.

Die Eiche beherbergt Tausende tierische Bewohner. Es werden bis zu 500 Insekten und Vögel der Eiche als Bewohner zugeordnet, wie Eichengallwespe, Eichenbock, Eichelhäher, Eichenspinner und noch viele mehr.

Pilzpartner im Verbund mit ihren Mykorrhizapartnern sind Sommersteinpilz, Eichenrotkappe, Eichenmilchling, Grüner Knollenblätterpilz und viele mehr.

Je größer die Stürme, desto fester wurzelt die Eiche. (deutsches Sprichwort unklarer Herkunft)

Die alte Eiche zittert. Der Sturm zerrt an ihr, zerfetzt ihr Geäst. Stolz und fest steht sie, tief verwurzelt in der Erde. Voll Kraft und Vertrauen, der Sturm hat keine Macht über sie.

(Aus der Sammlung *Natur* von Rosemarie Brunetti, 2007)

INHALTSSTOFFE

Bisher bekannte Inhaltsstoffe in den Teilen der Eiche: Gerbstoffe wie Tannine, Catechine, Ellagtannine, Flavonoide, Bitterstoffe, Triterpene. In den Früchten auch Proteine, Stärke, fette Öle, Vitamin B, Kohlenhydrate.

SÜSS UND SAUER - DIE KULINARISCHE VERWENDUNG DER EICHE

Leider bleibt der ursprüngliche Geschmackssinn des Menschen immer mehr auf der Strecke. Süßungsmittel und künstliche Aromen bestimmen in vielen Nahrungs- und Genussmitteln die Geschmacksrichtung. Bitter ist für unsere Geschmacksknospen schon eine Seltenheit. Daher werden Eicheln, die mit ihren Gerbstoffen ein eigenes Geschmacksgefühl im Mund erzeugen und deren Verarbeitung teils aufwändig ist, sehr wenig verwendet. Dabei gibt es viele wunderbare Rezeptideen. Die kulinarische Verwendung der Eicheln ruft den Nahrungsbeschaffungsvorgang und das wertschätzende Kochen mit Baumschätzen wieder in Erinnerung. Entschleunigung und Slow Food statt Fast Kitchen sind hier das Motto.

ZU VERWENDENDE PFLANZENTEILE

Frische junge Blättchen und feine Frühlingstriebe, Eichelfrüchte, Rinde.

SAMMELZEITEN:

Frühlingstriebe und Blätter je nach Witterung und Landschaftstyp im Vollfrühling, Eicheln ebenfalls je nach Witterung und Landschaftstyp vom Frühwinter bis in den Winter hinein.

Die Rinde von Zweigen und Ästen von gefällten Bäumen wird ebenfalls im Frühjahr entnommen.

Es gelten aber auch bei der Nutzung des Speiselaubbaumes Eiche die phänologischen Jahreszeiten.

DIE EICHE IN DER VOLKSHEILKUNDE

Eichenrindenabsud ist ein Klassiker in der Volksheilkunde bei der Hämorrhoidenbehandlung wie auch Abkochungen der Blätter bei Zahnfleischentzündungen lauwarm zum Gurgeln verwendet werden.

Volksheilkundliche, gerbstoffreiche Zubereitungen aus der Eiche oder den Eicheln innerlich eingenommen, können die Aufnahme mancher Wirkstoffe aus herkömmlichen Medikamenten herabsetzen. Werdende Mütter sollten auf die innerliche Einnahme der Eichenwirkstoffe verzichten.

Für gewebestraffende Waschungen ist der Eichenlaubabsud bestens geeignet.

Die **Gemmotherapie** hält ein Mazerat bei chronischer Müdigkeit, als Hormonstimulans bei einem Ungleichgewicht des männlichen Hormonhaushaltes, bei Impotenz und Osteoporose bereit.

Es kommt bei allgemeiner Leberschwäche und Erschöpfung wie auch bei Erkrankungen des rheumatischen Formenkreises und Arthritis zum Einsatz. Es unterstützt Menschen, die in ihrer Aufgabe, immer für andere da sein zu wollen, aufgehen.

Die Eichenblüte wird als **Bachblütenzubereitung** ***oak*** für Menschen, die sehr pflichtbewusst und zuverlässig sind und trotz Erschöpfung niemals Müdigkeit oder Schwäche im Außen zeigen, verwendet.

Holz und Rinde der Eiche können als **Räucherung** Mut und Willensstärke unterstützen. Als Räucherunterlage für Kräuter hält das Eichenholz die Glut sehr lange und steht für Stärke und Gerechtigkeit.

Die stärkehaltigen Eicheln wurden als sexuelles Tonikum an „brüchige“ impotente Männer verabreicht.

Um Damen sexuelle Unlust und Unwilligkeit auszutreiben, wurde Eichenlaub in Wein ausgekocht und der Absud „gegen der Weiber Blödigkeit“, also die Verweigerung sexueller Handlungen, verabreicht.

Verwendungsmöglichkeiten in den Kapiteln: *Baumkosmetik*, S. 177, *Volksheilkundliche Baumapotheke*, S. 156, *Flüssiges*, S. 134, *In der Früh*, S. 142, *Verführerisches Süßes*, S. 150.

ERLE

Alnus sp.

Bei uns wachsen Grau- *Alnus incana*, Schwarz- *Alnus glutinosa* und selten die Grünerle *Alnus viridis* aus der Pflanzenfamilie der Birkengewächse *Betulaceae*.

Weltweit werden um die 30 Erlenarten beschrieben.

Grauerlen lieben schnelle Wasserläufe, Schwarzerlen mögen langsam fließende bis stehende Gewässerzonen und Moore.

© krolya25/Shutterstock.com

© ANDREW PROFOTO/Shutterstock.com

NAMENSHERKUNFT

Vermutlich kommt der heutige Name der Erle aus dem althochdeutschen *erlia*. Eine Moorhexe, die vom Weg abgekommene Wandersleute in den Sumpf zog, wurde Else genannt.

Die botanische Bezeichnung *Alnus* könnte vom alten Ausdruck *alusa*, der für Rotbraun steht, herrühren. Erlenholz färbt sich beim Schlagen des Baumes Gelbrot, es heißt, die Erle blutet. Glutinosa vom lateinischen *gluten* bedeutet so viel wie Leim, was auf die klebrigen Knospen hinweist. Ortsnamen, wie Erlach oder Erlau, weisen auf Erlenstandorte hin.

ALTE UND REGIONALE BEZEICHNUNGEN DER ERLE

Weißerle, Alpenerle, Roterle, Erlenbaum, Mooserle, Wassererle, Eisenbaum, Eller, Else.

DIE ERLE UND IHR UMFELD

Schwarzerlen gehören zu den Aktinorrhizabäumen. Die Wurzeln und die Mykorrhizanetze der Erle gehen eine gegenseitige Symbiose mit stickstoffbindenden Knöllchenbakterien namens *Frankia alni* ein. Dies ermöglicht das Gedeihen an nährstoffarmen und anderen nassen Extremstandorten. Die Bakterien wandeln Stickstoff in für den Baum aufnehmbare Stoffe um, die Erle bietet den Bakterien dafür den richtigen Nährboden.

Erlen können bis zu 30 m hoch wachsen und ein Alter von 80 bis 120 Jahren erreichen. Ihre Standorte sind feucht bis nass, sie ist im Flachland und bis auf 1.200 m Seehöhe anzutreffen. Die Erlenkätzchen sind bis zum botanischen Sylvester am 31. August angelegt und überwintern frei, um beim ersten Frühlingshauch weiterzutreiben.

Die Erle ist ein Schutzbaum. Saatgut wurde mit Erlenholz gemeinsam aufbewahrt und ein Erlen-Talisman wurde bei den Aussaatarbeiten mitgeführt. Erlenzweige im Haus schützen vor Verwünschungen und Verhexungen des Hauses. In früheren Zeiten wurden Erlenzweige, die geschüttelt wurden, zum Herbeiführen von Regen verwendet. Die Erle gilt auch als Schwellenbaum, der das Übertreten vom Leben in den Tod erleichtert, daher wurden und werden Särge aus Erlenholz gefertigt.

Der zarte Erlenzeisig mit seinem schmalen, spitzen Schnabel hat sich auf Erlenzapfen spezialisiert und holt sich als Hauptnahrung die Samen aus den Schuppen der Zapfen.

DAS GIBT ES AUCH

Aus Erlenrinde und Zapfen wird Tinte hergestellt, aus den Zweigen Zeichenkohle. Musikinstrumente, wie Laute und Mandoline, sind meist aus Erlenholz gefertigt, wie auch spezielle Teile von E-Gitarren daraus bestehen.

Im Wasser hält sich das Erlenholz ausgezeichnet und ist ein ideales Material für Brunnen- und Quellfassungen.

Erlenholz in Kombination mit Fichtenholz als Baustoff für Bienenstöcke hält Schädlinge fern.

Ellernholz voll Kröpfe bedeutet volle Töpfe.
(Die Vielzahl von Fruchtzäpfchen an den Bäumen galten bei Landwirten in früheren Zeiten als ein Ernte-Orakel.)

INHALTSSTOFFE

Bisher bekannte **Inhaltsstoffe** in den Teilen: Gerbstoffe, wie Tannine, vor allem in der Rinde, Flavonoide, Stilbenderivate, Fette, Wachse, Alnulin, Harzsäuren.

ZU VERWENDENDE PFLANZENTEILE

Erlenkatzerl, Erlenrinde, Blätter, Holz.

SAMMELZEITEN

Erlenkatzerl und Rinde Anfang März, Blätter im Frühjahr nach der Entfaltung.

DIE ERLE IN DER VOLKSHEILKUNDE

Erlenpollen können vorhandene Unverträglichkeiten und Allergien betonen. Vor Gebrauch von volksheilkundlichen Zubereitungen aus Teilen der Erle sollte die Verträglichkeit abgeklärt werden.

Zubereitungen aus der Schwarzerle wirken adstringierend, wundheilungsfördernd, entzündungshemmend und stärkend.

Die Wundheilung kann angeregt werden. Im Mittelalter stand der Erlenrindenabsud bei Mundfäule zur Verfügung.

Heute kann man Erlenblätterabsud als Gurgel- und Spüllösung bei Zahnfleischentzündungen, Aphten, Tonsilitis und Halsschmerzen verwenden.

Für äußerliche Waschungen oder Umschläge bei trockenem Ekzem und Sitzbädern bei Hämorrhoiden geeignet.

Das Grauerlenmazerat in der **Gemmotherapie** ist ein Frauentherapeutikum bei Uterusmyomen, Ovarialzysten und Knoten in der Brust. Bei Migräne, Thromboseneigung und Magen-Darm-Problemen kommt es ebenfalls zum Einsatz. Es stärkt Menschen, die sich schwertun, Niederlagen zu verarbeiten.

Schwarzerle als **Gemmotherapie** (*Alnus glutinosa*) ist ein immunsystemstärkendes und lymphflussanregendes Mittel, wirkt entzündungshemmend und entgiftend mit der zugehörigen Ausleitung aus dem Körper, dient der cerebralen Durchblutung und wirkt stimmungsaufhellend. Es fördert einen erweiterten Zugang zur Natur und die Annahme von Erkenntnissen.

Eine **Essenzzubereitung** aus der Schwarzerle hilft beim Erkennen und Unterscheiden von Wichtigem und Unwichtigem.

Das **Verräuchern** von Erlenrinde, Holz und Blättern bewahrt vor Albträumen.

Rezepte und Verwendungsmöglichkeiten in den Kapiteln: *Volksheilkundliche Baumapotheke*, S. 156, *Rauchzeichen*, S. 55, *Verführerisches Süßes*, S. 150.

ESCHE - DER WELTENBAUM

Gewöhnliche Esche *Fraxinus excelsior* aus der Pflanzenfamilie der Ölbaumgewächse *Oleaceae*

NAMENSHERKUNFT

Der Name der Esche könnte aus dem angelsächsischen *äse* kommen und von der Verwendung des Holzes als Speere, Pfeil und Bogen herrühren. *Esch*, äse und ähnliche Bezeichnungen waren über lange geschichtliche Zeiträume hin die Bezeichnungen für diese Jagd- und Kriegsgeräte.

Eschach, Eschenau, Aschau oder Eschental erinnern an den Eschenbaum als Vorkommen.

© simona pavan/Shutterstock.com

© natali_ploskaya/Shutterstock.com

ALTE UND REGIONALE BEZEICHNUNGEN

Esch, Asch, Eisch, Bogenbaum, Goassenbaum, Bikinibaum.

Die Bezeichnung Bikinibaum kommt daher, dass die Esche im Frühling zu den letzten Bäumen gehört, die ihr Laub ausbilden. Und sie sind die ersten, die es im Herbst wieder abwerfen, der Baum ist nur im Sommer „angezogen" und einen Großteil des Jahres nackt. In Ortsnamen wird die Silbe Ach-, Esch-, Eschen sehr häufig genannt.

DIE ESCHE UND IHR UMFELD

Die schnell wachsende Esche ist ein sehr eindrucksvoller Baum, der gut 40 m hoch und bis zu 300 Jahre alt werden kann. Das Laub der Esche wird nicht nur von Tieren als Futterquelle oder dem Menschen als willkommene Abwechslung auf dem Speiseplan, sondern auch von Förstern geschätzt. Herbstliches Eschenlaub am Waldboden trägt viel zur biologischen Wertigkeit der Walderde bei.

Die Erle gedeiht in Augebieten, Laubmischwäldern, aber auch in engen Talschluchten. Ihre überaus kräftigen Wurzeln, die auch an Gebäuden Schaden anrichten können, waren der Grund, warum sie nie in Hausnähe gepflanzt wurden.

Großschmetterlinge aus den Familien der Schwärmer, Eulen und Spanner besiedeln und nutzen die Esche.

Das Holz mit seinen breiten Jahresringen steht für Elastizität und hat trotzdem die erforderliche Härte. Es hat auch den Vorteil, nicht zu splittern. Eschenholz erfreut sich großer Beliebtheit und ist aus dem Alltag nicht mehr wegzudenken.

Axt-, Rechen-, Schaufel- und andere Werkzeugstiele sind aus der elastischen, widerstandsfähigen Esche gefertigt.

DAS GIBT ES AUCH

Aus Eschenholz wurden Zauber- und Orakelstäbe für Druiden und Seher gefertigt. Auch die Liebespfeile des Amor sollen aus Eschenholz gewesen sein.

Von doppelter Buchhaltung und hölzernen Schuldscheinen: Aus Esche wurden auch Kerbhölzer gefertigt. Auf diesen Stäben wurden Geschäfte, Tauschhandel und Schulden eingekerbt, der Stab anschließend geteilt. Ein Teil verblieb beim Schuldner, ein Teil beim Gläubiger. Am Zahltag wurden die Lieferungen oder erbrachten Leistungen dann beglichen und die schuldfreien Kerbhölzer verbrannt.

In der germanischen Mythologie spielt die Esche als Weltenbaum Yggdrasil eine große Rolle.

Eschenblätter wurden als Tierfutter verwendet und galten gleichzeitig als Heilmittel für die Tiere.

Speere und Lanzen aus Eschenholz taten in vielen mittelalterlichen Kriegen ihre Dienste. Auch im Wagen-, Flugzeug- und Autobau findet die Esche heute Verwendung.

Sportgegenstände, wie Ruder, Tennis- und Hockeyschläger, Billardqueues, Turngeräte oder Schi, wurden früher meist aus Eschenholz hergestellt, auch heute wird das Holz noch häufig als Kern in Skiern verwendet.

Blüht die Esche vor der Eiche, gibt es eine große Bleiche, blüht die Eiche vor der Esche, gibt es eine große Wäsche.
(Alte Bauernregel)

INHALTSSTOFFE
Bisher bekannte Inhaltsstoffe: in den Blättern Mannit, Dextrose, Flavonoide, Mineralsalze, Vitamin C, ätherisches Öl, Pflanzengummi, Quercetin, in der Rinde Gerbstoffe, Fraxin, in den Samen ätherische Öle und Bitterstoffe, der Bast zeigt sich schleimig.

ZU VERWENDENDE PFLANZENTEILE
Knospen, Blätter, Samen, Bast, Rinde.

SAMMELZEITEN
Knospen im Frühling, Blätter von Mai bis Juni, Samen im Spätsommer bis Oktober, Rinde und Bast von Ästen im späten Frühjahr.

IN DER VOLKSHEILKUNDE
Knospen und Blätter, als Teegetränk innerlich angewandt, dienen zur Unterstützung bei rheumatischen entzündlichen Beschwerden, bei Hexenschuss und Schmerzen aus Schonhaltungen, die zu Verspannungen führen. In Ölauszügen helfen sie bei Muskelkater, Rheuma, Gicht und Venenschmerzen als äußerliche Einreibung von schmerzenden Stellen.

Gemmotherapiemazerate unterstützen bei chronischer Gicht und den akuten Schmerzschüben mit Fieber als belebendes Tonikum und zur Unterstützung der Nieren bei der Entgiftung und Ausleitung von Schlacken, bei Rheuma und der Regulation des Cholesterinspiegels. Auch als Sexualtonikum bei Libidostörungen und Impotenz eignet es sich. Es unterstützt Menschen in ihren unbestimmten Ängsten und Mutlosigkeit.

Als **Räucherung:** Die Esche verbindet die Ober- mit der Unterwelt. Die getrockneten Blätter wie auch die Rinde der Esche schützen im Rauch vor Mobbing und Manipulation von außen. Sie bietet Schutz, fördert Visionen und Erkenntnisse aus der Vergangenheit, die wichtig sind für Entscheidungen für das Kommende.

Rezepte in den Kapiteln *Essenzen*, S. 167, *Essig*, S. 127, *Flüssiges*, S. 134.

FICHTE

Die Gewöhnliche Fichte *Picea abies* aus der Pflanzenfamilie der Kieferngewächse *Pinaceae*

Sie prägt das Bild unserer Gebirgswälder. Weltweit kennt man um die 50 Arten von Fichtenbäumen. Aufgrund von alten Pollenfunden könnte sie ursprünglich aus Ostasien stammen. Es gibt unterschiedliche Wuchsformen wie die Kamm-Bürsten-, Platten- oder Kreuzfichte. Die Nadeln der Fichte sind spiralförmig um den Zweig angeordnet. Um sie von der Tanne unterscheiden zu können, gilt beim Fühlen: *„Die Fichte sticht, die Tanne nicht!“*

NAMENSHERKUNFT
Die botanische Bezeichnung *Picea* könnte von *picis*, was so viel wie Pech/Harz bedeutet,

stammen. Mit dem altdeutschen *fietha* und dem mittelhochdeutschen *viethe* für die Farbe Rot soll die Rinde der jungen Fichten gemeint sein. Auch das vordeutsche *feuhtjon*, was so viel wie Stechen bedeutet, könnte ein Vorläufer des heutigen Namens sein.

Feichten, Gfeichtet, Oberfeichten sind Ortsbezeichnungen in meiner unmittelbaren Umgebung.

In der heutigen Gaunersprache bedeutet *„einen in die Fichten führen"* jemanden in die Irre führen, nächtliche Einbrecher sind die Fichtengänger, im finsteren Fichtenwald bleibt man unerkannt ...

ALTE UND REGIONALE BEZEICHNUNGEN DER FICHTE

Feichtn, Rotfichte, Rottanne, Pechbaum, Taxen, Daxbaum, Krestling und einige mehr ...

Ein Fichtenbaum steht einsam, im Norden auf kahler Höh.

(heißt es im gleichnamigen Gedicht von Heinrich Heine, 1827 im ersten Gedichtband *Buch der Lieder* erschienen)

DIE FICHTE UND IHR UMFELD

Anders, als es Heine im oben zitierten Gedicht beschreibt, sieht es heutzutage aus. Die Fichte als Solitärbaum ist äußerst selten. Die immergrüne Fichte wird vielerorts als einer der Brotbäume in der Forstwirtschaft bezeichnet. Sie erreicht Höhen um die 40 m, manchmal je nach Standort auch bis zu 60 m, und erreicht ein Alter von 500–600 Jahren, falls sie nicht vorher gefällt wird.

Die Erkennungszeichen der Fichte von Weitem sind die hängenden Zapfen.

Als Holzlieferant ist die Fichte von großer Bedeutung, sie ist in letzter Zeit allerdings in Kritik geraten, da sie als Flachwurzler auf feuchtem Boden nicht allzu standfest ist und Sturmschäden an der Tagesordnung sind. Bereits ab dem 18. Jh. wurden nach den Kahlschlägen im Mittelalter Fichtenmonokulturen in unseren Breiten aufgeforstet. Auch Schädlinge, wie der Borkenkäfer, bekommen den engstehenden Fichtenspargelkulturen nicht. Als Christbaum dekoriert, sorgt die Fichte für leuchtende Kinderaugen.

Fichtenholz findet im Hausbau, der Möbelherstellung und im Musikinstrumentenbau Verwendung. Geigenbauer haben sich nicht selten in der Alpenregion nahe von Fichtenwäldern angesiedelt. Das Holz der Bergfichten hat große Bedeutung beim Geigenbau.

In Fichtenrinde wurde Butter geformt und gelagert.

Der seltene Dreizehenspecht hat sich auf vom Borkenkäfer befallene Fichten spezialisiert wie auch Dutzende Käfer, Wanzen, Schmetterlinge oder Gallmücken auf und von der Fichte leben.

Im Verbund mit ihren Mykorrhizapartnern finden wir die Fruchtkörper von Fichtenreizker, dem Fichtenhabichtspilz, dem Perlpilz, dem Fichtensteinpilz, dem Fichtenblutreizker und dem Fliegenpilz.

An die Fichte wurden in früheren Zeiten auch im Rahmen eines Rituales Krankheiten, wie die Gicht, abgegeben. *„Guten Morgen Frau Fichte, da bring ich Dir die Gichte."*

Das Fichtenbarometer: Fichtenholz wurde von jeher als Wetteranzeiger gesehen. Bei Wetterumschwung senken oder heben sich die Zweige auf den Fichtenbarometern. Fichtenbarometer werden aus einem Fichtenast mit Zweig gefertigt. Die Fichtenzweige reagieren auf wechselnde Luftfeuchtigkeit und zeigen so das kommende Wetter an.

Waldvanille: Aus fachmännisch gewonnenem, eingetrocknetem Ligninsaft aus dem Kambium von gefällten Fichten kann heimisches Vanillearoma gewonnen werden. Die Methode aus Norwegen zur Gewinnung von Vanillearoma in größeren Mengen klingt vielversprechend für die Zukunft.

INHALTSSTOFFE

Bisher bekannte Inhaltsstoffe in den Teilen der Fichte: Harze, ätherische Öle, Limonen, Pinen und andere Terpene, Gerbstoffe, Lignine, Vitamin C und Flavonoide in den Nadeln.

ZU VERWENDENDE PFLANZENTEILE

Wipferln, Nadeln, Harz, Holz, Rinde.

SAMMELZEITEN

Fichtenwipferl im Mai, Nadeln, Rinde und Harze bis August.

DIE FICHTE IN DER VOLKSHEILKUNDE

In früheren Zeiten war sie als das beste Mittel gegen die Vitamin-C-Mangelerkrankung Skorbut im Einsatz.

Fichtenrindenabsud hilft bei Rheuma, Gicht und Hexenschuss, das bekannte Fichtennadelbad lindert Erkältungskrankheiten und erleichtert das Atmen. Der berühmte Fichtenwipferlsirup als Schichtansatz mit Zucker bewährt sich als Hustenlöser.

Fichtennadeln, mit Natursalz verrieben und in ein erfrischendes Fußbad gestreut, beleben. Vorsicht in der Schwangerschaft und in der Stillzeit wie auch Kleinkinder und COPD-Kranke auf Fichtennadelbäder verzichten sollten!

Als vitaminreiches Viehfutter im Winter fand und findet Fichtenreisig noch immer Verwendung.

Als **Räucherung:** Fichtenharz, auf Zunderschwamm verräuchert, hilft, alte seelische Wunden zu heilen, und findet auch in Erkältungs- und Hustenzeiten zur Schleimlösung Anwendung.

Rezepte in den Kapiteln: *Baumkosmetik*, S. 177, *Volksheilkundliche Baumapotheke*, S. 156, *Die Würze des Lebens*, S. 123, *Essenzen*, S. 167, *Essig*, S. 127, *Flüssiges*, S. 134, *Moderne Nahrungsergänzung*, S. 42, *O'zapft is*, S. 38, *Rauchzeichen*, S. 55, *Soim und Schmier*, S. 162, *Und sonst noch Wichtiges*, S. 186

VORSICHT

ist geboten für Menschen, die an COPD, Keuchhusten oder Asthma leiden, wie auch für Säuglinge, Kinder und Frauen während der Schwangerschaft und in der Stillzeit. Hier empfiehlt die Schulmedizin vom Gebrauch von Herstellungen von Fichte, Tanne, Lärche oder Kiefer/Zirbe Abstand zu nehmen. Bei chronisch obstruktiven Bronchialerkrankungen und anderen Dispositionen können die Anreize dieser Wirkstoffe gefährliche Situationen hervorrufen!

ACHTUNG!

Die bisher ca. 55.000 bekannten volatilen Wirkstoffe wie Terpene und andere Inhaltsstoffe in Teilen von Nadelbäumen können bei gesunden Menschen gesundheitsfördernde Wirkungen für die unteren Atemwege haben.

HASEL

Gewöhnliche Hasel *Coryllus avelana* aus der Pflanzenfamilie der Birkengewächse *Betulaceae*

NAMENSHERKUNFT

Vermutlich steht der althochdeutsche Ausdruck *hasal*, was so viel wie Nussfrucht bedeutet, als Namensgeber. Die Bezeichnung *Corus* im Zusammenhang mit der Hasel ist bislang ungeklärt. *Avellana* könnte sich auf das häufige Vorkommen der Hasel um Avellino im Süden Italiens beziehen.

ALTE UND REGIONALE BEZEICHNUNGEN DER HASEL

Haselstrauch, Haselnuss, Haselkatzerl, Baumhasel.

DIE HASEL UND IHR UMFELD

Bei den Germanen galt die Hasel als heilig, diente sie doch mit ihren Früchten der Ernährung des Volkes.

Altbekannt ist die Wünschelrute zum Aufspüren von Wasseradern und Quellen.

© Drazen Boskic PHOTO/Shutterstock.com

© Martina Unbehauen/Shutterstock.com

Der Haselstrauch, der im Grunde ein Baum ist, aber durch zahlreiche Austriebe an seinem Fuß zu einem Strauch wächst, beschenkt uns im Herbst mit wohlschmeckenden Früchten. Er kann bis zu 7 m hoch werden und ein Alter von 80–100 Jahren erreichen. Haselnüsse werden seit jeher als Fruchtbarkeitssymbol angesehen. Den Avellanariostrauch fand man schon in der Landgüterverordnung von Kaiser Karl als Anpflanzungsempfehlung.

Die lange Geschichte der Hasel hatte ihre Hochzeit vor ca. 7.000 Jahren in der Haselzeit, als dieser Heckenstrauch ausgedehnte Landstriche dominierte. Zahlreiche Insekten, insbesondere Zikaden, Vögel und Kleinnagetiere leben um und in der Hasel. Für Bienen ist die Hasel eine der ersten Nahrungsquellen nach der Winterruhe.

Als Schutzstrauch vor Blitzschlag sollte eine Hasel neben jedem Haus stehen. Haselruten eignen sich auch hervorragend als Flechtzaun, da der Stockausschlag einen Zwei-Jahres-Ernterhythmus erlaubt. Im Kohlenmeiler destilliertes Hasel- und Faulbaumholz war im 13. Jh. eine Teilkomponente von Schwarzpulver.

DAS GIBT ES AUCH

Zu Friedensverhandlungen im alten Römischen Reich wurden stets Haselzweige als Zeichen des Friedens mitgeführt. Auch als Grenzzeichen auf Feldern wurden die Johannistriebe der Hasel in dem Glauben verwendet, dass Haselzweige bei Grundstücksdiebstahl immer die Wahrheit offenbaren und den Versetzer der Grenzzeichen preisgeben. Johannistriebe sind die zweiten Blattaustriebe innerhalb einer Wachstumsperiode. Sie kommen meist im Juni um Johanni und ihnen werden besondere Kräfte zugeschrieben.

Verkohlte Haselruten dienen als Zeichenkohle.

Die Visionärin Hildegard von Bingen verbot ihren Nonnen und Mönchen, unter der Hasel zu verweilen, denn man vergisst Zeit und Raum und wird leichtsinnig.

Aus diesen Zeiten stammt auch der Spruch, man geht zu zweit hinter den Haselbusch und kommt zu dritt wieder hervor. Der Inhaltsstoff L-Arginin wirkt bei Männern in der regio des Geschehens gefäßaktivierend und fördert somit den Blutfluss.

Im Übrigen ist der züchtige Haselzweig die Originalgerte einer Domina. Und wenn man gesunde lustvolle Ernährung als Therapeutikum sieht, findet die Haselnuss ein breites Anwendungsgebiet.

Der Haselbaum ist ein Sinnbild der Wollust, zu Heilzwecken taugt er kaum.
(Hildegard von Bingen, 1098–1179)

INHALTSSTOFFE

Bisher bekannte Inhaltsstoffe in den Teilen: in den Blättern Gerbstoffe, ätherische Öle, Betulin, Taraxerol, in den Früchten fette Öle, einfach und mehrfach ungesättigte Fettsäuren, Omega-6- und -9-Fettsäuren, Linolsäure, L-Arginin, Vitamine A, B, C, E, K, Phosphor, Eisen, Magnesium, in den Kätzchen Flavonoide, in der Rinde Gerbstoffe.

ZU VERWENDENDE PFLANZENTEILE

Blätter, männliche Kätzchen, Früchte, Rinde.

SAMMELZEITEN

Blätter je nach Witterung von März bis Mai, Kätzchen als Bienenfutter sehr sparsam im Februar, die Rinde ebenfalls nur an Ästen und sehr sparsam im April, die Früchte von September bis Oktober

DIE HASEL IN DER VOLKSHEILKUNDE

In der Volksheilkunde finden Haselkätzchen als schweißtreibendes Mittel in Erkältungszeiten und bei Fettleibigkeit als Appetitzügler in Teeform Verwendung. Haselnüsse gelten allgemein als Nervennahrung.

In der Gemmotherapie wirkt die Hasel kräftigend, anregend und fiebersenkend bei chronischer Bronchitis, Asthma mit Lungen-Emphysem und bei immerwiederkehrenden Erkältungen. Unterstützt die Leber als Entgiftungsorgan.

Regt die Fließeigenschaften des Blutes an und gilt als lustbringendes Aphrodisiakum. Sie unterstützt Menschen bei der offenen Sicht auf die Zukunft.

Leider ist die Hasel als Reizpflanze für Allergiker bekannt, jedoch meist nicht die Ursache für Unverträglichkeiten oder Allergien, sondern der Auslöser und Verstärker von Symptomen. Es lohnt sich immer, die Grundallergie herauszufinden und zu beheben.

Als **Räucherung:** Mit der Hasel kommt die Leichtigkeit, Fröhlichkeit, geistige Wanderungen, Verbindung zu Naturgeistern, potenzsteigernd.

Rezepte in den Teilen: *Baumkosmetik*, S. 177, *Essenzen*, S. 167, *In der Früh*, S. 142, *Verführerisches Süßes*, S. 150, *Und sonst noch Wichtiges*, S. 186.

SCHWARZER HOLUNDER

Sambucus nigra aus der Pflanzenfamilie der Moschusgewächse *Adoxaceae*

NAMENSHERKUNFT

Holunder leitet sich vom althochdeutschen *holuntar* ab, was so viel wie hohler Baum bedeutet. Man geht davon aus, dass sich „hohl“ auf die markgefüllten Zweige bezieht.

Es wird vielerorts auch eine Verbindung zur Erdgöttin Holda hergestellt.

Über den botanischen Namen gibt es Spekulationen, dass er von einer aus Holunderholz gefertigten Flöte und einer Holunderholzharfe namens Sambuche herrühren könnte. Der Zusatz *nigra* steht für schwarz. Holunderfrüchte beinhalten fünf unterschiedliche Anthocyanfarbstoffpigmente, die durch die Intensität schwarz erscheinen.

Auch der Geruch der Rinde könnte zur Namensgebung beigetragen haben, denn die Silbe *El* (von Elder, wie der Holunder auch genannt wurde) bedeutet im Mittelhochdeutschen modernd stinkend.

ALTE UND REGIONALE BEZEICHNUNGEN DES SCHWARZEN HOLUNDER

Elder, Holler, Hollerbusch, Fliederbeer.

DER HOLUNDER UND SEIN UMFELD

Der Holunder wird bis zu 100 Jahre alt und kann eine Höhe von bis zu 7 m erreichen. Der Holunder ist ein Schwellenbaum, der die Menschenwelt mit der Welt der Naturwesen verbindet.

Im Totenkult vergangener Zeiten spielte der Holunder eine große Rolle. Der Sargtischler nahm Maß am zu Bestattenden mit einem Hollerstock. Die Pferde des Leichenwagens wurden mit einem Holunderstock geleitet. Eine Seele im Grab fand erst dann ihre Ruhe, wenn der gepflanzte Hollerzweig in der Graberde das erste Mal ausschlug.

Zur Zeit der Christianisierung wurde die Hof und Mensch schützende Göttin Holla, der der Holderstrauch geweiht war, verteufelt und es wurde per Strafe verboten, dem alten Kult zu huldigen. Die Heilkraft des Holunders wurde dadurch aber nicht beeinflusst, auch die kulinarischen Genüsse haben sich bis heute erhalten wie auch Flöten und Blasrohre aus ausgehöhlten Hollerästen jedes Kind kennt.

Holunderfrüchte wurden auch als Trauben des kleinen Mannes bezeichnet. Der aus den reifen Früchten hergestellte Saft wurde zum Strecken von Rotwein herangezogen, es ergab sich ein köstliches Getränk.

Hollerfrüchte sind auch zur Bereitung von natürlichen Farben zur künstlerischen Verarbeitung wieder gefragt. Die Farbpalette, die man aus Holunder erhält, reicht von Blau, Lila bis hin zu Rot und Pinktönen.

Blüht im Juni der Holler, wird die Liebe immer toller. Wie der Holunder blüht, Rebe auch und Lieb' erglüht. Blühen beid' im Vollmondschein, gibt's viel Glück und guten Wein.

(Bauernregeln unbekannter Herkunft)

INHALTSSTOFFE

Bisher bekannte Inhaltsstoffe in den Teilen: Die Blüten enthalten ätherische Öle, Flavonoide, Sambucin Rutin, die Steinfrüchte Sambunigrin, Fruchtsäure, Gerbstoffe, Zucker, Vitamine, Farbstoff der Anthocyangruppe, die Rinde enthält Saponine, cyanogene Glykosidverbindungen, Emulsin.

ZU VERWENDENDE PFLANZENTEILE

Blütenknospen, Blüten, Früchte, Rinde, Holz.

ACHTUNG!

In allen Teilen des Holunders sind cyanogene Verbindungen in unterschiedlicher Stärke vorhanden. Speziell die rohen Früchte des Holunders haben eine stark abführende Wirkung. Beim Koch- oder Trockenprozess wird der Wirkstoff Sambunigrin unschädlich, Blausäurekomponenten verdampfen bei 26 °C oder dem Trocknungsprozess.

SAMMELZEITEN

Knospen am Ende des Winters, Blüten je nach Witterung im Mai oder Juni, die Früchte ab August, die Rinde von Ästen kann ganzjährig sparsam entnommen werden.

IN DER VOLKSHEILKUNDE

Vor dem Holler zieht man den Hut. Seine Heilwirkungen sind seit alters her bekannt.

Knospen, Blüten und Früchte können auf vielerlei Arten ihre gesundheitsfördernde Wirkung entfalten.

Das Wirkungsfeld des Holunders in der Naturheilkunde reicht von Infekten der oberen Atemwege mit fieberhaften Erkältungen bis zur Blutreinigung, Allergiesymptomminderung, Harnblasen- und Nierenbeschwerden, Durchfall, Rheuma-, Gelenks- und Muskelschmerzen.

Als **Räucherung:** Lässt den rechten Zeitpunkt erkennen bei der Findung von Lebensaufgaben, Schutz in allen Lebenslagen, heilend, Holunder ermöglicht die Hinschau auf die eigenen dunklen Seiten und er fördert die Erdung.

Rezepte in den Kapiteln: *Baumkosmetik*, S. 177, *Volksheilkundliche Baumapotheke*, S. 156, *Essig*, S. 127, *In der Früh*, S. 142, *Moderne Nahrungsergänzung*, S. 42, *Verführerisches Süßes*, S. 150.

LÄRCHE

Larix decidua aus der Pflanzenfamilie der Kieferngewächse *Pinaceae*

NAMENSHERKUNFT

Man vermutet, dass der heutige Name der Lärche aus dem althochdeutschen *Larriha* über das mittelhochdeutsche *Larche* zustande kam. Der Zusatz bei der botanischen Bezeichnung *Larix decidua* bedeutet so viel wie Abwerfen, was sich wohl auf das Abwerfen der Nadelblätter im Herbst bezieht.

ALTE UND REGIONALE BEZEICHNUNGEN DER LÄRCHE

Europäische Lärche, Lörbaum, Lerbam, Schönholz, Wiesenlärche oder Steinlärche je nach Standort.

DIE LÄRCHE UND IHR UMFELD

Die Lärche ist ein 500–800 Jahre alter und bis zu 45 m hoher Gebirgs- und Ebenenbaum.

Sie wirft ihre Nadelbüschel im Winter ab. Die Zapfen können mehrere Jahre an den Ästen hängen bleiben. Karminrote weibliche Blüten schmücken den Baum im Frühling.

Die Lärche gilt in Bergzonen als Pionierbaum, der sich bei gutem Licht schnell ansiedelt.

Das Harz der Lärche wurde und wird im gereinigten Zustand als Lärchenterpentin als Heilmittel hoch gehandelt und ist als Venezianer Terpentin bekannt.

Etwa nach 140 Jahren ist das Holz der Lärche schlagbar. Es gilt als sehr dicht und wetterbeständig.

Das rotbraune Holz wird besonders in Tirol zum Schnitzen von Madonnenstatuen verwendet.

Altbekannt sind Lärchenschindeln als Dachbedeckung oder als Wandvertäfelung im Außenbereich. Hochbeete aus Lärchenholz garantieren eine lange Lebensdauer.

Die seltenen Lärchenholzfässer dienen heute als Geschmacksgeber für besondere Biersorten.

DAS GIBT ES AUCH

Die Saligen, wundersame, hilfsbereite Waldbewohnerinnen, die im Wald in Not geratenen Menschen zu Hilfe eilen, wohnen in der Lärche. Auch Mütter mit ihren Kindern stehen unter ihrem besonderen Schutz. Die Saligen gelten auch als die Hüterinnen des ökologischen Gleichgewichts in den Bergregionen.

Lärchen, Birken, Erlen, ein fraulicher Wald
(Christian Morgenstern, 1871–1914)

INHALTSSTOFFE

Bisher bekannte Inhaltsstoffe in den Teilen: Terpentinöl, Laricinolsäure, Harzsäuren, Flavonoide, Vitamine, Phytosterole.

ZU VERWENDENDE PFLANZENTEILE

Blätter, Früchte, Holz, Harz.

SAMMELZEITEN

Lärchenpech an gefällten Bäumen, Lärchennadeln im Frühjahr, Lärchenzapfen im Frühjahr.

IN DER VOLKSHEILKUNDE

Die heilfördernde Wirkung von Lärchenpech ist schon sehr früh belegt. Lärchenpechsalben mit unterschiedlichen Kräuterbeigaben kommen bei Furunkeln, tiefen Hautentzündungen, Rheuma und Gichtschmerzen, bei schweren Verkühlungen und Katarrhen der Luftwege zum Einsatz.

Das Lörgötpflaster, das Lärchenharz oder Terpentin direkt auf Wunden aufbrachte, ist heute nicht mehr in Gebrauch.

In der **Gemmotherapie** wird ein Präparat aus embryonalem Knospengewebe der Lärche gewonnen, es stärkt alle Zellen mit Heilimpulsen. Es hilft bei Störungen des Herz-Kreislauf-Systems, Blutdruckproblemen und Gedächtnisschwächen.

Die **Bachblüte *Larch*** verhilft Menschen zu mehr Selbstvertrauen, ihr eigenes Licht nicht immer unter den Scheffel zu stellen, falsche Bescheidenheit abzulegen und Niederlagen als Erkenntnis in das Leben zu integrieren. Für Kinder geeignet, die Versagensängste haben, sich zu blamieren.

Als **Räucherung:** Die Lärche im Rauch öffnet den Blick und die Wahrnehmung, sensibilisiert den Weitblick für das Leben, tief verankert und dennoch flexibel genug für Veränderungen zu sein. Sie reinigt und segnet einen Neubeginn.

Der desinfizierende, antiviral und antibakteriell wirkende Rauch ist in Grippe- und Erkältungszeiten eine gute Raumdesinfektion.

Rezepte in den Kapiteln *Baumkosmetik*, S. 177, *Volksheilkundliche Baumapotheke*, S. 156, *Flüssiges*, S. 134, *In der Früh*, S. 142, *O'zapft is*, S. 38, *Soim und Schmier*, S. 162.

ZUR BEACHTUNG!

Die bisher ca. 55.000 bekannten volatilen Wirkstoffe, wie Terpene und andere Inhaltsstoffe, in Teilen von Nadelbäumen können bei gesunden Menschen gesundheitsfördernde Wirkungen für die unteren Atemwege haben.

Vorsicht ist geboten für Menschen, die an COPD, Keuchhusten, Asthma leiden, wie auch für Säuglinge, Kinder und Frauen während der Schwangerschaft und in der Stillzeit. Hier empfiehlt die Schulmedizin vom Gebrauch von Herstellungen von Fichte, Tanne, Lärche oder Kiefer Abstand zu nehmen.

Bei chronisch obstruktiven Bronchialerkrankungen und anderen Dispositionen können die Anreize dieser Wirkstoffe gefährliche Situationen hervorrufen!

LINDE - DIE SUBTILE WEIBLICHE

Winterlinde *Tilia cordata*, Sommerlinde *Tilia platyphyllos* aus der Familie der Malvengewächse *Malvaceae*

NAMENSHERKUNFT

Vermutlich hat das altdeutsche Wort *lintha*, das für weich und mild steht, für den heutigen Namen der Linde den Ausschlag gegeben. Wir finden aber auch in der nordgermanischen Sprache den Ansatz *linda* und im Lateinischen den Ausdruck *lentus*. Alle diese Wörter kommen für eine Namensentstehung in Frage.

Die botanische Bezeichnung *Tilia* kommt vermutlich vom Griechischen *tilos* und weist auf die innere Rinde bzw. die Fasern des Lindenbastes hin. Auch *ptilon* könnte eine Rolle gespielt haben, es bedeutet so viel wie Flügel und könnte ein Hinweis auf das Blütendeckblatt sein.

Unter der Linde wurde auch Recht gesprochen – *Judicum sub tilia*. Die Urteile damals wurden immer unter der Schlussfolgerung „Gegeben unter den Linden" ausgesprochen. Man ging davon aus, dass unter diesem feinen, heilkräftigen Baum die Urteile milder ausfielen.

© Balser/Shutterstock.com

© APugach/Shutterstock.com

Orts- und Platznamen bezeichnen sehr oft das Vorkommen von Linden, wie auch Vor- und Familiennamen auf die Sanftheit der Linde hinweisen.

Auch der Name des schwedischen Begründers einer botanischen und zoologischen Ordnung, des Systema *Natruræ*, Carl von Linné, leitet sich von der Linde ab. Der griechische Name *Philyra* kommt von der Mutter des menschenliebenden, göttlichen Pferdmenschwesens *Ch(e) iron*, der den Menschen seines Umfeldes den Umgang mit Heilpflanzen näherbrachte und die gesamte die Hände betreffende Heilkunde und somit auch die Handchirurgie ihren Ausgang genommen haben könnte.

ALTE UND REGIONALE BEZEICHNUNGEN DER LINDE

Sommerlinde, Winterlinde, Bastholz, Schnurbaum, Gerichtsbaum.

DIE LINDE UND IHR UMFELD

Die stattlichen Linden erreichen oft eine Höhe von bis zu 40 m. Die Silhouette einer Linde ist Winter wie Sommer einzigartig und gibt, von Weitem betrachtet, oft die Form der Blätter wieder. Sie trägt gerne Nadelstreif, ihre Borke ist längsgestreift und leicht rissig. Sommer- und Winterlinde können an ihren Blättern einfach unterschieden werden. Sommerlinden haben große Blätter, die an den Unterseiten an den Verzweigungen weiße Haarbüschel haben, während die Winterlinde bräunliche Haarbüschel aufweist.

Das Wort Basteln stammt vom Bast der Linde ab. Lindenbastschnüre waren als unverzichtbares und unverwüstliches Verpackungsmaterial in Gebrauch. Doch die Bastmacherei ist eine aufwändige Sache. Man behauptete sogar, sie sei wie das Martyrium Christi. Zahlreiche Bearbeitungsschritte und viel Geduld sind von Nöten, um den begehrten Bast aus der Linde zu gewinnen. Der Röstvorgang, das Rotten, bei dem das geschnittene Bastmarerial über einen längeren Zeitraum in Wasser eingeweicht wird, ist zudem durch den Eiweißabbau sehr geruchsintensiv, da sollte der nächste Nachbar weiter entfernt wohnen.

In Frankreich hingegen gibt es regional sogar Lindenblütenfeste, die nach der Ernte und Trocknung der Blüten gefeiert werden.

Das Wort Geländer bedeutet so viel wie Stange aus der Linde. Die Äste der Dorflinden wurden absichtlich in die Waagrechte geleitet, um dem Baum ein fortgeschrittenes Alter zu suggerieren. Das Bastwachstum wurde damit angeregt.

Die Sommer- wie die Winterlinde kann ein stolzes Alter von 800–1.000 Jahren erreichen. Sommerlinden wachsen bis zu 40 m und Winterlinden bis zu 30 m in den Himmel. Das fallende Laub kann in Mischwäldern die Übersäuerung des Bodens durch den Nadelfall der Fichte mildern.

Eine botanische Besonderheit der Linde ist die Ausbildung von Adventivwurzeln. Um Verletzungen und die Gefahr von Fäulnis zu kompensieren, wachsen diese in hohlen Innenräumen der Linde Richtung Boden und stabilisieren und festigen damit den Stamm.

Mangels Leinwänden wurde Lindenholz in früheren Zeiten als Maluntergrund verwendet. Der Lindenbastpinsel kam dabei zum Einsatz.

An die 71 Schmetterlingsarten besiedeln Lindenbäume und nähren ihre Raupen. Für Bienen sind die Sommer- und die Winterlinde, die hintereinander für einen reichlich gedeckten Tisch sorgen, eine unverzichtbare Landestelle. Im Mittelalter wurde mancherorts für Linden Honiggeld von den Besitzern von Bienenstöcken verlangt.

Aber auch andere nektarsammelnde Insekten und (Bock-)Käfer tummeln sich in und auf der Linde.

Linden sind auf Insekten als Bestäuber angewiesen. Lindenblüten sind zwittrig und bieten vorwiegend Nektar in den einzelnen Phasen der Blütezeit an.

Finken, Meisen und weitere Vögel delektieren sich an den Nussfrüchten der Winterlinde. Als Mykorrhizapartner finden wir den Sommersteinpilz, Frauentäubling, den Perlpilz, aber auch giftige oder ungenießbare Vertreter.

UND WEIL'S SO SCHÖN IST

Eine mündlich überlieferte Geschichte unbekannter Herkunft erzählt von dieser Begebenheit: Eine Königstochter fand keinen passenden Gemahl. Der König wurde ungeduldig und teilte einen Aufruf im ganzen Land. „Meine Tochter wird denjenigen zum Manne nehmen, der ihr das schönste Geschenk darbietet!“ Von fern und nah wurden nun die Präsente von heiratswilligen jungen Männern in den Palast gekarrt.

Ein armer Bauerssohn wollte ebenfalls um die Hand der schönen Prinzessin anhalten, allerdings fehlte es ihm an der nötigen Barschaft für wertvolle Geschmeide und andere Güter. So kam es, dass er eine ganze Nacht in der Krone einer Winterlinde verbrachte und alle Blätter zu Herzen schnitt. Das war seine Gabe an die edle Braut. Diese war von der liebevollen Zuwendung so begeistert, dass sie den jungen Mann auf der Stelle ehelichte. Seit dieser Begebenheit tragen Linden Herzblätter und sind ein wichtiger Liebesbaum.

Auch die Liebesgöttin Freya soll in der Linde leben. In der christlichen Welt wurde die Linde der Freya kurzerhand zur Marienlinde und das Holz des Baumes wurde zum *Lignun sacrum*, dem heiligen Holz für sakrale Schnitzereien. In den Sagenwelten vieler Länder finden sich Erzählungen zur Bedeutung der Linde.

Am Brunnen vor dem Tore, da steht ein Lindenbaum; Ich träumt in seinem Schatten so manchen süßen Traum. Ich schnitt in seine Rinde so manches liebe Wort. Es zog in Freud und Leide zu ihm mich immer fort ...

(Text vom deutschen Dichter Wilhelm Müller (1794–1827), Vertonung von Franz Schubert (1797–1828) als Kunstlied und Friedrich Silcher im Jahr 1846 als Volkslied)

INHALTSSTOFFE

Es sind bisher an die 60 unterschiedlichen Inhaltsstoffe in den Teilen der Linde bekannt: In den Blüten finden wir Farnesol, eine Form von ätherischem Öl, Hesperidin (gelber Blütenfarbstoff), Schleim- und Gerbstoffe, Saponine, in den Blättern Flavonoide, Kohlenhydrate, Gerbstoffe, Vitamin C, Bitterstoffe und Xantophylle, das sind Abkömmlinge der Carotinoide, in der Rinde: Vanillearoma.

Winter- und Sommerlinde blühen zeitlich versetzt. Linden gehören zu den besten „Bienenbäumen“ und stehen den Honigmacherinnen von Juni bis Ende Juli zur Verfügung. Die Bienen bedienen sich am Lindenbuffet nicht nur an den Blüten, sondern auch an den süßen Ausscheidungen der Blattläuse, dem Honigtau. Im Mittelalter wurden manchmal auch große Löcher an geschützten Stellen in Linden gehauen, um Bienenvölkern eine Unterkunft zu bieten.

ZU VERWENDENDE PFLANZENTEILE

Lindenblätter, Lindenblüten, Knospen, Lindenrinde, Bast, Holz.

SAMMELZEITEN

Lindenblätter im Frühjahr und für würzigere Zubereitungen bis in den Herbst, an Linden findet man Trieblinge, die nahe am Stamm aus der Erde wachsen. An diesen zarten Trieben können die Blätter auch im Sommer geerntet werden. Sie sind in der Regel auch außerhalb der Pinkelzone von Hunden. Lindenblüten erntet man im Frühsommer und Sommer (die Winterlinde blüht etwas später als die Sommerlinde), die Knospen zeitig im Jahr oder im sehr späten Herbst, bevor sie das Wachstum über den Winter einstellen.

DIE LINDE IN DER VOLKSHEILKUNDE

Die Linde spielt eine sehr bedeutende Rolle in der volksheilkundlichen Erfahrungsmedizin. Zubereitungen aus Teilen der Linde kannte man schon in der Antike. Bei Heilmitteln der Linde kommt die ganzheitliche Wirkung von Naturheilmitteln richtig zur Geltung. Wissenschaftlich sind oft keine Erklärungen vorhanden, dennoch sind die Effekte der „Linderung" von Lindenarzneien bei vielen Erkrankungssymptomen seit jeher bekannt. Das untrennbare Informations- und Wirkstoffprinzip dieses Gewächses ist hier sehr deutlich spürbar.

Altbekannt zum Ausschwitzen von Erkältungen ist der Lindenblütentee, auch als Badezusatz oder Inhalation.

Als Allrounder taugt der Absud von Blättern und Blüten auch zur Abschwächung von Stresssymptomen, Angst- und Furchtanwandlungen, Unruhezuständen mit Magenbelastung, bei nervösem Herzstolpern, Hautjucken unklarer Herkunft, Spülungen bei Halsreizungen und nach zahnärztlichen Eingriffen, als Entwässerungstee bei Gicht und Rheuma. Für Leber und Galle hat sich Tee aus der Lindenrinde ebenfalls bewährt.

Lindenholzkohle aus der Apotheke bindet schädliche Stoffwechselprodukte und lindert Magen-Darm-Entzündungen.

Knospenanwendungen im Rahmen der **Gemmotherapie** von der Silberlinde wirken beruhigend bei nervöser Schlaflosigkeit, stressbedingten Herzbeschwerden, Bluthochdruck und angstlösend. Die Linde stärkt den inneren Frieden und bietet Schutz in depressiven Phasen.

Rezepte in den Kapiteln: *Baumkosmetik*, S. 177, *Volksheilkundliche Baumapotheke*, S. 156, *Flüssiges*, S. 134, *In der Früh*, S. 142, *Moderne Nahrungsergänzung*, S. 42, *Verführerisches Süßes*, S. 150, *Und sonst noch Wichtiges*, S. 186.

EDELKASTANIE UND MARONIBAUM

Castanea sativa aus der Familie der Buchengewächse *Fagaceae*

NAMENSHERKUNFT

Zur Namensherkunft der Edelkastanie gibt es unterschiedliche Ansätze. Zum einen wird vermutet, dass der Name aus dem armenischen Raum kommen könnte, dort wurden die Früchte als *kask* benannt. Oder er könnte vom Namen einer Stadt namens *Kastana* herrühren.

Der botanische Namenszusatz *sativa* bedeutet so viel wie sättigende Kulturpflanze. Die Nussfrucht wurde in Griechenland früher als die Eichel des Zeus bezeichnet.

ALTE UND REGIONALE BEZEICHNUNGEN DER EDELKASTANIE

Echte Kastanie, Maroni, Esskastanie, Ketscht'n, Kestenbaum, Zahme Kastanie.

© Lunghammer/Shutterstock.com

© AleMasche72/Shutterstock.com

DIE EDELKASTANIE UND IHR UMFELD

Die Edelkastanie fühlt sich in unseren Breiten seit der deutlichen Erwärmung und der heißen Sommer zunehmend wohler. Sie gilt als Symbol für Vorsorge und Fruchtbarkeit. Edelkastanien sind mächtige Bäume mit meist drehwüchsigem Wuchs, die bis zu 35 m hoch und 600 Jahre, im Ausnahmefall auch älter werden. Heute gibt es zahllose Kastaniensorten aus Züchtungen. Edelkastanien und die Weiterzüchtung der eigenen Art Maronibaum tragen nach ca. 25 Jahren das erste Mal Früchte.

Edelkastanienpfähle wurden aufgrund ihrer Resistenz gegen Fäulnis als Telefonmasten, Planken für Stallböden und im Schiffsbau verwendet. Auch zur Herstellung von Weinfässern wird Kastanienholz verarbeitet. Spielgeräte auf Abenteuerspielplätzen sind ebenfalls gerne aus Edelkastanienholz. Auch als Staketenzäune und langlebige Lawinenverbauung in alpinem Bergwald eignet sich die Edelkastanie hervorragend.

Das Holz der wilden Edelkastanien ähnelt dem der Eiche, hat aber eine sehr lange Trockenzeit, was zu Kernrissigkeit führen kann. Aus Kastanienholz wurde auch ein Tanninextrakt, das in der Ledergerbung Verwendung fand, hergestellt. Edelkastanien wurden auch in manchen Gebieten den Toten in die Särge gelegt, um ihnen Nahrung mit auf die Reise zu geben.

Pietro Andrea Mattioli, ein Heilgelehrter aus dem 16. Jh., beschrieb die aphrodisierende Wirkung der Maroni wie folgt: *„Gebratene Kastanien mit Salz machen unkeusch."*

Bereits Kaiser Karl empfahl in seiner Reichsgüterverordnung den Anbau der Edelkastanie, waren doch die Früchte mit einem Stärkeanteil von ca. 43 % als Volksnahrungsmittel die Armenkost dieses Zeitalters. Zur Konservierung wurden die Maroni in früheren Zeiten in Wasser eingelegt, das täglich gewechselt wurde. Anschließend wurden sie in Dörrhäusern geräuchert. Nach dem Räuchern wurden sie in Säcke gepackt und durch Schläge von der Schale befreit. Je nach Bedarf wurden diese getrockneten und geschälten Edelkastanien dann zu Mehl vermahlen und zu Armenbrot weiterverarbeitet.

Die Wichtigkeit der Edelkastanie wird auch in alten Erzählungen überliefert. Der Beginn der Erntezeit wurde in Gegenden, wo die Edelkastanie häufig vorkam, sogar in der Kirche verkündet. Nach den Baumeigentümern durfte auch die ärmere Bevölkerung die Maroni ernten.

Kastanienholzteile sind für Räumlichkeiten, die über den Winter nicht genutzt werden, als Spinnen- und Parasitenvertreiber geeignet. Neben unseren Honigbienen nutzen um die 135 Insektenarten die Blüten und den gesamten Baum als Lebensraum.

DAS GIBT ES AUCH

Das beste Beispiel für die Gesamtheit von Pflanzenwirkweisen auf Informations- und Wirkstoffebene gibt das Forschungsergebnis einer US-Ethnobotanikerin, die im Laub der Edelkastanie eine naturgegebene Wirkstoffkombination, die einen hochansteckenden, antibiotikaresistenten Krankenhauskeim außer Gefecht setzt, gefunden hat.

Das Mittel hat nur einen Fehler für die hochgezüchtete Pharmaindustrie. Aus heutiger Sicht reicht eine Abkochung der Esskastanienblätter, die man zuhause herstellen kann, als anwendbares Mittel aus. Eine pharmaindustrielle Standardisierung könnte diesen Extrakt in Richtung synthetische Herstellung leiten. Aus der Vergangenheit weiß man aber, dass die Missachtung der Naturkompositionen und das Herausisolieren einzelner Stoffe nie zum Ziel geführt hat.

Hast Deine Kastanien zu lange gebraten,
sind Dir alle zu Kohlen geraten.
(Johann Wolfgang von Goethe)

„Für andere die Kastanien aus dem Feuer zu holen" – nach einer Fabel von Jean de La Fontaine –, bedeutet, jemandem eine unangenehme Arbeit abzunehmen. Von Otto von Bismarck soll die Aussage *„Wenn andere Leute sich dazu hergeben, die Kastanien für einen aus dem Feuer zu holen, warum sol man das ihnen nicht gerne überlassen?"* stammen.

INHALTSSTOFFE

Bisher bekannte Inhaltsstoffe in den Teilen: Blätter, Holz und Rinde beinhalten Gerbstoffe, Gallussäure, Castalgin, Pektinstoffe, Mineralsalze. Die Früchte sind kohlenhydratreich und enthalten ebenfalls Gerbstoffe, Proteine und Vitamine.

ZU VERWENDENDE PFLANZENTEILE

Knospen, Blüten, Blätter, Früchte, Rinde.

SAMMELZEITEN

Die Knospen im späten Winter, die Blüten im Frühling und die Blätter im Mai. Die Rinde von Ästen kann das ganze Jahr hinweg genommen werden.

IN DER VOLKSHEILKUNDE

Anwendungen aus den Blättern der Edelkastanie kommen innerlich angewandt bei Husten oder Keuchhusten in Verbindung mit Halsentzündungen zum Einsatz. Die Früchte lindern Durchfall. Die äußerlichen Anwendungen eines Blätter- und Früchteabsudes helfen bei Abszessen und Hauterkrankungen und dienen zur Hautstraffung als Waschung.

Hildegard von Bingen empfahl Bäder und Waschungen bei Rheuma und Gicht. Innerlich verwendete sie die Früchte in einer Honigzubereitung als Leber- und Milzstärkung.

In der **Gemmotherapie** bezieht sich die Knospenmedizin auf Lymphödeme, Venenschwäche, Krampfadern und Hämorrhoiden.

Die **Bachblüte *Sweet Chestnut*** kümmert sich um Menschen in tiefer Verzweiflung und Ausweglosigkeit, um Menschen, die das Leid nicht mehr aushalten können, deren emotionale Belastbarkeit an Ende ist.

Als **Räucherung:** Die Blüten, Blätter und Rinde der Edelkastanie im Rauch geben Kraft, um nach tiefer Hoffnungslosigkeit und Verzweiflung wieder auf die Beine zu kommen. Mit dem Kopf fühlen und dem Herzen denken, bringt Licht in Verwirrungen.

Rezepte in den Kapiteln: *Volksheilkundliche Baumapotheke*, S. 156, *Flüssiges*, S. 134, *In der Früh*, S. 142.

MUTTER SCHLEHE HAT ALLE IHRE ZWETSCHKEN BEISAMMEN

Ist die Schlehe weiß wie Schnee,
ist es Zeit, dass man die Gerste säe.
(Bauernregel unbekannter Herkunft)

SCHLEHE ODER SCHWARZDORN

Prunus spinosa aus der Familie der Rosengewächse *Rosaceae*

Der Schlehe als vermutliche Urmutter von unseren Zwetschken und Primitivpflaumen aus der Familie der Rosengewächse ist mit ihrem Anhang und ihrer Verwandtschaft hier ein eigenes Kapitel gewidmet.

Die Schlehe mit ihren spitzen Dornen blüht sehr früh im Jahr, noch bevor sie ihre Blätter entfaltet. Ob als Wetterorakelpflanze in Bauernregeln oder im volksheilkundlichen Einsatz, die Schlehe wurde bereits sehr früh erwähnt. Die fermentierten jungen Blätter dienten in früheren Zeiten als Tabak für Pfeifen, gerade Stöcke fanden als Waffen und Spazierstöcke Verwendung. Die Rinde wurde zu Tinte und Farbe verarbeitet. Zubereitungen aus den Früchten hatten und haben einen hohen Stellenwert in der **Volksheilkunde.**

Die Schlehenfrüchte brauchen Frost, um die Zellstrukturen in den Früchten aufzubrechen und Stärke in Zucker umzuwandeln. Tinkturen für Allergiker, Blütenöle als Kosmetikum, Einreibungen, Säfte, Ansatzschnäpse, Gebranntes, Destilliertes, Marmeladen und vieles mehr kann aus dem Naturschatz hergestellt werden.

Als **Räucherpflanze** schützt der Schwarzdorn vor Verfluchungen und Verwünschungen. Die Schlehe ist Heimat zahlreicher Insekten und Schmetterlinge. Aber auch Vögel, wie der Neuntöter, der seine Beute auf den Dornen aufspießt, um sie zu lagern, bewohnen diesen Strauch.

Schlehenhecken dienten in England im 17. Jh. nach der Aufteilung von Staatsland an private Eigentümer als natürliche Grundgrenzen. Der Schlehen-Gin war zu diesen Zeiten ein Arme-Leute-Getränk.

Als **Gemmotherapeutikum** kommt die Schlehe bei Angstzuständen, allgemeiner Schwäche bei Rekonvaleszenz und als Immunsystemstärkung zum Einsatz.

Erwähnungen in den Kapiteln: *Volksheilkundliche Baumapotheke*, S. 156, *Baumkosmetik*, S. 177, *Flüssiges*, S. 134.

UNSERE HAUSZWETSCHKE

Prunus domestica ssp *domestica* aus der Familie der Rosengewächse *Rosaceae*

Die Früchte haben eine dunkellila bis blaue Farbe. Mit einem vor Austrocknung schützenden, wachsartigen Überzug erfreut uns die Zwetschke im September und Oktober. Der Zwetschkenbaum ist ein Generationenbaum, er kommt und geht mit dem Mann, das bedeutet er erreicht das Alter eines Menschenlebens, selten ist ein höheres Alter dokumentiert.

Hildegard von Bingen nannte diesen Baum in den Obstgärten Zornesbaum und den Baum, an den Krankheiten abgegeben werden konnten.

Verräucherungen der Zwetschkenrinde mit ihrer kühlenden Wirkung kommen cholerischen Menschen zugute.

Die dornigen Äste der Zwetschkenbäume bildeten in Hausgärten mit ihren Ästen mit langen Sprossdornen ein Dickicht, unter dem das Hühnervolk gehalten wurde. Die Wildnis knapp über dem Boden schützte das Geflügel und andere Haustiere vor dem Zugriff durch Greifvögel.

Als Intarsienholz mit auffallend schöner Maserung ist das Holz des Zwetschkenbaumes bei Kunsttischlern und Drechslern sehr beliebt und hat aufgrund der Seltenheit einen hohen Preis.

Zwanzig zerquetschte Zwetschgen und zwanzig zerquetschte Zwetschgen sind vierzig zerquetschte Zwetschgen.
(Ein klassischer Zungenbrecher unbekannter Herkunft)

Neben der Wirkung als Vitaminbomben können die Früchte, Blätter und Rinden dieser großen Steinobstfamilie noch mit weiteren Gesundheitsaspekten punkten. Die Früchte gelten als kühlend und wassertreibend. Ihren Ruf als Gicht- und Rheumamittel haben Zwetschken bereits seit dem Mittelalter. Zubereitungen aus den Früchten gelten auch als Unterstützungs- und Einleitungsmittel, um den Körper empfänglicher für Therapien zu machen.

Altbekannt ist die regulierende Wirkung von Dörrzwetschken auf die Verdauung. *„Die Dosis zoagt, was los is“*, heißt es in der Zwetschkenfibel des Naturparkes Attersee-Traunsee. Neue Studien sehen in den Dörrzwetschken auch eine hervorragende Prophylaxe gegen Darmkrebserkrankungen.

Die **Bachblütenzubereitung** aus der Kirschpflaume ***Cherry Plum*** gehört zu den Notfalltropfen, die in herausfordernden Situationen vor Kurzschlusshandlungen bewahren. Cherry Plum hilft, Wut und Zorn richtig zu fühlen und zu werten, sie führt auf den Weg zu mehr Gelassenheit

Zubereitungen aus Zwetschken und Primitivpflaumen sind süß oder sauer, frisch oder gedörrt in jedem Fall eine Gaumenfreude.

WIE ALLES BEGANN, WAS WIR BIS HEUTE MEINEN ZU WISSEN ODER DIE EWIGEN VERSUCHE EINER ANNÄHERUNG AN EINE ORDNUNG

Ohne sich damit zu befassen, ob es sich bei einzelnen Zwetschken und den zwetschkenähnlichen Früchten um eine echte Art, Unterart, eine Sippe oder eine gemischte Gruppe handelt, könnte es sich so zugetragen haben.

Möglich wäre, dass sich die Schlehe aus dem hohen Norden oder der Mitte des heutigen Europas der Kirschpflaume, die aus den Ländern rund um das Schwarze Meer kam, begegnet ist. Daraus könnten sich die Echte Krieche und die Echte Zwetschke entwickelt haben. Wie es dann weiterging, ist bis heute Spekulation, Annahme und das Spiel mit den Chromosomen der einzelnen Arten.

Ausgrabungsbelege aus der Pfahlbauzeit und Steinfunde zweier Pflaumenarten im Obstweihefund aus dem Mithraskult im Keller einer Kriegsruine am heutigen Tummelplatz zu Linze zeigen die lange Geschichte der Zwetschken und ihrer Verwandten in unserer Region.

Zwetschken gehören seit jeher zu unserer Kulturlandschaft. Beschreibungen zu den vielen Arten und Sorten und den anverwandten Primitivpflaumen sind schwierig zu verfassen. Die Vielfalt ist zu groß. Auch werden durch permanente Forschungen und moderne Untersuchungsmethoden von Pflanzenteilen und Früchten immer wieder neue Erkenntnisse erlangt, die die bisherige Ordnung umstoßen und verändern. Ich beschränke mich hier auf die Vorkommen meiner Heimat im Naturpark Attersee-Traunsee, der auch als das Zwetschkenreich bezeichnet wird. Noch in den 1940er-Jahren gab es zum Teil bis zu 1.000 Obstbäume in der Pfarrhofwirtschaft, der Großteil davon Zwetschken und ihre Anverwandten. Einige Arten aus der Zwetschken- und Pflaumenfamilie sind wurzel- und kernecht, das bedeutet, sie können sich selbstständig ohne des Menschen Hilfe vermehren.

Den Früchten aller Vertreter dieser großen Familie gemeinsam sind **Inhaltsstoffe,** wie Mineralstoffe und Spurenelemente, Riboflavin, Niacin, Carotinoide, Eisen, Kalium, Kalzium, Magnesium, Zink, das Provitamin A und Vitamin C. Zwetschken mit ihrem hohen Fructoseanteil sind Stoffwechselanreger und schnelle Energielieferanten. Weiters enthalten die Früchte eine ganze Reihe von B-Vitaminen und Pektine.

HIER NUN EINE AUFZÄHLUNG VON BÄUMEN UND IHREN FRÜCHTEN, UM ETWAS VERWIRRUNG ZU STIFTEN

Die Echte Zwetschke *Prunus domestica ssp domestica* als bestbekanntes Familienoberhaupt und ihre Verwandtschaft der Primitivpflaumen bestehen hierorts im Naturpark Attersee-Traunsee aus:

- der Echten Krieche *Prunus insititia*, die es wahrscheinlich schon vor der Echten Zwetschke gab,
- dem Bidling *Prunus domestica ssp praecox*, seine Entstehungsgeschichte ist bislang rätselhaft,
- der Pemse *Prunus domestice ssp versicolor*, ihre Herkunft ist ebenso unklar,
- der Punze *Prunus rotunda* – auch ihre wahre Herkunft ist noch nicht erforscht,
- dem Roten Spilling *Prunus pomariorum,* entstand vermutlich aus einem Techtelmechtel der Rotzwetschke mit der Kirschpflaume,
- der Rotzwetschke *Prunus oxycarpa*, die aus einer Kreuzung der Zwetschke mit der Krieche entstanden sein könnte,
- der Ziparte *Prunus prisca*, die das Ergebnis einer Liaison zwischen Echter Krieche und Kirschpflaume sein könnte und
- dem Zwispitz *Prunus bisacuminata*, der vermutlich ein Kind von Rotzwetschke und Kirschpflaume ist.

Und um jetzt die Verwirrungen zu den Primitivpflaumen aus dem Weg zu räumen, eine Erzählung, die sich jüngst im Naturpark zugetragen hat.

ZWETSCHGOMORRHA

„Na Pemsdinazl, einen dritten Sturm halte ich nicht mehr aus. Gerade noch einmal gut

Roter Spilling © Ursula Asamer

gegangen, dass ich am Baum bleiben konnte. Ich muss bei meiner Verwandten in Neißing anrufen, ob eh alles in Ordnung ist bei ihr!", schreit die chicke Pemse, richtet sich die Blätter ums Gesicht neu an und versucht, sich nach dem Sturm letzte Nacht wieder schmuck zu präsentieren. Nachdem sich ihre Sommersprossen im sonnig heißen Sommer heuer stark vermehrt haben, versucht sie, diese mit einer neuen Blattfrisur so gut wie möglich zu verdecken. An Gewicht hat sie auch wieder zugelegt und es kommen auch schon Stimmen aus dem Naturpark, die dicke Pemse in Weyregg hätte Beauty-Sorgen.

„Du immer mit Deinem Gejammer, gib Ruh in der Früh!", kommt es vom Zipachtl Zwispitz, der sich so früh am Morgen gestört fühlt. „Ja klar, Du bist nicht ausgeschlafen, hast Du wieder Liebespaare beobachtet die ganze Nacht? Du bist der größte Spanner weit und breit!", keift Miss Pemsola sofort zurück. „Geh bitte, ich habe auch einen entfernten Verwandten in Steinbach und weiß auch nicht, ob ihm heute Nacht was passiert ist, aber deswegen muss ich doch nicht alle aufwecken, gähnt der Zipachtl Zwispitz und versucht, weiter zu schlafen. „Dass ihr immer so laut sein müsst, es ist noch viel zu früh für mich!", meldet sich der Bidling etwas säuerlich zu Wort. „Na, Du Eierpflaume hast es je wirklich nötig, auch noch Deinen Senf dazu geben zu müssen, hast keine Ahnung, wer Du bist und was Du bist, aber mitreden willst Du!", faucht Frau Punze zum Bidling hinüber. „Da redet die Richtige, weißt Du denn, wo Du herkommst?", lautet sofort die Gegenfrage des Bidlings an die Punze.

Frau Punze muss sich eingestehen, dass er Recht hat und einen sehr wunden Punkt bei ihr getroffen hat, da sie ja wirklich nicht weiß, wer ihre Eltern waren. Sie verzieht sich hinter die Blätter und will sich nicht weiter an der Morgendiskussion beteiligen.

Man wird abgelenkt, als die Echte Zwetschke einen Warnruf loslässt: „Achtung, da kommt wieder so ein Trupp mit langen Baumscheren und Erntekörben. Halten wir uns ruhig, viel leicht übersehen sie uns ja und zwicken nicht wieder an uns herum." „Ist das der, der immer im Frühling die Blüten rupft?", fragt die Kirschpflaume neugierig. „Nein, das ist der, der schon voriges Jahr da war und Blätter mitgenommen hat von uns allen, ich glaub, er ist aus Niederösterreich." „Und was hat er mit den Blättern gemacht, der Niederösterreicher?" „Was ich weiß, haben sie die zerschnitten und wollten da geheime Beziehungen in unserer Familie aufdecken, Vaterschaftstests quasi." „Ein Voyeur also, der in unseren Schlafzimmern spechteln will", meint die Hauszwetschke etwas irritiert. „Genau, aber wir lassen uns nicht zuschaun und darum werden sie wahrscheinlich nie draufkommen, dass die Kipfla und Frau Rotzwe ein Techtelmechtel hatten." „Waaas?", ruft entsetzt der Zwispitz: „Die Kipfla und die Rotzwe? Wer hätte das gedacht! Ein ungleiches Paar, aber Gegensätze ziehen sich halt an, und wo die Liebe hinfällt, weiß man vorher eben nie."

Die Rotzwe beginnt zu heulen und holt zum Outing aus, sie ist fertig und muss es nun endlich loswerden: „Ja, es könnte sein, dass ich und die Kipfla einen gemeinsamen Sohn haben", gesteht Frau Rotzwe. „Und wo ist der? Warum haben wir das nie erfahren?", fragt Miss Pemsola. „Unser Sohn heißt Roter Spilling und lebt am Grasberg auf der anderen Seite des Naturparks. Er hat es gut dort, wo er ist, und er sollte seine Ruhe vor Euch haben. Ich bin nur eine halbe Zwetschke, das habt ihr mich deutlich spüren lassen, und darum sollte Spilling ganz beschaulich dort am Grasberg aufwachsen können. Er hat auch den Namen Spenling angenommen und genießt sein Dasein drüben bei Altmünster." „Ja, die Kipfla ist in vielen Betten unterwegs, was man so hört, da wird viel gemunkelt." macht sich die Punze noch einmal wichtig. „Aber von mir kommt das nicht, ich sag's nur nach, dass die Kipfla auch mit dem Schwarzdorn die echte Krieche gezeugt haben soll. Und die echte Krieche sich vielleicht dann auch noch einmal ins Bett der Kipfla gelegt hat. Das Ergebnis soll die Prisca Ziberl sein. Aber das sind uralte Geschichten aus der Steinzeit, das ist alles verjährt, da kann man keine Alimenteforderungen mehr stellen. Alles Schnee von gestern."

Mistress Prisca Ziberl hat es immer schon geahnt, dass die echte Krieche näher verwandt sein könnte, aber dass die Kipfla angeblich auch mit dabei war, das hat sie nun doch etwas mitgenommen. Sie ist sehr still und hört weiter zu. Die Echte Zwetschke setzt noch was drauf: „Fragt doch die Prisca Ziberl nach ihrer griechischen Urlaubsliebe der Cocomilia! Da ist auch nicht alles koscher mit den beiden! Und außerdem ist meines Wissens nach noch jemand zum zweiten Mal im Bett der Kipfla gelandet. Alte Liebe rostet eben nicht!"

Die Kipfla meint noch in Richtung Frau Rotzwe: „Dein Geständnis war völlig unnötig, denn beweisen können sie uns bisher gar nichts, außerdem warst Du ja gar nicht sicher, ob ich wirklich für den Spilling verantwortlich bin!"

„RUHE!", kommt es plötzlich laut aus der Richtung des Pfarrheims. „Ui, der Schwarzdorn da hinten ist böse geworden!", flüstert die echte Krieche, die etwas kleinlaut geworden ist. Sie beschwichtigt die Streithähne mit dem Ast, auf dem sie hängt, und schenkt sich einen Sliwowitz ein, der heuer wieder ausgezeichnet schmeckt. „Ihr alle wärt nicht hier", ruft der Schwarzdorn weiter, „wenn nicht ich und die Kirschpflaume einmal etwas miteinander gehabt hätten, es gäbe euch einfach nicht. So schaut's aus. Und darum ist jetzt Schluss mit Zwetsckenzickenkrieg im Naturpark!"

Ein bisschen wird noch getuschelt nach der Zurechtweisung vom Schwarzdorn, dann hängt jeder seinen Gedanken nach und es wird wieder ruhig im Zwetschkenreich. Also, was wir heute Morgen alles erfahren haben, Sodom und Gomorrha. Aber die Verwandtschaft kann man sich ja bekanntlich nicht aussuchen. Es wird ein ernstes Gespräch mit den Bienen und dem Wind geben müssen und wir dürfen nicht mehr wegschaun, was unter der Erde rund um uns mit unserem Nachwuchs geschieht, aber das hat Zeit bis zum nächsten Frühling ...

© Ursula Asamer 2017

Verarbeitungen und Rezepte in den Kapiteln: *Baumkosmetik*, S. 177, *Volksheilkundliche Baumapotheke*, S. 156, *Beinahe für die Ewigkeit*, S. 49, *Rauchzeichen und Aschereifung*, S. 55.

Seide, mit Schlehensaft gefärbt, fermentierter Schlehentabak, Zwetschkenholzkugeln

© Mona Lorenz

NOCH MEHR ROSENGEWÄCHSE

VON ASPERLN UND MISPELN

Die Deutsche Mispel *Mespilus germanica*, der Name kommt vermutlich vom griechischen *Mespilom*, da diese Obstsorte schon in der Antike und im Süden des heutigen Europas bekannt war. In manchen Gegenden werden sie Steinäpfel genannt, da sie vor der Reife sehr hart sind.

Mispeln sind apfelähnliche Früchte, die sehr spät im Jahr reifen. Sie brauchen den Frost und eine längere Lagerzeit zum Abbau von Frucht-

säuren. Erst dann werden sie weich und verlieren den bitteren Geschmack der Gerbstoffe. Ende Oktober und im November kann man sich dieser nur mehr sehr selten vorkommenden Früchte erfreuen.

Inhaltsstoffe: Zucker, Stärke, Vitamin-C-Bomben, Eisen, Kalium, Kalzium, Pektin, Tanningehalt: ca. 2,6 %.

Sie sind für ihre entzündungshemmende, harntreibende, zusammenziehende Wirkung bekannt. Sie regen die Darmtätigkeit an und sollen blutreinigend wirken. Früher wurden sie gegen Abmagerung und Muskelschwund verabreicht.

Mittelalterliche Mägen kannten diese Früchte aus dem Alltag.

Mispelmarmelade, Mispelchutney, Likör, Musrezepte wie auch der gebrannte Schnaps aus den Früchten sind bei Kennern sehr geschätzt.

Moderne phylogenetische Untersuchungen bringen die Mispel in die unmittelbare Verwandtschaft des Weißdorns.

Als regulierendenden **Helfer in der Volksmedizin** empfahl Hildegard von Bingen die Mispeln bei Blasen- und Nierenproblemen. Rohe Mispeln haben einen festigenden stopfenden Effekt bei Durchfall. Gekochte Mispeln wirken stuhlerweichend bei Verstopfung.

Weitere Verwendung von Blättern und Rinde/Borke gibt es beim Gerben von Leder.

Rezepte in den Kapiteln: *Baumkosmetik*, S. 177, *Essig*, S. 127.

BIRNENBAUM
Pyrus communis

Heute finden sich mehrere Hundert Kulturbirnen in unseren heimischen Gärten. Eine botanische Besonderheit gibt es bei den mit langen Sprossdornen ausgestatteten Birnenbäumen. Sie werden nie von Misteln besiedelt. Der Birnbaum bringt die Wurzelsenker der Mistel zum Absterben, der Halbschmarotzer stirbt ab.

Die Holzbirne *Pyrus pyraster*, eine vermutliche Urform der Birne, findet man nur noch sehr selten. In der Volksheilkunde haben Zubereitungen aus der Birnenfrucht den Ruf, kühlend und harntreibend wie auch immunsystemstärkend zu wirken.

Inhaltsstoffe, wie Flavonoide, Pektin, Tannine, Mineralsalze, Kohlenhydrate, organische Säuren und Vitamin C, machen Birnen zu gesundem Obst. Wie bei den Mispeln sind Wildbirnen erst nach dem ersten Frost oder nach längerer Lagerung gut verwertbar.

Altbekannt sind auch Kletzenbirnen, die in weihnachtlichem Backwerk nicht fehlen dürfen. Regionale, spät reifende süße Birnen unterschiedlicher Sorten werden als ganze Frucht in eigenen Dörrhäuschen getrocknet und konserviert. Ob auf süße oder saure Art verarbeitet, Birnengerichte erfreuen den Gaumen auf vielfältige Weise.

Die Erfahrungsmedizin der Volksheilkunde kennt die Birne seit jeher. Schon Hildegard von Bingen verwendete gekochte Birnen bei Kopfschmerzen und Verdauungsproblemen. Unreife Birnen sollen Durchfall eindämmen und reife Birnen regulieren die Verdauung.

Bei Bluthochdruck hat sich Birnensaft als regulierend erwiesen. Birnenblätter- und Blütentee finden wir bei den Fastentees. Der Wirkstoff Arbutin wirkt antibakteriell und positiv auf Harnblase und Nieren. Der in den Birnen vorhandene Fruchtzucker geht bei Genuss der Früchte langsam ins Blut über und reguliert so den Blutzuckerspiegel.

Das Holz des Birnbaumes wird in der Kunsttischlerei hochgeschätzt und als heimisches Ebenholz bezeichnet.

Erwähnungen in den Kapiteln: *Volksheilkundliche Baumapotheke*, S. 156, *Beinahe für die Ewigkeit*, S. 49, *Die Würze des Lebens*, S. 123, *Essig, Öle*, S. 127, *Fastenkost*, S. 34, *Moderne Nahrungsergänzung*, S. 42, *Verführerisches Süßes*, S. 150.

KIRSCHBÄUME UND WEICHSELN

Allerlei Prunusarten

© Archiv Landwirt

© Archiv Landwirt

Zahlreiche Süß- und Sauerkirschenarten *Prunus cerasus* erfreuen unsere Gaumen im frühen Sommer. Als Urform und zumindest teilweise Vorfahre der Kirschen kennen wir die Vogelkirsche *Prunis avium*.

Die bisher bekannten Inhaltsstoffe von Kirschfrüchten reichen von Vitaminen und dem Provitamin A über Fol- und Kieselsäure, Kalium, Kalzium, Phenole, Phosphor, Zink, Magnesium, Eisen bis zum Schlafhormon Melatonin und haben allesamt eine förderliche Gesundheitswirkung. Die Sauerkirschen, auch Weichseln genannt, gehören zu den natürlichen Gute-Nacht-Spendern, deren bioverfügbares Melatonin Schlafruhe schenkt.

Auch die entzündungshemmende Wirkung der rot- bis schwarzfarbenen Kirschen ist seit der Antike bekannt.

Der Wirkstoff D-Clucuronsäure im Kirschgummi, der Verwundungsflüssigkeit der Kirschbäume, steht auch als Substanz zur Verbesserung der körperlichen Entgiftung im Rahmen des Stoffwechsels zur Verfügung.

Erste Funde aus der Jungsteinzeit verweisen ebenfalls auf die lange Tradition von Kirschbäumen.

Auf Rinden von allen Prunusgewächsen zeigen sich Lentizellen, die durch Zerreißung der obersten Rindenschicht entstehen. Daran sind Kirschbäume auch unbelaubt gut zu erkennen.

Die Volksmedizin der Kirschen und Weichseln ist keine bittere, sondern durchaus süß und wohlschmeckend. Auch von einer positiven Wirkung auf die Knochendichte wird gesprochen.

Das rötliche Holz des Kirschbaumes wird als sündiges Holz bezeichnet und soll als Schlafzimmereinrichtung die Lust anregen.

Barbarazweigerl von der Kirsche dienen als Liebesorakel. An den Zweigen werden Zettel mit den Namen der Auserwählten befestigt und dann gewartet an welchem Zweig sich die ersten Blüten öffnen ...

Eine **Verräucherung** der Kirschblüten und der Rinde ist eine sündige Räucherung. Mit der Kirsche fallen Hemmungen und es kann leichter angebandelt werden. Die Räucherung bringt schüchterne Liebhaber dazu, sich mutiger in Sachen Liebe zu zeigen.

Die kulinarische Verwendung der Kirschen ist vielfältig und sehr schmackhaft, gleich in welcher Art der Zubereitung.

Rezepte in den Kapiteln: *Volksheilkundliche Baumapotheke*, S. 156, *Beinahe für die Ewigkeit*, S. 49, *Flüssiges*, S. 134, *Rauchzeichen und Aschereifung*, S. 55, *Soim und Schmier*, S. 162, *Und sonst noch Wichtiges*, S. 186.

DIE QUITTE

Cydonia oblonga

Ein Rosengewächs, das schon im 16. Jh. in Naturschriften beschrieben wurde, beschenkt uns mit einzigartigen Früchten.

Von der wunderbaren Quitte sind alle Teile der Frucht verwendbar. Der in hoher Dosis vorhandene **Inhaltsstoff** Pektin bewirkt eine Anregung der Verdauung und beruhigt gleichzeitig durch Schleimstoffe Schleimhäute und Magen. Auch die Mineralien und Vitamine der Quittenfrucht können durch die sanfte Heilwirkung auf den Darm sehr gut aufgenommen werden.

Als aphrodisierende Liebesfrucht wurde die Quitte in früheren Zeiten im Hochzeitsgemach als Raumbedufter verwendet. Und so manche Braut biss in der ersten gemeinsamen Nacht mit dem Gatten dann auch in den sauren Apfel, der eine Quitte war.

Rezepte in den Kapiteln: *Baumkosmetik*, S. 177, *Flüssiges*, S. 134, *Und sonst noch Wichtiges*, S. 186, *Verführerisches Süßes*, S. 150.

Quitten © Ursula Asamer

ALLES IST IRGENDWIE EINS – DIE SORBUSARTEN

Die Gattungen der weltweit um die 100 bekannten Sorbusarten und deren Hybriden sind botanisch schwierig zu bestimmen und zu unterscheiden, daher sind einige dieser durchaus erwähnenswerten Kollegen hier gesammelt erwähnt. Über 60 Schmetterlingsarten, darunter auch das Blausieb, nutzen die Bäume aus dieser Pflanzenfamilie als Heimat.

Namensherkunft: Der Ausdruck *Sorbus* kommt vermutlich aus keltischer Zeit und bedeutet so viel wie herb. Andere Quellen nennen den Wortstamm *sor* für Mehl. Alle diese Gewächse eint der hohe Gerbstoffgehalt in ihren Früchten. Als Mehlbeeren werden eine große Anzahl von Früchten unterschiedlicher Arten von Bäumen aus der Sorbusfamilie bezeichnet. Sie gehören der großen Pflanzenfamilie der Rosengewächse an.

Die **Inhaltsstoffe** der Sammelbalgfrüchte, die eine spezielle Form der Apfelfrüchte sind, ähneln einander. Es sind Kohlenhydrate, Zuckerarten, Gerbstoffe, Bitterstoffe, das Provitamin A, die Vitamine C und E, B-Vitamine, Carotinoide, Rutin, Eisen, Fruchtsäuren. Der hohe Säuregehalt der Früchte fungiert als Stabilisator für das Vitamin C wie auch die enthaltene Sorbinsäure konservierend wirkt.

Auch **volksheilkundlich** gleichen sich die Anwendungen. Generell lindern Zubereitungen aus den Früchten mit ihren hohen Gerbstoffanteilen Unpässlichkeiten des Magen-Darm-Traktes. Tees aus Blüten und Blättern sind ebenfalls altbewährt bei Magen- und Verdauungsbeschwerden wie bei Erkrankungen der Atemwege. Trockenfrüchte sollen das Immunsystem stärken, lindern bei Husten und Heiserkeit und mildern die Symptome bei Erkrankungen des rheumatischen Formenkreises.

Nachstehend noch einige spezifische Merkmale zu einzelnen Arten.

VOGELBEERE - DIE GEWÖHNLICHE EBERESCHE

Sorbus aucuparia – die Zitrone des Nordens

Die Süße Mährische Eberesche *Sorbus aucuparia var. Edulis* ist die Variante mit entbitterten Früchten.

NAMENSHERKUNFT

Die heutige Bezeichnung Eberesche könnte daher stammen, dass die Eberesche der Esche auf den ersten Blick ähnelt, aber doch ein anderer Baum ist, also eine „Aberesche".

DIE EBERESCHE UND IHR UMFELD

Die Esche gehört botanisch auch einer anderen Pflanzenfamilie an, die Unterschiede sind bei genauerer Betrachtung dann doch groß. Der Ebereschenbaum gilt als robust und verträgt schädigende Umwelteinflüsse recht gut, kann von strauchartig bis zu einer Baumhöhe bis 15 m wachsen und an die 100 Jahre alt werden. Die Baumkrone bleibt stets offen und licht.

Die Eberesche mit ihrem weitverzweigten stabilen Wurzelwerk wird gerne als Hangsicherungsbaum angepflanzt.

Der Namenszusatz *aucuparia* könnte so viel wie Vogelfänger bedeuten, da die Spatzenkirschen, oder auch Amselsang genannt, bei vielen Vögeln äußerst beliebt sind und Beeren und die Zweige in früheren Zeiten für Vogelfangzwecke genutzt wurden. Der herb-bittere Geschmack der Vogelbeeren ist eine natürliche Dosierhilfe!

Wegen des hohen Pektinanteils in den Früchten kann auf Gelierzucker bei der Marmeladenherstellung großteils verzichtet werden. Ebereschenbeeren sollen die Bitterkeit durch Einfrieren oder durch Einlegen in verdünnten Essig über 24 Stunden verlieren. Die bittersüße Marmelade ist als Beigabe zu Käse ein besonderer Genuss.

INHALTSSTOFFE

Die Vogelbeeren strotzen vor Mineralstoffen, Spurenelementen und Vitaminen bei geringer Kalorienzahl.

Vorsicht ist geboten beim Inhaltsstoff Parasorbinsäure, der vor dem Genuss unbedingt durch Erhitzen oder Trocknen umgewandelt werden muss.

Bei Zubereitungen ist darauf zu achten, dass die Kerne sanft durch Passieren durch Siebe herausgenommen werden. Ein Zerkleinern aller Kerne durch Hackgeräte oder Passierstäbe beschädigt sie, es kann das in den Kernen gering vorkommende Blausäureglykosid in Verbindung mit Sauerstoff zu Blausäure werden. Man würde dies durch einen Geschmack nach Mandeln wahrnehmen.

IN DER VOLKSHEILKUNDE

Ebereschenbeeren wird ein Sorbitgehalt von bis zu 13 % nachgesagt, sie sind somit als Beikost oder Würzmittel für Diabetiker sehr zu empfehlen. Sorbose ist in zahlreichen diätetischen Produkten beinhaltet.

Vogelbeeren, als Magenbitter verarbeitet, regen die Verdauung auf angenehme Art an. Zur allgemeinen Kräftigung und Unterstützung bei schulmedizinischen Therapien unterstützt der Absud von Vogelbeeren, Blüten und Blättern. Die Wirkstoffe in den Vogelbeeren können auch das Ausscheiden von Nierengrieß begünstigen.

Das **Gemmotherapeutikum** kommt bei Rheuma als Entzündungshemmer, zur Regulation der Schilddrüse, zur Anregung der Gallen- und der Lebertätigkeit und bei Gefäßerkrankungen zum Einsatz. Es unterstützt Menschen beim Wiedererreichen einer positiven Lebenseinstellung.

Als heilige Schutzpflanze hat die Vogelbeere auch eine Tradition beim **Verräuchern:** Rindenteile von Zweigen und getrocknete Beeren im Rauch sollen Ungemach vom Haus fernhalten wie auch Wohlstand zum Haus bringen.

Mit dem Beifuß im Bündel an der Stalltüre schützt die Eberesche die Tiere vor Krankheit und Unglück.

Handgemachte Butter gelingt immer, wenn das Rührwerkzeug aus Ebereschenholz gefertigt ist.

Rezepte in den Kapiteln: *Volksheilkundliche Baumapotheke*, S. 156, *Die Würze des Lebens*, S. 123, *Essig*, S. 127, *Moderne Nahrungsergänzung*, S. 42.

ELSBEERE

Sorbus terminales

Die schöne Else, heimisch und doch exotisch, wird als das größte aller heimischen Rosengewächse bezeichnet. In der freien Landschaft könnte der Standplatz eine althergebrachte heilige Stätte aus der Keltenzeit sein.

NAMENSHERKUNFT

Der botanische Namenszusatz *torminalis* weist auf die Wirkung der Baumfrüchte hin. *Tormina*, den Bauch betreffend, beruhigen diese Früchte den Magen-Darm-Bereich und stoppen Bauchkrämpfe und Durchfall. Auch die regionalen Bezeichnungen Ruhrbirne oder Darmbeere weisen darauf hin.

DIE ELSBEERE UND IHR UMFELD

Die Elsbeerbäume sind selten in unserer Landschaft zu finden, sie werden bis zu 25 m hoch und können bei guten Bedingungen ein Alter von 300 Jahren erreichen.

Die Blätter ähneln Ahornblättern. Die im Herbst von leuchtend orange bis blutrot gefärbten, beerenähnlichen Früchte sind ein Hingucker. Die Blüten im Frühling sind von großer Bedeutung für eine Vielzahl von Insekten und Bienen.

In der niederösterreichischen Elsbeerenregion im östlichen Wienerwald werden die Früchte zu hochwertigem Schnaps, dem Adlitzbeerbrand, verarbeitet. Dieser Brand wird als König unter den Schnäpsen bezeichnet.

Ortsbezeichnungen, wie Adlitzgraben, im südlichen Niederösterreich zeugen vom Vorkommen der Elsbeere.

Auch Mus und Marmelade haben einen ganz besonderen kulinarischen Reiz. Likör und Sirup sind als Vitaminbomben für den Winter lange haltbar.

VOLKSHEILKUNDLICHE VERWENDUNG

Der vitaminreiche, immunsystemstärkende Tee aus den Trockenfrüchten hat sich in Erkältungszeiten bewährt. Austauschmehl aus den getrockneten Elsbeeren kann wie auch andere Mehlbeermehle genutzt werden. Auch das Holz der Elsbeere wird ähnlich dem des Speierlings hochgeschätzt und sehr teuer gehandelt.

Verwendungsvorschläge in den Kapiteln: *Volksheilkundliche Baumapotheke*, S. 156, *Moderne Nahrungsergänzung*, S. 42.

MEHLBEERBAUM

Sorbus aria

© M. Schuppich/Shutterstock.com

Die robusten Mehlbeerbäume werden als die Outdoor-Staubsauger unserer Breiten bezeichnet, da ihre behaarten Blattunterseiten Straßenstaub gut binden.

Die filzige Blattunterseite hat dem Baum auch den alten regional verwendeten Namen Weißlaubbaum eingebracht.

Heutzutage werden sie von Gärtnerhand gerne als Schattenspender auf Parkplätzen und als Straßenbegleiter gepflanzt.

Ihre Blüten im Frühjahr und vor allem die roten Früchte des Herbstes sind willkommene Farbtupfer an der Seite von grauen Asphaltwüsten.

Schriftliche Erwähnungen der Mehlbeeren findet man aber schon in vorchristlicher Zeit. Wie der Name der Mehlbeere schon aussagt, ist der Geschmack der Früchte mehlig, herb bis leicht bitter und sie werden daher auch getrocknet zu Streckmehl vermahlen, welches in Brotrezepten Verwendung finden kann. Geerntet werden die Früchte spät im Herbst, am besten nach dem ersten Frost.

Das aus den Früchten gewonnene Fruchtpulver/-mehl kann vielfältig eingesetzt werden.

Fruchtaufstriche und Marmeladen überzeugen mit ihrem einzigartigen zarten Birnen-Mandel-Marzipan-Geschmack und sind eine willkommene Abwechslung.

Mehlbeeren wurden in Notzeiten nach Kriegen als nahrhafter Babybrei verwendet.

In der Mehlbeere findet man je nach Zubereitungsart viele Aromen anderer Früchte und daher passt sie als Begleitung zu vielen Speisen.

Verwertungsvorschläge in den Kapiteln: *Verführerisches Süßes*, S. 150, und *Moderne Nahrungsergänzung*, S. 42.

SPEIERLING

Sorbus domestica

© Maleo/Shutterstock.com

Eine weitere Sorbusart ist der Speierling, der eine absolute Rarität und eine uralte heimische Obstart ebenfalls aus der Pflanzenfamilie der Rosengewächse ist. Erste Erwähnungen dieses Obstes gab es bereits von Theophrastus um 300 v. Chr. Alte Namen sind Spierapfel oder Sperberbaum. Diese Bäume können bis zu 20 m hoch und mehrere Hundert Jahre alt werden. Der Speierling kann leicht mit dem Vogelbeerbaum verwechselt werden.

NAMENSHERKUNFT

Sein Name könnte von der vermehrten Speichelbildung beim Genuss der Früchte herrühren. Das Wildobst Speierling fand und findet Verwendung bei der Apfelmostherstellung wie auch Wein oder Essig daraus hergestellt werden können.

INHALTSSTOFFE

Die Inhaltsstoffe der unreifen Früchte tragen zur Klärung von Most und längerer Haltbarkeit bei. Die Früchte gleichen Äpfeln wie auch Birnen, der Geschmack im überreifen Zustand belegt aber, dass der Speierling eine andere Frucht ist.

In deutschen Landen wird ein Getränk aus ihm hergestellt, der spezielle Äpplewoi, weit über die Grenzen hinaus bekannt.

Die Apfelbirnen werden zu Marmelade, Mus, Likör verarbeitet oder zu süßsauren Varianten nach regional unterschiedlichen Rezepten verwertet.

Das Holz wird gerne für Drechslerarbeiten in der Möbelherstellung wie auch im Musikinstrumentenbau verwendet. Hochwertige Furniere aus dem schwergewichtigen, sehr harten Speierlingsholz wird als Schweizer Birnbaum sehr teuer gehandelt. In früheren Zeiten wurden Äste als Blitzschutz auf Hausgiebeln befestigt.

Alles in allem ist er ein hochgeschätzter Speiselaubbaum, der jedoch schon sehr selten geworden ist.

In der **Gemmotherapie** hilft er bei venösen, ödematösen Störungen und bei der Nachbehandlung von Venenentzündungen.

Zubereitungs- und Verwendungsvorschläge im Kapitel: *Volksheilkundliche Baumapotheke*, S. 156.

SANDDORN - DER ALLROUNDER

Hippophaea rhamnoides aus der Familie der Ölbaumgewächse *Elaeagnaceae*

© LeVo/Shutterstock.com

Sunny_Smile/Shutterstock.com

NAMENSHERKUNFT

Man kann davon ausgehen, dass sich der heutige Name des Sanddorns vom altgriechischen *Hippos*, was so viel wie Pferd bedeutet, und die Silbe *phaeas*, lichtvoll, glänzend, ableitet. *Rhamnoides* bezeichnet Gewächse mit Dornen. Sanddornbeeren wurden in früheren Zeiten als Pferdefutter für glänzendes Fell verwendet. Auch der deutsche Name sagt viel über seinen Standort aus. Der Sanddorn gedeiht auf kargem, sandigem Boden.

ALTE UND REGIONALE BEZEICHNUNGEN DES SANDDORNS

Rote Schlehe, Fasanenbeere, Sandbeere, Zitrone des Nordens, DDR-Zitrone, Audorn, Weidendorn.

DER SANDDORN UND SEIN UMFELD

Der Sanddorn gilt mit all seinen wertvollen Inhaltsstoffen als Anti-Aging-Pflanze, die ihren Ursprung in Asien haben dürfte, aber seit mehr als 2.000 Jahren in Schriften zu Heilpflanzen zu finden ist.

Er ist zweihäusig, das heißt, wenn man Beeren ernten möchte, benötigt man eine männliche und eine weibliche Pflanze. Die weiblichen Pflanzen sollten immer in der Hauptrichtung des regional vorherrschenden Windes gepflanzt werden, damit eine gute Bestäubung gewährleistet ist.

Als Tiefwurzler befestigt er lockeres Erdreich auf Böschungen und Dämmen. Die leuchtend orangen Beeren sind bei vielen Vogelarten sehr beliebt.

DAS GIBT ES AUCH

Sanddornzubereitungen gehören zu den heimischen Aphrodisiaka und Liebesgewächsen. Aus den Blüten, Triebspitzen, Knospen und Beeren kann ein Liebeselixier hergestellt werden, wie auch die kulinarischen Verwertungsmöglichkeiten sehr vielfältig verführen.

Sanddornzubereitungen aus Blüten, Blättern und Beeren können in zahlreichen Kombinationen miteinander hergestellt werden.

Beim Sanddorn in seiner Heilkraft,
hat der liebe Gott an alles gedacht,
das den Menschen gesund macht.
(Ursula Asamer)

INHALTSSTOFFE

Bisher bekannte Inhaltsstoffe in den Teilen des Sanddorns: Vitamine C, E, F, P, Betacarotinoide, Provitamin A, B-Vitamine, auch Vitamin B_{12}, vor allem in den Schalen der Früchte, Gerbstoffe, fettes Öl, die Omega-7-Palmitoleinfettsäure, Antioxidantien, Mineralstoffe, Spurenelemente und vieles mehr …

ZU VERWENDENDE PFLANZENTEILE

Knospen, Blüten, Früchte, Blätter, Rinde, Wurzel.

Die ganzen basischen Sanddornbeeren konservieren sich aufgrund des hohen Vitamin-C-Gehaltes und der Kombination aus Inhaltsstoffen selbst. Das Ernten der Beeren soll händisch erfolgen, man kann die kurzen Stiele auch mit kleinen Scheren abschneiden, falls die Beeren zu weich sind, um sie einzeln schadlos zu ernten.

Praktischerweise enthalten Sanddornbeeren fettes Öl, das bei Einnahme zur besseren Verfügbarkeit von fettlöslichen B-Vitaminen, Carotinoiden und anderen Inhaltsstoffen führt. Die emulgatorischen Qualitäten des Sanddorns sind universell einsetzbar und empfehlen ihn auch zur Herstellung von kosmetischen Anwendungen.

Aufgrund des hohen Vitamin-C-Gehaltes konservieren sich die Beeren selbst.

SAMMELZEITEN

Knospen im Spätwinter, Blüten im Frühjahr, Blätter im späten Frühjahr, Früchte je nach Witterung von August bis Ende Oktober, die Blätter im Frühjahr, Rinde von Ästen und Wurzeln im Herbst.

DER SANDDORN IN DER VOLKSHEILKUNDE

Der Sanddorn kann als komplexes vitalisierendes und regenerierendes Volksheilmittel im Rahmen schwerer Erkrankungen körperlich Abbauprozesse abfangen. Er steht unter dem Ruf, ein Alleskönner zu sein, und wird auch in der schulmedizinischen Heilkunde sehr geschätzt. Sanddorninhaltsstoffe wirken auch antibiotisch, antiviral, blutreinigend, ausleitend, adstringierend und desinfizierend. Allgemein als Stärkungsmittel bei Schwäche und als Prophylaxe ist der Sanddorn eine bewährte Anti-Aging-Pflanze. Sanddornbeeren beinhalten das natürliche bioverfügbare Vitamin B_{12} und eine hohe Konzentration an Vitamin C, beides kann sehr gut im menschlichen Körper aufgenommen werden. Besonders in gesprenkelten Früchten ist das B_{12} eingelagert. Abkochungen aus den Triebspitzen, die natürlich sparsam zu ernten sind, wurden als Rheumabad und Waschungen bei Hautunreinheiten angewandt. Phytotherapeutische Anwendungen kräftigen Leber, Milz und Nieren.

Nur zwei Beeren pro Tag decken den Vitamin-C-Bedarf eines Erwachsenen. Als Sonnenschutz von innen schützen Sanddornzubereitungen vor schädigender UV-Strahlung. Der Sanddorn ist ein Alleskönner und wird in der Erfahrungsmedizin umfassend eingesetzt.

Als **Gemmotherapiemazerat** steht die Kraft des Sanddorns zur Stärkung des Immunsystems und bei Rekonvaleszenz, Regenerierung nach Krankheit, allgemeiner Schwäche und Altersschwäche und dem Nachlassen des Gedächtnisses ein. Es bietet Hilfestellung in Schocksituationen.

Als **Räucherung:** Sanddornräucherungen helfen gegen Stress und Erschöpfung, wie die Pflanze innerlich angewandt wirkt, so auch im Rauch. Ein Energiespender, der Blockaden löst und der Harmonie den Weg öffnet. Sanddornrinde im Speziellen ist für Entscheidungsfindungen ein guter Unterstützer.

Rezepte in den Kapiteln: *Baumkosmetik*, S. 177, *Volksheilkundliche Baumapotheke*, S. 156, *Die Würze des Lebens*, S. 123, *Essenzen*, S. 167, *Essig*, S. 127, *Fastenkost*, S. 34, *Flüssiges*, S. 134.

SCHWARZPAPPEL & CO.

Populus nigra aus der Familie der Weidengewächse *Salicaceae*

Silberpappel/Weißpappel *Populus alba*
Zitterpappel/Espe *Populus tremula*
Balsampappel *Populus balsamifera*
Lungauer Balsampappel *Populus trichocarpa Lungau*

NAMENSHERKUNFT

Die botanische Bezeichnung der Pappel *Populus* deutet darauf hin, dass die Pappel immer ein Baum der Menschen und des Volkes war, ihre Heilkräfte wurden schon sehr früh erkannt.

Alba bedeutet weiß oder hell, das *tremulus* der Espe bedeutet Zittern, das die Blätter der Espe, begleitet von einem Säuseln im Wind, zeigen. Der Zusatz *balsamifera* bedeutet so viel wie den Balsam liefernd, was von den balsamisch-duftenden, harzigen Knospen herrührt, der Name der Verwandten *Trichocarpa* kommt von ihren haarigen Früchten.

ALTE UND REGIONALE BEZEICHNUNGEN DER SCHWARZPAPPEL & CO

Löffelholz, Besenholz, Papierholz, Zitterpappel Espe, Aspe, Zitterbaum.

DIE SCHWARZPAPPEL UND IHR UMFELD

Die schnellwüchsige Schwarzpappel ist leider nur mehr selten in der freien Natur zu finden. Sie erreicht ein Alter zwischen 60 und 100 Jahren und kann bis zu 20 m hoch werden, Ausnahmen sind Wuchshöhen bis zu 40 m.

Bienen lieben das Harz der Knospen und verwenden es als Basis zur Herstellung von Propolis und Kittharz, das zur Desinfektion und zur Verteidigung gegen Eindringlinge in den Bienenstock verwendet wird. Die Störenfriede werden mit dem Harz mumifiziert.

Für Käseschachteln, Obstkisten, aber auch Teile von Musikinstrumenten findet Pappelholz Verwendung. Das Verpackungsmaterial Holzwolle wird meist aus Pappelholz gewonnen. Schleifholz in der Papierindustrie wie auch Zündhölzer sind meist aus Pappelholz hergestellt worden. Der hölzerne Kern von Snowboards kann das weiche Pappelholz enthalten.

Rüsselkäfer, Bockkäfer, der Pappelschwärmer, das Abendpfauenauge und noch weitere Insekten bevölkern die Schwarzpappel und andere Pappeln. Auch drei Arten von Borkenkäfer findet man auf der Schwarzpappel.

Die **Balsampappeln** (*balsamifera* und *trichocarpa Lungau*) seien hier als seit Jahrhunderten bekannte Heilbäume erwähnt. Das „Balsambamöl“ wird vielseitig volksheilkundlich, kulinarisch und in der Kosmetik verwendet.

DAS GIBT ES AUCH

Die Pappelwolle, die im Mai bei Samenreife der Pappeln anfällt, kann als Polster- und Deckenfüllung verwendet werden. Dies hat der Pappelwolle den englischen Namen Cottonwood eingebracht.

Das Wachs der abgefallenen Pappelblüten wurde im 19. Jh. zur Kerzenherstellung herangezogen.

Wie lieb' ich euch, leise schwankende Pappeln, Die ihr gesammelten Wuchses zum Himmel aufstrebt! Freilich wohl, erreicht ihr ihn nicht – aber hoch empor ragt ihr über niedres Gestrüpp nicht bloß und den verkrüppelten Fruchtbaum: Auch die mächtige Eiche, die schattenspendende Linde, lasst ihr unter euch. Und mit ihnen die dumpfen Wohnungen der Menschen, Deren kurzer Blick, dem Nützlichen zugewandt, nur selten an euch, den Nutzlosen, Empor sich hebt, indes ihr, weithin überschauend die Landschaft, Selig einsam die Häupter wieget im ewigen Äther.
(Ferdinand von Saar, 1833–1906)

INHALTSSTOFFE

Bisher bekannte Inhaltsstoffe in den Teilen: in den Knospen Salicin, Salicinderivate, Phenole, Populin, ätherisches Öl Humulin, Cariophyllen, Chrysin, Gerbstoffe, Harze, Kämpferol, in den Blättern Gerbstoffe, Flavonoide, in der Rinde ätherisches Öl, Flavonoide, Phenylglykoside, Tannine.

ZU VERWENDENDE PFLANZENTEILE

Die Knospen von der Triebspitze sind sehr sparsam zu verwenden! Blüten, Blatt, Rinde.

SAMMELZEITEN

Knospen ab Mariä Lichtmess am 2. Februar, Rinde sparsam von zweijährigen Ästen oder gefällten Bäumen im Erstfrühling, Blätter im Vollfrühling und Frühsommer für kulinarische Zwecke, im Hochsommer werden die Blätter gesammelt und getrocknet für Teezubereitungen und zum Vermahlen zu Mehl.

IN DER VOLKSHEILKUNDE

In der Volksheilkunde fand die innerliche Einnahme der Wirkstoffe der Pappel Verwendung bei Polyarthritis, Gicht, Rheuma und Prostataerkrankungen, äußeren Hämorrhoiden.

Mit äußerlichen Anwendungen wurden Wunden, Furunkel, Abszesse oder juckende Hautausschläge in Bädern, Auflagen und Waschungen gepflegt.

Pappelheilmittel stehen generell für Schmerzlinderung und Entzündungshemmung, die der Wirkstoff Salicin bewirkt, der auch als das grüne Aspirin beschrieben wird, das jedoch nur wenig gerinnungshemmend wirkt und mit der Acetylsalicylsäure nicht ident ist. Die Naturform des Inhaltsstoffes Salicin ist sehr gut magenverträglich und wird im Darm aufgespalten. Es unterstützt auch den Stoffwechsel.

Die Pappelwirkstoffe haben sich auch bei leichten Erfrierungen in Verarbeitung als Hauttherapeutikum bewährt.

In der **Gemmotherapie** wird das Pappelknospentherapiemittel bei Kopfschmerzen eingesetzt und findet als nierenanregendes Therapeutikum, zur Linderung von Hämorrhoiden und bei Thromboseneigung, Durchblutungsstörungen in den Beinen und zur Venenstärkung Verwendung.

Auch bei Entzündungen der Schleimhäute der oberen Luftwege, bei Bronchitis, Erkrankungen des Verdauungstraktes und vielem mehr hilft es.

Die Schwarzpappel unterstützt in großer Trauer und bei Verlustängsten.

Die **Bachblüte *Aspen*** aus den Blüten der Espe ist für Menschen mit unklaren Ängsten geeignet. Man kennt den Spruch *„Der Mensch zittert in seiner Angst wie Espenlaub"*. Wenn Menschen ihr Urvertrauen verlieren und von Albträumen und unerklärlicher Angst heimgesucht werden, hilft sie.

Als **Räucherung:** balsamisch duftende, beruhigende, die Intuition stärkende Wirkung, bei Stress und Unruhe leistet diese Knospenräucherung gute Dienste

Rezepte zur Schwarz- und Balsampappel in den Kapiteln: *Baumkosmetik*, S. 177, *Volksheilkundliche Baumapotheke*, S. 156, *Die Würze des Lebens*, S. 123, *Essenzen*, S. 167, *In der Früh*, S. 142, *Soim und Schmier*, S. 162, *Und sonst noch Wichtiges*, S. 186.

TANNE

Weißtanne *Abies alba* aus der Pflanzenfamilie der Kieferngewächse *Pinaceae*

© Andrzej Polak/Shutterstock.com

© Manfred Ruckszio/ Shutterstock.com

© Manfred Ruckszio/ Shutterstock.com

NAMENSHERKUNFT

Die Namensentwicklung der Tanne ist nicht zur Gänze erforscht, könnte aber vom altgermanischen *tan*, was so viel wie Feuer bedeutet, herrühren.

Die Tanne kommt schon in den Schriften des Plinius des Älteren aus dem 1. Jh. n. Chr. vor. In früheren Zeiten wurden Koniferen nicht unterschieden. Vermutlich bedeutete das germanische *danwö* das, was wir heute unter Wald verstehen. Das lateinische *alba* bedeutet weiß, hell.

In Gebirgsgegenden findet man Ortsbezeichnungen, wie Hochtannbergsattel, Tannbach oder die Taverne in der Thann, alles das sind Hinweise auf Tannenvorkommen.

ALTE UND REGIONALE BEZEICHNUNGEN DER TANNE

Weißtanne, Silbertanne, Edeltanne, Taxenbaum, Daxen oder Taxen war und ist die Bezeichnung für Nadelbaum. Wir finden diese Silben in zahlreichen Ortsnamen, was auf das Vorhandensein von Nadelbäumen bezeugt. Weiß- oder Silbertanne heißt sie wegen der hellen Rinde. Sie kann gut im Schatten anderer Bäume gedeihen. Die weißen Linien an der Unterseite der Nadelblätter sind Spaltöffnungen, mit denen der Baum die Verdunstung von Wasser regulieren und auf Trockenstress reagieren kann. Der botanische Unterschied zur Fichte ist leicht erklärt: Die Fichte sticht, die Tanne nicht.

DIE TANNE UND IHR UMFELD

Sie kann das stattliche Maß von 60 m Höhe und ein Alter von 600 Jahren erreichen. Die Wuchsform der Tanne wird als schmal kegelförmig mit waagrechten Ästen und einer Storchennestkrone beschrieben. Die Nadeln werden nach sieben bis elf Jahren gewechselt. Ein Erkennungsmerkmal sind auch die auf den Ästen stehenden Zapfen. Die Samen werden im Herbst und im Frühjahr abgeworfen. Das Harz der Tannen ist in Harzblasen in der Rinde enthalten.

25 Käferarten hat man bisher als Bewohner der Tanne gefunden. Eng an die Tanne gebunden sind einige Nachtfalter aus der Spannerfamilie. Weitere Groß- und Kleinschmetterlinge bewohnen den Baum. Wanzen, aber auch seltene Vögel, wie das Wintergoldhähnchen und die Tannenmeise, bevorzugen die vielfältigen Strukturen alter Tannenbäume.

DAS GIBT ES AUCH

Rehe lieben vor allem junge Tannenspitzen, aber auch ältere Astteile, die von Jägern als vitaminreiches Prossholz im Winter an die Wildtiere verfüttert werden.

Die Tanne als Weihnachtsbaum lässt Kinderaugen strahlen. Zu seinen Anfängen im 19 Jh. bestand die Dekoration aus selbst gefertigten Strohsternen, Papieranhängern, getrockneten Äpfeln, bemalten Walnüssen, Lebkuchen und vielem, was Haus und Hof hergaben. Erste Erwähnungen eines Weihnachtsbaumes als vorchristlicher Brauch stammen aus dem 16. Jh. Diese Bräuche hatten sehr regionale Bezüge.

Die Kirche lehnte heidnische Bräuche zwar ab, übernahm aber dieses Symbol und nutzte es, um die Menschen für den christlichen Glauben gewinnen zu können, letztendlich entstammt auch das heutige Weihnachtsfest mit dem festgesetzten Datum einem heidnischen Brauch.

Tannenbäume, die in Meernähe wuchsen, wurden zu stolzen Masten von Hochseesegelschiffen behauen.

Oh Tannenbaum, oh Tannenbaum,
wie treu sind Deine Blätter.
Du grünst nicht nur zur Sommerszeit,
nein auch im Winter, wenn es schneit.
Oh Tannenbaum, oh Tannenbaum,
wie grün sind Deine Blätter!
(Ernst Anschütz, 1780–1861)

INHALTSSTOFFE

Bisher bekannte Inhaltsstoffe in den Teilen der Tanne: Harze, ätherische Öle, Limonen, Pinen, Camphen, um die wichtigsten zu nennen, die auch für den Duft verantwortlich sind. In den Nadeln befinden sich auch Zucker, Säuren, Cumarine, Flavonoide und Gerbstoffe.

ZU VERWENDENDE PFLANZENTEILE

Frische Nadelblätter, Maiwuchs (Achtung, Wildernte nur an Ästen von mehrjährigen, größeren Bäumen, nie die Terminalknospe am Triebende eines Baumes abreißen!), Samen, Holz.

SAMMELZEITEN

Maiwipferl je nach Witterung Anfang Mai, die Samen, wenn erreichbar im Herbst.

IN DER VOLKSHEILKUNDE

Die Wirkung der ätherischen Öle aus allen Teilen der Tanne ist altbekannt bei Erkrankungen der unteren Atemwege. Selbst die Heilige Hildegard von Bingen schätzte die Tanne als Heilmittel, in ihren Schriften finden sich allerlei Rezepturen. Das klare Harz der Rindenblasen der Tanne war zu diesen Zeiten auch ein Wundheilmittel und im Mittelalter als Elsässer Terpentin hochbegehrte Handelsware. In mühsamer Sammelarbeit hoch auf den Bäumen wurden die Harztränen der Bäume angestochen und das Pech in Rinderhörnern gesammelt. Lungensanatorien befanden und befinden sich meist inmitten oder in der unmittelbaren Nähe von Wäldern.

Tannenspitzenwipferlsaft ist wohl jedem als volksheilkundliches Mittel in Erkältungszeiten bekannt. Die Tannennadeln werden für Tinkturen, Aufgüsse, Einreibungen, Inhalationen und als das Atmen erleichternder Badezusatz verwendet. Auch Harzsalben aus Zapfenharz werden hergestellt.

ZUR BEACHTUNG!

Die bisher ca. 55.000 bekannten volatilen Wirkstoffe wie Terpene und andere Inhaltsstoffe in Teilen von Nadelbäumen können bei gesunden Menschen gesundheitsfördernde Wirkungen für die unteren Atemwege haben. **Vorsicht ist geboten für Menschen, die an COPD, Keuchhusten, Asthma leiden, wie auch für Säuglinge, Kinder und Frauen während der Schwangerschaft und in der Stillzeit. Hier empfiehlt die Schulmedizin vom Gebrauch von Herstellungen von Fichte, Tanne, Lärche oder Kiefer Abstand zu nehmen.**

Bei chronisch obstruktiven Bronchialerkrankungen und anderen Dispositionen können die Anreize dieser Wirkstoffe gefährliche Situationen hervorrufen!

Die **Gemmotherapie** hilft bei schwindender Knochendichte, Rachitis, Zahnkaries, Knochenfrakturheilung, Nasen- und Rachenschleimhautentzündungen der Kinder, Gedeihstörungen der Kinder und als Tonikum für Kinder.

Als **Räucherung:** Die Verräucherung der Tanne mit ihrem balsamischen Geruch bringt Ruhe, Frieden und Wärme, auf Körperebene steigert sie die Durchblutung, ist keimtötend und im Erkältungsfall schleimlösend.

Verwendungsmöglichkeiten in den Kapiteln: *Baumkosmetik*, S. 177, *Volksheilkundliche*

Baumapotheke, S. 156, *Der Kas is bissen*, S. 47, *Die Würze des Lebens*, S. 123, *Essenzen*, S. 167, *Flüssiges*, S. 134, *Moderne Nahrungsergänzung*, S. 42, *O'zapft is*, S. 38, *Rauchzeichen und Aschereifung*, S. 55, *Soim und Schmier*, S. 162, *Und sonst noch Wichtiges*, S. 186.

ULME

Bergulme *Ulmus glabra* aus der Pflanzenfamilie der Ulmengewächse *Ulmaceae*

© Irina Borsuchenko/Shutterstock.com

© Alex prokopenko/Shutterstock.com

NAMENSHERKUNFT

Vermutet wird, dass sich Ulme ursprünglich aus dem Indogermanischen entwickelt hat und Farbgebungen wie Gelb bis Rötlich beschreibt. Der Ausdruck *Rüster* wurde erst für das gefällte Holz verwendet, das bei der Bergulme einen rötlichen Ton haben kann. Ulme verwendete man meist für den stehenden Baum.

Ortsnamen, wie Elmau, weisen auf das Vorhandensein von Ulmen hin.

ALTE UND REGIONALE BEZEICHNUNGEN DER ULME

Rüsterholz, Bergrüster, Weißulme, Elmen, Weinbeerbaum.

DIE BERGULME UND IHR UMFELD

Die belaubte Ulme ist an ihren großen, weich behaarten, asymmetrischen Blättern gut erkennbar. Sie kann ein Alter von 400 Jahren erreichen und gern und gut bis zu 40 m in die Höhe wachsen und gehört zu den Tiefwurzlern. Sie liebt das Klima der unteren Bergstufe.

Die Bergulme blüht ab März, noch vor dem Blattaustrieb. Ein Erkennungsmerkmal der Ulme sind die an der Basis unsymmetrischen, doppelt gesägten Blätter. Eine botanische Besonderheit sind die unscheinbaren zwittrigen Blüten an großen Flügeln. Sie betreiben schon im Vorfrühling Photosynthese und werden im Mai als reife Früchte vom Wind vertragen. Ulmen tragen nur jedes zweite Jahr Samen.

Das Holz vom Rüster, das als Kernreifholz bezeichnet wird, eignet sich als Möbel-, Furnier- und Parkettholz und wird auch von Drechslern gerne verarbeitet. Auch Gewehrläufe sind oftmals aus Ulmenholz gefertigt.

Der Rindenbast wurde in früheren Zeiten zur Schnur- und Seilherstellung wie auch zur Herstellung von Bienenkörben verwendet. Hölzerne Radnaben und Speichen wie auch Glockenstühle für Kirchenglocken wurden gerne aus der Ulme gefertigt. Das Holz hält auch Wasser auf Dauer gut aus und ist daher für Brunnentröge und Mühlenräder geeignet.

Asche aus dem Holz der Bergulme wurde früher als Waldasche, die reich an Pottasche ist, sehr teuer für die Glasherstellung gehandelt.

Die Schwestern der Bergulme, die Feld- und die Flatterulme, die gerne an Flussläufen wachsen, seien hier erwähnt. Diese Arten sind in den letzten Jahren großteils dem Ulmensterben, einer Pilzerkrankung, die durch den Ulmensplintkäfer auf die Bäume übertragen wird, zum Opfer gefallen. Die Flatterulme ist von den heimischen Ulmen diejenige, die dieser Krankheit den meisten Widerstand entgegenbringen kann.

DAS GIBT ES AUCH

Mittelalterliche Nachtwächter waren mit Ulmenstöcken wie auch mit Hellebarden, deren Stiele ebenfalls aus Ulmenholz gefertigt waren, ausgerüstet. Ulmenholz schützte vor Spukerscheinungen. In einer alten Erzählung aus Ungarn wird sogar berichtet, dass ein Bauer den Teufel mit einem Ulmenstock erschlagen habe.

Ulmen wurden oftmals an Gerichtsorten gepflanzt. Die reichhaltige Asche von Ulmen bildete als Waldasche lange Zeit einen wertvollen Grundstoff in der Glasherstellung. Gewehrschäfte, Glockenstühle auf Kirchtürmen und andere Arbeitsgeräte entstanden aus Ulmenholz.

Der Futterwert von Ulmenlaub wird heute noch hochgeschätzt. Aufgrund der Seltenheit der Bäume wird dies aber nur mehr wenig in Anspruch genommen.

Ulmen werden sehr oft in historischen Geschichten vieler Kulturen auch als Symbol für Trauer erwähnt.

Die Achtung ist nicht die Wurzel, aus welcher die Rebe der Liebe erwächst; aber sie ist die Ulme, an der sich jene aufrankt und ihre köstlichen Früchte reift.

(Heribert Rau. Dieses Zitat steht in Zusammenhang mit der Verwendung von Ulmenpfeilern als Rebholz in den Weingärten.)

INHALTSSTOFFE

Bisher bekannte Inhaltsstoffe in den Teilen: Gerbstoffe, Bitterstoffe, Schleimstoffe und Flavonoide.

ZU VERWENDENDE PFLANZENTEILE

Knospen, Blütenflügel, Blätter, Astrinde, Holz.

SAMMELZEITEN

Die Blütenknospen im Februar, junge Blätter je nach Witterung ab Ende April, die Rinde sparsam von kleineren Ästen und Zweigen oder nur von gefällten Bäumen im Frühling.

IN DER VOLKSHEILKUNDE

In der Volksheilkunde ist die Ulme bereits seit der Zeit der Hildegard von Bingen gut bekannt. Sie setzte die Wirkstoffe der Ulme bei Rheuma und Gicht ein.

Auch bei gereizten Schleimhäuten des Magen-Darm-Traktes und Durchfall werden Zubereitungen aus der Astrinde von Ulmen verwendet.

Die zusammenziehende, entzündungshemmende Wirkung von Blätter- und Rindenabsud sind altbewährt, Tinkturen und Ölauszüge sind bei Hautirritationen ebenfalls äußerlich anwendbar.

Volksheilkundliche Zubereitungen aus der Ulme sollten immer zeitversetzt zu schulmedizinischen Präparaten eingenommen werden!!

Als **Gemmotherapiemazerat** hilft die Ulme bei Akne, schlecht heilenden Wunden, Ekzemen und anderen Hautirritationen, auch bei Neurodermitis.

Die Ulme verhilft verletzlichen Menschen zu mehr Kraft und Selbstschutz.

Die **Bachblüte *Elm*** unterstützt Menschen, die zuweilen bei der Bewältigung großer Lebensaufgaben an sich selbst zweifeln.

Als **Räucherung:** Mit der Verräucherung von Ulmenblättern und -rinde wird das Durchhaltevermögen gestärkt, sie bringt Stabilität und Kraft, um den eigenen festen Stand in der Realität zu stärken.

Verwendungsmöglichkeiten in den Kapiteln: *Volksheilkundliche Baumapotheke*, S. 156, *Die Würze des Lebens*, S. 123, *Essig*, S. 127, *Essenzen*, S. 167, *In der Früh*, S. 142, *Moderne Nahrungsergänzung*, S. 42.

WACHOLDER

Juniperus communis ssp. communis aus der Familie der Zypressengewächse *Cupressaceae*

Obwohl der Wacholder zu den am weitest verbreiteten Koniferen auf der Erde gehört, ist er in einigen Gebieten so selten, dass er unter Schutz steht. Wir befassen uns hier mit der im Alpenraum vorkommenden Art. Weltweit findet man je nach botanischer Einteilung zwischen 50 und 70 Wacholderarten.

Sofern es möglich ist, sollte in jedem Garten ein Wacholder gepflanzt sein. In der freien Natur sollte der Wacholderbusch aufgrund seiner Seltenheit geschont werden.

NAMENSHERKUNFT

Wacholder ist im ersten Wortteil vermutlich auf das althochdeutsche *wechal* zurückzuführen, was lebendig und munter bedeutet und auf die Wirkung der Wacholderzapfen anspielt.

Im Mittelhochdeutschen nannte man diesen Strauch *Queckholder* was einen Zusammenhang zu unserer heutigen Sprache haben könnte. *Queck* bedeutete so viel wie lebendig, munter; heute noch gebräuchlich in quicklebendig. Der zweite Wortteil *holder* könnte für eine allgemeine Bezeichnung für Bäume stehen.

Die hierzulande übliche Bezeichnung *Kranewitt* könnte vom Krametsvogel, der Wacholderdrossel, ableiten, der Wortteil *witt* könnte vom althochdeutschen *witu*, was sinngemäß Holz bedeutet, stammen.

Auch Ortsnamen, wie Kranebitten oder Kramsach, sind auf Vorkommen des Wacholders zurückzuführen.

Mit der Übersetzung der lateinischen Bezeichnung *Juniperus* aus *iuniverus* und *paros*, was als „zu früh gebären" ausgelegt werden kann, ist ein versteckter Hinweis auf die frühere Verwendung der Zapfen einiger Wacholderarten als Abortivum.

Der Name *Machandelbaum* wird von mir persönlich als der Ermöglicher zur Wiederkehr in ein weiteres Leben interpretiert und steht für den ewigen Kreislauf von Vergehen und Neuentstehen. Einem Verstorbenen kann ein Wacholderzweig zur Wiederkehr mit ins Grab gegeben werden.

Die Wacholderdrossel liebt die Früchte des Wacholders als Winternahrung und trägt so zur Samenverbreitung bei.

ALTE UND REGIONALE BEZEICHNUNGEN DES WACHOLDERS

Kranewitt, Machandelbaum, Queckholder, Heidewacholder, Weihrauchbaum, Zauberbaum, Rauchholter.

DER WACHOLDER UND SEIN UMFELD

Eine botanische Besonderheit des immergrünen Wacholders ist seine Zweihäusigkeit, d. h., männliche und weibliche Blüten befinden sich auf getrennten Gewächsen. Letztere tragen auch die gefragten Zapfenfrüchte. Einhäusige Arten sind sehr selten.

Der lichtliebende Wacholderstrauch gedeiht auf mageren, trockenen, steinigen, sandigen Böden und kann eine stattliche, säulenartige Höhe von bis zu 10 m erreichen und bis zu 600 Jahre alt werden. Er ist mit seinen spitzen Nadeln, die in Dreierwirteln um den Zweig stehen, sehr wehrhaft und wird daher von Weidevieh und anderen Tieren gemieden.

Eine weitere botanische Besonderheit kann in südlicheren Gebieten die Veränderung der Nadeln von spitz bis schuppenförmig in den unterschiedlichen Altersphasen des Baumes sein. Wacholderstäbe wurden in früheren Zeiten zum Butterrühren verwendet und sollten vor Ungemach, Zauberern und Verhexung schützen.

In früheren Zeiten wurden Wacholderzapfen am Rochustag (16. August) geerntet und im 14. Jh. gegen die Pest eingenommen.

Heidelerche, Amsel und Wacholderdrossel sorgen für die Verbreitung der Samen. Die Wacholderzikade singt im brütend heißen Sommer ihre Balzgesänge in den Ästen des Machandelbaumes. Larven von Käferzikaden und einer Randwanzenart bevorzugen ebenfalls den *Juniperus* für ihre Fortpflanzung. Auch der Neuntöter nimmt mangels Schlehen den Wacholder als Heimstatt und Nistplatz an.

Als Amulettkraut ist der Schutz des Wacholders auch heute noch jederzeit Begleiter.

Bleistifte waren in früheren Zeiten aus Wacholder gefertigt, wie auch ein Beleg aus dem 16. Jh. zeigt, dass Richter bei der Urteilsverkündung einen Wacholderstab in der rechten Hand hielten. Der Wacholder stand dafür, dass er die Wahrheit ans Licht bringe.

Zu Martini wurden Wacholdergerten an die Stalltüren gehängt, um das Vieh vor Krankheiten zu schützen. Auch dem Viehsalz wurde manchmal Wacholder beigemengt.

„In summa die Würckung und Tugent des Weckholterbaums seind zu beschreiben nit wol möglich“, meint Botaniker- und Kräuterarzt Hieronymus Bock schon im Jahre 1577.

INHALTSSTOFFE

Bisher bekannte Inhaltsstoffe in den Teilen des Wacholders sind Bitterstoffe, Juniperin, Sabinen, Betulin, Kampfer, Zitronensäure, Flavone, Pentosan, Phosphor, Gallussäure, Gerbstoff, Gerbsäure, Harz, Linolensäure, Mangan und andere Mineralsalze, Menthol, Oxalsäure, Terpineol, Umbelliferon, Zink, ätherisches Öl, Zucker in den Zapfenfrüchten.

Eßt Kranawit und Bibernell, dann sterbt ihr nit so schnell.

(Dieser Spruch unbekannter Herkunft ist mündlich überliefert und soll aus Pestzeiten im Salzburger Land stammen.)

ZU VERWENDENDE PFLANZENTEILE

Zapfenfrüchte, Nadeln und Holz, sehr junge Triebe

SAMMELZEITEN

Die Beeren haben ihre Reife nach drei Jahren am Strauch erreicht und können nach diesem Zeitraum im September geerntet werden.

DIE KULINARISCHE VERWENDUNG DES WACHOLDERS

Die Wacholderzapfen haben einen Zuckergehalt von ca. 30 % und lassen sich daher sehr gut zu Alkohol vergären.

Der innere Teil der Rinde wurde in Notzeiten als Mineralsalzspender gekaut.

DER WACHOLDER IN DER VOLKSHEILKUNDE

ACHTUNG!

Nie in der Schwangerschaft verwenden, da Wacholder Fehlgeburten auslösen kann!

Auch Nierenerkrankungen gehören zu den Kontraindikationen, den Wacholder zu verwenden.

Teezubereitungen in Maßen dienen der Unterstützung der Ausscheidung bei Rheuma und Gichtschüben.

Eine Beere, pro Tag gekaut, soll vor Erkältungen und Bronchitis schützen. Die ätherischen Öle in heißem Wasser zum Inhalieren wirken keimtötend.

Zubereitungen aus den Wacholderzapfen für Verdauungsbeschwerden, meist in Form von Gewürzen oder dem Verdauungsschnapserl, sind aus unserem Alltag nicht mehr wegzudenken.

Die **Gemmotherapie** unterstützt die Ausleitungsfunktion von Leber, Galle und Nieren, bei Blasenentzündung, chronischen Ekzemen. **Kontraindikation: In Schwangerschaft und Stillzeit darf kein Wacholder zu sich genommen werden!**

Als **Räucherung** bringt das starke Schutzkraut Wacholder Frische und keimtötende Wirkung in Krankenzimmer.

In Verkühlungszeiten, wenn im Haus jeder jeden ansteckt, ist er ein natürliches Mittel zur Krankheitsabwehr.

Für Räucherungen bei Gelenksproblemen haben sich Wacholderbeeren, die drei Jahre auf dem Strauch reifen sollen, Nadeln und Holz seit vielen Jahrhunderten bewährt.

Das Holz des Wacholders wird in Verarbeitungen der Phytotherapie eingesetzt.

Der Wacholder gilt als eine der ältesten Räucherpflanzen.

Zur Behandlung von Schlangenbissen war der Wacholder in Zeiten des Mittelalters im Einsatz.

Die alte Verwendungsart als harntreibendes Mittel wird heute nur mehr individuell empfohlen.

Rezepte in den Kapiteln: *Baumkosmetik*, S. 177, *Volksheilkundliche Baumapotheke*, S. 156, *Beinahe für die Ewigkeit*, S. 49, *Die Würze des Lebens*, S. 123, *Essig*, S. 127, *Flüssiges*, S. 134, *In der Früh*, S. 142, *Rauchzeichen und Aschereifung*, S. 55, *Soim und Schmier*, S. 162.

WALNUSS

Juglans regia aus der Familie der Walnussgewächse *Juglandaceae*

© Archiv Landwirt

© Nazile Keskin/Shutterstock.com

NAMENSHERKUNFT

Vermutlich leitet sich der heutige Name der Walnuss von *Jovis glans* ab, was so viel wie Jupiters Eichel bedeutet, *regia* bezeichnet das Königliche, da Königen im frühen Mittelalter auch außergewöhnliche wundertätige Fähigkeiten zugesprochen wurden. Man hielt in früheren Zeiten die frischen grünen Nüsse für eine Speise der Götter.

Die Bezeichnung Welschnuss könnte die Bedeutung „aus einem anderen Land kommend" haben. Das altlateinische *Nux gallica* könnte daher rühren, dass romanische Bevölkerungsgruppen auch als die Walchen bezeichnet wurden.

ALTE UND REGIONALE BEZEICHNUNGEN DER WALNUSS

Welschnuss, Nussbaum, Walnuss.

DIE WALNUSS UND IHR UMFELD

Weltweit sind etwa 20 Arten von Walnussbäumen bekannt. Walnussbäume sind stattlich mit weit ausladender Krone und können bis zu 25 m hoch werden. Ihr Alter wird mit bis zu 150 Jahren angegeben. Als Zuwanderer aus wärmeren Gegenden ist der Nussbaum sehr empfindlich bei Spätfrösten im Frühjahr.

Im 16. Jh. war man überzeugt, dass Walnüsse bei Vergiftungen helfen können.

Durch die allelopathischen Eigenschaften der Walnussbäume, die das Aufkommen von anderen Baumarten, aber auch von eigenen Nachkommen behindern, bleiben diese Bäume meist Einzelgänger mit viel Freiraum. Walnussbäume wurden aufgrund ihrer Duftabsonderungen gerne in der Nähe von Jauchengruben gepflanzt, um Fliegen abzuhalten.

Nussbaumholz ist beliebt und begehrt im Möbelbau. Die lebhafte Maserung und Farbe machen es zu einem wertvollen Holz, es ist das Holz der Schnitzer und Künstler. Die gemaserten Kropffurniere, die aus den Stammkröpfen des Baumes hergestellt werden, sind begehrte Seltenheiten. Stammkröpfe entstehen am knolligen Wurzelstock oder nach Verletzungen am Stamm.

Schäfte für Jagdbüchsen wurden und werden ebenfalls gerne aus Walnussholz gefertigt.

Fermentieren und getrocknete Nussbaumblätter fanden gemeinsam mit dem Laub der Schlehe als Tabakersatz in Zigaretten und Pfeifen ihre Genießer.

DAS GIBT ES AUCH

Der Ausdruck Kopfnuss kommt daher, dass Nüsse immer vom Baum geschlagen werden sollen, da sie nicht immer abfallen und der Ernteerfolg im darauffolgenden Jahr sehr viel geringer sein würde. Nüsse, die einen auf dem Kopf trafen, wurden als Strafe für ein Fehlverhalten gedeutet.

Bewarb sich nach der vorgeschriebenen Trauerzeit ein Mann um die Hand einer Witwe, hieß es: *„Wenn die Nuss schon gespalten ist, so kommt man eher zum Kern.“*

Ein großer Nussbaum stand wie eine grüne Laube, ein Weg ging drunter hin im Staube ... Und du und ich, wir lehnten in dem Schatten und teilten mit dem Baum, was wir im Herzen hatten.

(Maximilian Dauthendey, 1867–1918)

INHALTSSTOFFE

Bisher bekannte Inhaltsstoffe in den Teilen: in den Blättern Gerbstoffe, Juglon, Quercetin, Flavonoide, ätherische Öle, Phenolcarbonsäure, Salicylsäure, in den Früchten fette Öle, Linolsäure, Aminosäuren, Kohlenhydrate, Vitamine B und E.

ZU VERWENDENDE PFLANZENTEILE

Blätter, Früchte, Rinde.

IN DER VOLKSHEILKUNDE

Walnussblätter und die grünen Fruchtschalen der Nüsse haben in der Volksheilkunde eine lange Tradition. Innerlich angewandt wirken sie als Wurmmittel für Mensch und Tier, gegen Hauterkrankungen und zur Wiederherstellung der Darmflora durch Appetit- und Verdauungsanregung, äußerlich zur Schweißhemmung der Haut.

Zubereitungen aus den Blättern sollen den Lymphfluss und somit die Körperreinigung anregen.

Der Genuss von Walnüssen vor dem Zubettgehen fördert den guten Schlaf, da das bioverfügbare Melatonin in den Nüssen vom Körper besonders gut und schnell aufgenommen wird.

Walnussfrüchte reifen von September bis Oktober. Sie sind mit ihrer gesundheitlichen Allgemeinwirkung der Tausendsassa unter den Nüssen. Sie haben hohe Anteile an mehrfach gesättigten Omega-3- und Omega-6-Fettsäuren, Linol- und Linolensäure. Sie wirken sich günstig für den Cholesterinhaushalt, bei Diabetes, der Parkinsonprophylaxe und Arteriosklerose aus.

Ausgelöste Walnüsse gelten nicht nur aufgrund ihres Aussehens als Gehirnnahrung, sondern sind gut für Nerven, Gefäße, gelten als Drüsenregulant, nähren die Haut und stärken Zähne und Muskeln.

Die **Bachblüte *Walnut*** ist die Blüte des Neubeginns und erleichtert den Einstieg oder die Veränderung des Berufslebens, bei einschneidenden Veränderungen im Leben, nach dem Umzug in eine neue Wohnung. Bei Kindergarten oder Schulbeginn stärkt die Walnut das Selbstvertrauen der Kinder. Auch in späteren Phasen des Erwachsenwerdens hilft sie Jugendlichen, den eigenen Weg zu finden und ihn zu gehen. Für Babys in der Zahnungsphase ist sie auch über die Muttermilch zuführbar.

Gemmotherapie: Als entzündungshemmendes und zusammenziehendes Therapiemittel wirkt es stoffwechsel- und lymphflussanregend bei Diabeteserkrankung und Entzündungen der Bauchspeicheldrüse. Auch für Hauterkrankungen, wie Ekzemen oder Psoriasis und Dermatitis, kommt das Mazerat zum Einsatz. Walnuss bestärkt bei Veränderungen und der Beschreitung neuer Wege.

Als **Räucherung:** In früheren Zeiten wurden die Räucherdüfte von Walnussblättern in Kombination mit Wacholder auch zur Reinigung von Kranken- und Totenzimmer verwendet.

Verwendungen in den Kapiteln: *Baumkosmetik*, S. 177, *Beinahe für die Ewigkeit*, S. 49, *Volksheilkundliche Baumapotheke*, S. 156, *Die Würze des Lebens*, S. 123, *Essenzen*, S. 167, *Und sonst noch Wichtiges*, S. 186.

SILBERWEIDE

Salix alba aus der Pflanzenfamilie der Weidengewächse *Salicaea*

Weltweit gibt es um die 450 Weidenarten, in unseren Breiten finden wir um die 30 Arten. Botanisch sind Weiden nicht immer einfach zu bestimmen, da sie zum Bastardieren neigen. Eine eindeutige Zuordnung kann nur mit genetischen Merkmalen im Labor erfolgen.

NAMENSHERKUNFT

Der Name der Weide in der heutigen Form könnte aus dem Althochdeutschen *wida* stammen, das biegsam bedeutet und auf die Elastizität der Weidenruten hinweisen könnte. Der botanische Name *Salix* kommt möglicherweise vom keltischen *sal* und *lis*, was so viel wie nahe dem Wasser bedeutet.

DIE WEIDE UND IHR UMFELD

Wir kennen Weiden entlang von Bachläufen und feuchten Standorten in Augebieten. Unterschiedliche Wuchsformen von Strauch bis Baum sind keine Seltenheit.

Die Weidenkätzchen im Frühjahr sind jedem Kind bekannt. Palmkatzerl finden auch bei religiösen Bräuchen Verwendung.

Die gelblichen Männchen und grünen Weibchen wachsen auf einem Gewächs.

Bienen und Weiden traten in der Urgeschichte wohl gleichzeitig auf, das enge Verhältnis zwischen den Immen und den Weiden besteht auch heute noch. Der eiweißreiche Pollen dient den Bienenvölkern zur Aufzucht ihrer Nachkommen. Der Nektar wird vom erwachsenen Bienenvolk benötigt. Weiden in der Nähe von Bienenhäusern wären der Idealfall für jeden Imker.

Die Weide kann bis zu 120 Jahre alt und als Baum bis zu 25 m hoch werden. Sie gehört zu den schnellwachsenden Gehölzen, die Vermehrung mit Stecklingen gelingt bestens. Eine Vielzahl an Insekten, Schmetterlingen und Vögeln nutzt die Weiden als Lebensraum (siehe auch *Bäume mit Köpfchen*, S. 22).

Die Weide gilt auch als Zauber- oder Todesbaum oder – auch genau das Gegenteil – als Symbol von neuem, keimendem Leben. Der Polaritätsbaum: Eines bedingt das Andere.

In vergangenen Zeiten zählte das Büßen an der Weide als entwürdigende Strafe bei Verfehlungen aller Art. Die Femegerichte im 16. Jh. nutzten Weidenruten bei der Vollstreckung der Urteile.

VON SALACH UND FELBEN – ALTE UND REGIONALE BEZEICHNUNGEN DER WEIDE

Felbe ist ein anderes Wort für die Weidenarten mit schmalen Blättern, insbesondere die Silberweide.

Fieberbaum, Maiholz, Katzerlbaum, Sale oder Salchen nennt man Weidenarten mit breiten Blättern, wie die Salweide. Der Flurname Salach heißt so viel wie Stelle, an der Salweiden stehen.

Auch Familiennamen wurde von diesen alten Bezeichnungen abgeleitet. Der botanische Name der Salweide – *Salix caprea*, was so viel wie Weide für die Ziegen bedeutet – weist darauf hin, dass die Blätter wertvolles Tierfutter sind. Silberweidenknospen können Verdauungsschmerzen und Blähungen von Rindern hintanhalten.

DAS GIBT ES AUCH

Die Samenwolle der Silberweide kann sparsam als Polsterfüllmaterial zur Schweißabsorption verwendet werden.

Weidenruten zur Wasseradernsuche sind hinlänglich bekannt und auch heute noch gebräuchlich.

Weidenkörbe, geflochtene Zäune, Zeichenkohle und Farben aus Rinde zur künstlerischen Weiterverarbeitung wie auch zum Färben von Wolle werden aus Weide gewonnen.

Das Holz der Weide ist im Mai am besten zu be- und verarbeiten und findet als Möbelholz, Zündhölzer, Zahnstocher oder Spanplattenholz und für Holzpantoffeln und Spielzeug Verwendung.

Richtige Hexenbesen werden mit Weidenstiel und Birkenreisig gebunden.

Als Bachufer- und Hangbefestigungen sind Weiden schon seit Urzeiten bekannt.

Weidenruten wurden als Schuhbänder genutzt und Winzer nutzten die Weidenruten, um die Reben anzubinden.

Die Weidenrinde wurde auch für Gerberlohe, die zum Gerben von Tierhäuten in Gebrauch war und ist, verwendet.

BLÜHZEITEN DER WEIDEN

Bei der Ernte von Weidenkätzchen ist besonders zu beachten, dass die Blüten im Vorfrühling ein Massenangebot an Blütenstaub und Nektar für die Bienen aufweisen und als erste Nahrung dringendst benötigt werden. Daher ist es oberstes Gebot, nur Kleinstmengen zu entnehmen.

Im März blühen Salweide, Reifweide, Hanfweide, Purpurweide, im April Mandelweide, Dotterweide, Bruchweide, Trauerweide, Drachenweide, im Mai Silberweide, im Juni Schwarzweide, Lorbeerweide und Kriechweide.

Weiden neigen zum Bastardieren, sie kreuzen sich gerne untereinander, was eine botanische Bestimmung erschwert.

Weidenbaum ich wills Dir sagen, Weidenbaum ich wills Dir klagen Lieblich ist die Maienzeit, doch ich trage Herzeleid ...

(Herman Löns, deutscher Journalist und Schriftsteller, 1866–1914)

INHALTSSTOFFE

Bisher bekannte Inhaltsstoffe in den Teilen der Weiden: Gerbstoffe, Flavonoide, Phenolglykoside, Salicin und Salicinderivate, Mineralsalze.

Die Wirkstoffkonzentration in der Weide ist im Frühjahr am höchsten.

SAURER BIS HERB-BITTERER GESCHMACK

In der Küche gilt die Weide als Fingerhutbaum. Die Dosierung von Weidenblättern oder Rinde als Würzmittel soll wegen der Bitterkeit und des unbestimmbaren Salicingehaltes niedrig gehalten werden.

Bestens geeignet sind Weidenzweige zum Grillen von Steckerlfischen.

Die Weidenblätter verströmen beim Zerkleinern ein ganz besonderes Duftaroma.

ZU VERWENDENDE PFLANZENTEILE

Junge Blätter, Rinde, Zweige, Ruten.

SAMMELZEITEN

Die jungen Blätter ab April, ältere Blätter sind zum Trocknen geeignet.

Rinde und Kambium bitte immer von gefällten Baumteilen und herabgefallenen Ästen von März bis Mai ernten, die Weide reagiert sehr sensibel auf Rindenentnahme.

IN DER VOLKSHEILKUNDE

Das Salicin, das in der Borke und dem Kambium der Weide vorkommt, ist ein uraltes volksheilkundliches Schmerzmittel. Salicin wird im menschlichen Verdauungstrakt in Salicylsäure umgewandelt und heute hauptsächlich zur Schmerzlinderung, Fiebersenkung und bei Rheuma eingesetzt. Auch eine entzündungshemmende, zusammenziehende und antibakterielle Wirkung kennt man aus der Erfahrungsmedizin.

Es ist erwiesen, dass Menschen, die an Arthritis, Arthrose, Rheuma und Gicht erkrankt sind und sich im Flechten von Weidenkörben aus einjährigen Weidenruten üben, für den Moment des Arbeitens mit den Weidenzweigen und auch darüber hinaus eine Schmerzlinderung erfahren. Auch auf die Blutfließfähigkeit haben die Wirkstoffe der Silberweide Auswirkung.

Weidenrindentee wurde in früheren Zeiten dem ersten Säuglingsbad nach der Geburt zugesetzt, um Milchschorf vorzubeugen.

Nur das Herstellen von Korbwaren aus Weiden wird als Korbflechten bezeichnet. Körbe aus Gräsern und anderen Materialien wickelt man.

Hildegard von Bingen empfahl Weidenrindentee bei Fieber, Gicht und Rheuma. Der kalt angesetzte Rindentee schmeckt weniger bitter. Der Tee bringt auch verloren gegangene Nervenstärke zurück.

Bei innerlichen Anwendungen der Weide gilt immer wenig und nicht täglich, da Zubereitungen aus der Weide eine starke Gesamtwirkung haben.

Bei Dauermedikation und Blutgerinnungsstörungen ist eine Verwendung von Weidenzubereitungen mit dem Arzt abzusprechen, um Wechselwirkungen zu vermeiden. Schwangere und Mütter während der Stillzeit sollten Weidenprodukte im direkten Kontakt meiden, weil sie aufgund der blutverdünnenden Wirkung Blutungen auslösen könnten.

Die hohen Gerbstoffgehalte in den Silberweidenprodukten können auch allergische Reaktionen hervorrufen.

Die **Bachblüte *Willow*** aus der Gelbweide als Schicksalsblüte lässt belastende Gefühle in Erkenntnisse umwandeln, eine bejahende Lebenseinstellung gewinnen, ermöglicht Verzeihen ohne Rachegelüste und hilft, aus Lebenssituationen zu lernen und nicht mehr sauer zu sein.

In der **Gemmotherapie** wird die Silberweide ebenfalls als entzündungshemmender Schmerzstiller bei Rheuma, bei Schlaflosigkeit, Angstzuständen, Ausbleiben der Menstruation, Östrogenmangel und Sexualstörungen gebraucht.

Die Volksheilkunde aus dem Mittelalter berichtet auch, dass Weidenblätterabsud gegen die Liebeslust und für mehr Keuschheit verwendet wurde.

Zahnschmerzen wurden in Ritualen an Weiden abgegeben.

Als **Räucherung:** Die Verräucherung von Weidenblättern und Rinde lässt uns im Fluss sein und kühlt hochgehende Emotionen, besänftigt und vermittelt zwischen den Welten. Als Amulettkraut unterstützt die Weide beim Bewahren eines kühlen Kopfes.

Rezepte in den Kapiteln: *Volksheilkundliche Baumapotheke*, S. 156, *Essenzen*, S. 167, *Und sonst noch Wichtiges*, S. 186.

WEISSDORN UND SEINE VERWANDTSCHAFT

Zweigriffeliger Weißdorn *Crataegus laevigata* und Eingriffeliger Weißdorn *Crataegus monogyna* aus der Familie der Rosengewächse *Rosaceae*

Die botanische Unterscheidung der Weißdorne kann sich in der Praxis als schwierig erweisen.

Eingriffeliger Weißdorn
© lehic/Shutterstock.com

Zweigriffeliger Weißdorn
© CC BY-SA 3.0/Hedwig Storch

Frucht des Eingriffeligen Weißdorns
© CC BY-SA 4.0/Didier Descouens

Frucht des Zweigriffeligen Weißdorns
© CC BY-SA 4.0/Stefan.lefnaer

NAMENSHERKUNFT

Die botanische Unterscheidung von Weißdornen ist genauso vielfältig, wie die Herkunftsmöglichkeiten des Namens. Als *Crataegus* wurden mehrere Arten des Weißdorns bezeichnet. Möglicherweise kommt der Ausdruck vom griechischen *kratayos*, was so viel wie hart bedeutet und sich auf das harte Holz beziehen könnte.

ALTE UND REGIONALE BEZEICHNUNGEN DES WEISSDORNS

Herzbaldrian, Hagedorn, Zaundorn.

DER WEISSDORN UND SEIN UMFELD

Der Weißdorn kann als Strauch oder auch als kleiner Baum auftreten, der dann bis zu 12 m hoch werden kann. Als Strauch begnügt er sich mit einer Wuchshöhe von 5 m. Zweigriffeliger und Eingriffeliger Weißdorn blühen im Abstand von ca. 2 Wochen hintereinander. Ein Unterscheidungsmerkmal sind auch die beim *monogyna* tiefer gelappten Blätter, ob ein oder zwei Griffel in den Blüten vorhanden sind und die Anzahl der Kerne in den Früchten können helfen, sie zu unterscheiden.

Im Frühjahr kann der Weißdorn auch am Geruch seiner Blüten gut erkannt werden, der ein wenig an einen Fischmarkt mitten im Wald erinnert.

Weißdorne können bis zu 300 Jahre alt werden.

Der Hagedorn wächst sich in kurzer Zeit zu einem undurchdringlichen Gestrüpp aus, was ihn als Schutzhecke für Tierweiden empfiehlt. Auch Hexen, wie die Hagezussa, sollen durch diesen natürlichen Zaun ferngehalten werden.

Der Weißdorn hat unterschiedlich lange Sprossdorne. Sie schützen den Weißdorn auch vor Fraßfeinden. Der Neuntötervogel hingegen macht sich diese Dornen als Lagerstätte für seine Beute zunutze.

Über 30 weitere Vogelarten lieben wie Sand- und Mauerbienen, der Segelfalter und der Goldglänzende Rosenkäfer den Weißdorn.

Als Spazier- und Wanderstöcke waren durch Hitze gerade gebogene Weißdornäste sehr beliebt, man ermüdet weniger schnell, wenn ein Weißdornwanderstab mitgeführt wird. Auch als so genannte Geyselstäbe wurden die dornenbesetzten Äste von Großbauern und Lehnsherren im 16. Jh. zur Züchtigung ihrer Untertanen eingesetzt.

DAS GIBT ES AUCH NOCH

Nicht zu vergessen ist die aphrodisierende Wirkung der Weißdornfrüchte. Weißdornzweige schmückten früher das Hochzeitsgemach. Zubereitungen aus Weißdornbeeren sollen durchblutungsfördernd sein und die männliche Erektion unterstützen. Es wäre auf jeden Fall einen Versuch wert, dies auszuprobieren ...

Weißdornholz wurde im Rahmen einer Forschungsarbeit als Gehäuseholz für Sensoren zur Aufzeichnung von Vitalwerten der Astronauten auf Raumflügen verwendet. Pulssensoren wurden aus steirischem Apfelholz gefertigt. Die Holzqualitäten fühlen sich auf der Haut leicht und warm an und laden sich nicht statisch auf. Als Sensor für die Ballistokardiografie wurde eine Weißdornscheibe verwendet. Drucksensoren aus Lindenholz dienten ebenfalls zum Aufzeichnen von Herzschlagwerten in der Schwerelosigkeit.

UND WEIL'S SO SCHÖN IST

Man erzählt sich von folgender Begebenheit: Der Weißdorn hatte einen Streit mit dem Schwarzdorn. Der Schwarzdorn beschuldigte den Weißdorn, dass er seine Zweige für die Dornenkrone Jesu zur Verfügung gestellt hätte. Der Weißdorn dementierte heftig, denn die Dornen stammten nicht von ihm. Als der liebe Gott von dem Streit hörte, beschenkte er den Weißdorn mit unzähligen weißen Blüten, die seine Unschuld belegten. Seither blühen Weiß- und Schwarzdorn auch zu unterschiedlichen Zeiten.

Dennoch sind Weiß- und Schwarzdorn nach alten Erzählungen verbandelt, denn im Bauernorakel *„Gibt's viel Weißdorn und viel Schlehen, bringt der Winter kalte Zehen"* stehen sie in Verbindung.

Wenn man am Herzdorn vorbeigeht, soll dies immer linksseitig, also herzseitig sein. Da kann es schon vorkommen, dass man beim Spaziergang auch einmal rückwärtsgehen muss, um das Herz immer beim Weißdorn zu haben.

Ein Weißdorn steht am Bachesrand, mit vielen tausend Blüten, in seinen Zweigen tief versteckt, Rotkehlchen friedlich brüten.
(Heriberta von Poschinger, 1844–1905)

INHALTSSTOFFE

Bisher bekannte Inhaltsstoffe in den Teilen des Weißdorns sind: Bitterstoffe, Flavone, Gerbstoffe, Cholin, organische Säuren, in der Blüte ätherische Öle, in der Frucht Öle, Zucker, Anthocyane, Carotinoide, Vitamin C und mehrere B-Vitamine.

ZU VERWENDENDE PFLANZENTEILE

Knospen, Blüten, Blätter, Rinde.

Weißdornkerne wurden in Notzeiten als Kaffeeersatz verwendet.

SAMMELZEITEN

Die Blütenknospen im Vorfrühling, die Blüten in der Vollblütezeit im frühen Frühjahr, frische junge Blätter nach dem Laubaustrieb. Die Rinde sparsam im Frühjahr an kleineren Ästen und Zweigen, ohne große Verletzungen zu verursachen. Die Früchte reifen meist im September.

IN DER VOLKSHEILKUNDE

In der Volksheilkunde ist der Weißdorn von großer Bedeutung. Er bringt den Herzschlag wieder ins Lot, reguliert auf natürliche Weise den Blutdruck und stärkt das Herz. Er kann den Menschen in Stresssituationen stabilisieren und seine Resilienz steigern. Für altersbedingte Herzmüdigkeit bewährt sich der Weißdorn schon seit dem Mittelalter. Zusätzlich zu anderen Therapien können Herz-Kreislauf-Schwäche, Schwindel und Schlaflosigkeit gemildert werden.

Ein Mus aus den Weißdornbeeren kann auch bei Durchfall regulierend wirken und ist auch für Kinder sehr bekömmlich.

Das **Gemmotherapiepräparat** unterstützt schulmedizinische Therapien bei ungenügender Herzfunktion und regulierungsbedürftigem Kreislaufsystem sowie Herzstörungen, es stärkt das Nervensystem mit stimmungsaufhellender und angstlösender Wirkung. Die innere Kraft wird gestärkt.

Als **Räucherung:** Beim spirituellen Verräuchern von getrockneten Blüten und Blättern steht die Herzensweisheit des Weißdorns im Vordergrund. Er verbindet die Weisheit des Herzens mit unserem Verstand und unterstützt in Stresssituationen und bei Ratlosigkeit.

Weißdornrauch verschafft uns die Möglichkeit, Probleme und Belastendes neutral zu betrachten.

Rezepte in den Kapiteln: *Baumkosmetik*, S. 177, *Essenzen*, S. 167, *Flüssiges*, S. 134, *Moderne Nahrungsergänzung*, S. 42.

ZIRBELKIEFER & CO

Gewöhnliche Kiefer *Pinus sylvestris*, Schwarzkiefer *Pinus nigra*, Latschenkiefer *Pinus mugo*, Spirke *Pinus unicinata*

Die Zirbe *Pinus cembra*

NAMENSHERKUNFT DER KIEFER

Der heutige Name der Kiefer ist vermutlich eine Zusammenfassung aus dem Germanischen von *Kienholz* und *fer*, dem alten Ausdruck für Föhre. Der harzreiche Kienspan diente im Mittelalter als nächtliche Beleuchtung in Burggemäuern.

Ortsnamen, wie Kiefersfelden, zeugen von früheren Kiefernwäldern.

NAMENSHERKUNFT DER ZIRBE

Woher die Bezeichnung Zirbe kommt, ist nicht geklärt. Ein Denkansatz ist das mittelhochdeutsche Wort *zirben*, was so viel wie „im Kreis wirbeln" bedeutet. Damit könnte die spiralige Anordnung der Samenschuppen am Zapfen der Zirbe gemeint sein.

Einen weiteren Hinweis könnte der Ausdruck *Zirm*, der in Gegenden Tirols gebraucht wird, geben.

Der Tannenhähervogel ernährt sich vorwiegend von den Samen der Zirbe und wird dort Zirmgratsche genannt. In der Steiermark wird

© pavel TaraSYUK/Shutterstock.com

© Yuriy Kulik/Shutterstock.com

© Nadejda Zaharevskaja/Shutterstock.com

© CC BY-SA 3.0/Tigerente

der gleiche Vogel als Zirbentschoi bezeichnet, wobei das *tschoi* auch für den Eichelhäher gebraucht wird.

Auch in Ortsnamen findet sich das Zirm oder Zirbel sehr häufig. Zum in der Schweiz gebräuchlichen Namen *Arve* wird man in der Literatur ebenfalls nicht befriedigend erklärt fündig. Man geht davon aus, dass der Ausdruck schon aus der Zeit der Räter und Kelten stammt. In alten Sprachen bezeichnen Wörter, die aus einer Silbe bestehen, die wirklich wichtigen Dinge im Leben. Zirm könnte so eine wichtige Bezeichnung darstellen.

ALTE UND REGIONALE BEZEICHNUNGEN DER KIEFER UND DER ZIRBE

Für die Kiefer: Waldkiefer, Rotföhre, Sandkiefer, Fackelbaum, Zunter; für die Zirbe: Zirm, Arve, Zirbelkiefer, Tatschen.

DIE KIEFER UND IHR UMFELD

Die bis zu gut 600 Jahre alt werdende lichtliebende Waldkiefer ist der Feuerbaum, stammen doch die altbekannten Kienspäne von der bis zu 30 m hoch werdenden Baumriesin. Dabei schützt ihre dicke Borke gut gegen Brandhitze. Sie richtet ihre Wuchsrichtung immer zur Sonne und dem Licht hingerichtet aus, was manchmal zu Verkrümmungen führt. Neben der Fichte galt die harzreiche Kiefer in den 1950er- bis 1960er-Jahren als Pionierbaum für Wiederaufforstungen.

Die Waldkiefer ist an der im oberen Stammbereich beinahe orange gefärbten Borke und ihren zweiergebündelten Nadeln zu erkennen.

Weltweit sind über 100 Kiefernarten bekannt. Eine botanische Besonderheit der einhäusigen Kiefer ist es, dass der Blütenstaub der männlichen Blüten vom Wind zur weiblichen Blüte geweht wird, die Befruchtung aber erst im darauffolgenden Jahr erfolgt. Gut Ding braucht einfach Weile. Die Samen brauchen wiederum zwei Jahre, bis sie aus den schützenden Schuppen der Zapfen entlassen und vom Winde verweht werden.

Die anpassungsfähige Kiefer gedeiht auch an felsigen und sandigen Standorten, wo sie manchmal den Vorteil von wenig Konkurrenz hat. Latschenkiefern sind in Österreich gebietsweise geschützt und dürfen nicht überall beerntet werden. Ein sichtbarer botanischer Unterschied zwischen Kiefer und Zirbe kann an den Nadelbündeln erkannt werden. Bei der Kiefer sind es immer zwei Nadeln und bei der Zirbe immer fünf Nadeln am Kurztrieb.

Kiefern waren und sind die klassischen Pechbäume, von denen Harz gewonnen wurde. Altbekannt ist die Gesundheitswirkung der im Terpentin enthaltenen ätherischen Öle als Schleimlöser bei Husten. Kolophonium, das als fester Rückstand bei der Destillation von Kiefernharz übrigbleibt, wird zur Saitenpflege von Streichinstrumenten verwendet.

Föhrenholz wird als qualitativ hochwertiges Holz in der Tischlerei sehr geschätzt. In früheren Zeiten wurden Stempel in Kohlegruben aus Föhrenholz verwendet. Das Holz reagierte auf Erdbewegungen mit einem Knarren, dadurch wurden Grubenarbeiter vor Stolleneinstürzen gewarnt. Kiefernzapfen galten in früheren Zeiten aufgrund ihres Samenreichtums als Fruchtbarkeits- und Reichtumssymbol.

DAS FLÜSTERN DER KIEFERN

Parawissenschaftler, Botaniker und Bioakustiker haben mit modernem, technischem Gerät Klick- und Knarrgeräusche, die im Inneren und in den Wurzeln der Kiefer entstehen, hörbar gemacht und damit ein beachtliches Vokabular entschlüsselt. Das Baumflüstern entsteht, wenn der Wasserfluss von den Wurzeln bis zu den Blättern abreißt. Viele Signale sind bislang diffus und nicht interpretierbar, dennoch geht man davon aus, dass Bäume sich mitteilen und auch untereinander zusätzlich mit Duftbotschaften und Warnungen vor Schädlingsbefall akustisch miteinander kommunizieren.

DAS GIBT ES AUCH

Polsterfüllungen aus **Waldwolle** sind heute kaum noch bekannt. Kiefernnadeln wurden in früheren Zeiten monatelang in Wasser eingeweicht. Dadurch sprangen die Nadeln auf, die innenliegende weiche watteähnliche Faser kam zutage. Die Waldwolle wurde getrocknet und als Füllmaterial verwendet

INHALTSSTOFFE

Bisher bekannte Inhaltsstoffe der Kiefer: Allem voran die ätherischen Öle, Harze, Vitamin C, Gerbstoffe, Bitterstoffe und Flavonoide.

Verwendungsmöglichkeiten der Zirbe und der Kiefer in den Kapiteln: *Die Würze des Lebens*, S. 123, *Moderne Nahrungsergänzung*, S. 42, *Essig*, S. 127, *Baumkosmetik*, S. 177, *Und sonst noch Wichtiges*, S. 186.

An allen Bäumen schwellen jetzt die Knospen auf in hellem Frühlingsgrün, Nur das Grün der Kiefer schließt tausendjährigen Glanz mit ein.
(Fujiwara Yoshitsune, 1169–1206, Japan)

DIE ZIRBE UND IHR UMFELD

Mit einem möglichen Alter bis zu 1.000 Jahren gehört die Zirbe zu den wetterfesten und anpassungsfähigsten Bäumen des Alpenraumes. Die langsam wachsende Arve kommt in alpinen Lagen bis zu 2.500 m Seehöhe vor. Sie ist widerstandsfähig und im rauen Klima der Bergwelt ein Schutzbaum in Lawinenzonen. Die Zirbe wird als Königin der Kalkalpen bezeichnet.

Sie ist bekannt für die beruhigende Wirkung ihres harten Holzes auf das menschliche Herz. Die Herzfrequenz wird in einem Zirbenbett ohne Metallteile im Schlaf nachweislich gesenkt und schont damit das Herz. Kissen mit Zirbenspänen zum besseren Einschlafen und gegen übertriebene Wetterfühligkeit und Kopfschmerzen sind seit dem 18. Jh. bekannt.

Als Samenverbreiter steht der Tannenhäher bei der Zirbe unter Vertrag. Bei den alle 5–7 Jahren auftretenden Mastjahren der Zirbe machen diese Vögel Sonderschichten und legen mit den Zirbensamen richtiggehende Nahrungsdepots für den Winter an.

Die Samen der Zirbe sind schwer und ohne Flugvorrichtung, sodass die Zirbe bei der Verbreitung ihrer Samen auf den Tannenhäher angewiesen ist.

Zirbenkugeln auf Wasserkaraffen geben Geschmack und Duft an das Wasser ab.

Zirbenharz sammelt man am besten von Zirben im besten mittleren Alter von 200 Jahren. Die ätherischen Öle der Zirbe als Raumduft beruhigen und wirken antibakteriell und antiviral, vor allem in Erkältungszeiten.

Zirbenholz, bei abnehmendem Mond als Mondholz geschlagen, wird nach dem Fällen weniger leicht vom Bläuepilz befallen, wie auch der Borkenkäfer abgehalten wird. Praktiker wissen auch, dass die Intensität der Inhaltsstoffe vom Standort auf Urgestein beeinflusst wird.

Wohltuende Wohnungs- und Raumeinrichtungen für die „Gute Stube" aus Zirbenholz erfreuen sich neben der gesundheitlichen Wirkung auch das Auge und begeistern durch sehr lange Haltbarkeit.

Was wäre ein Hüttenabend auf der Alm ohne den rotgefärbten Zirbenansatzschnaps. Althergebracht und herbwürzig im Geschmack ist er bekannt für seine gesundheitsfördernde Wirkung. 1 Stamperl pro Tag verlängert das Leben um einen Tag, so die alte Weisheit der Alpenbewohner ...

KIEFER UND ZIRBELKIEFER IN DER VOLKSHEILKUNDE

Das Knospenmazerat der Kiefer aus der **Gemmotherapie** wird bei der allgemeinen Symptomatik von Arthroseschmerzen und chronischem Rheuma sowie zur Sehnen- und Bänderstärkung und der Entzündungshemmung verwendet. Sie verhilft zur Klarheit und zur Stärkung des Selbstbewusstseins.

Das Zirbelgemmomazerat wirkt stärkend und aufbauend und kann sowohl präventiv als auch während einer Erkrankung eingesetzt werden. Sehr hilfreich ist dieses Mazerat auch bei chronischen Beschwerden, beispielsweise bei Arthrose und Rheuma. Im seelischen Bereich wirkt das Zirbenmazerat bei vermeintlich ausweglosen Situationen, denn es bringt Zuversicht, Ausdauer und stärkt die Anpassungsfähigkeit.

Die **Bachblüte *Pine*** unterstützt Menschen, die ständig Schuldgefühle und große Angst vor dem Fehlermachen haben, sie ist für die Perfektionisten, die zu hohe Anforderungen an sich selbst stellen. Pine kann helfen, diese Zustände und Muster auszugleichen.

ZUR BEACHTUNG!

Die bisher ca. 55.000 bekannten volatilen Wirkstoffe wie Terpene und andere Inhaltsstoffe in Teilen von Nadelbäumen können bei gesunden Menschen gesundheitsfördernde Wirkungen für die unteren Atemwege haben. **Vorsicht ist geboten für Menschen, die an COPD, Keuchhusten, Asthma leiden, wie auch für Säuglinge, Kinder und Frauen während der Schwangerschaft und in der Stillzeit. Hier empfiehlt die Schulmedizin vom Gebrauch von Herstellungen von Fichte, Tanne, Lärche oder Kiefer Abstand zu nehmen.**

Bei chronisch obstruktiven Bronchialerkrankungen und anderen Dispositionen können die Anreize dieser Wirkstoffe gefährliche Situationen hervorrufen!

Verwendungsmöglichkeiten der Kiefer und der Zirbe in den Kapiteln: *Baumkosmetik*, S. 177, *Volksheilkundliche Baumapotheke*, S. 156, *Die Würze des Lebens*, S. 123, *Essig, Öle*, S. 127, *Essenzen*, S. 167, *Flüssiges*, S. 134, *Moderne Nahrungsergänzung*, S. 42, *O'zapft is*, S. 38, *Soim und Schmier*, S. 162.

WEITERE WICHTIGE SPEISELAUBBÄUME UND -STRÄUCHER UND IHRE VERWENDUNGSMÖGLICHKEITEN

BERBERITZE ODER SAUERDORN

© nnattalli/Shutterstock.com

© weha/Shutterstock.com

Berberis vulgaris, als Heckenstrauch bestens bekannt, hat eine lange Tradition als Heilpflanze. Berberitzenrinde aus der Wurzel wird als naturheilkundliches Präparat *Cortex radix berberidis* in der Apotheke angeboten und wirkt galletreibend, löst Verstopfungen und Verdauungsbeschwerden. Die gefäßerweiternde Wirkung kann den Kreislauf regulieren und den Blutdruck senken. Hilft bei Koliken und Nierensteinen, Rheuma und steifen Gelenken. Volksheilkundliche Alkoholauszüge unterstützen bei Hexenschuss. Getrocknete Früchte sind Vitamin-C-Spender und wirken antibakteriell bei leichten Harnblasenentzündungen. Auch bei Zahnfleischbluten und Entzündungen der Mundschleimhaut hat sich der Saft aus Berberitzen gut bewährt.

Für werdende Mütter sind volksheilkundliche Zubereitungen aus der Berberitze nicht geeignet! Der Inhaltsstoff Berberin könnte, in größeren Mengen genossen, Wehen auslösen.

Kulinarisch sind getrocknete Berberitzenfrüchte in Reisgerichten und Frühstücksmüslis ein gesundes und besonderes Geschmackserlebnis.

Als Zauberpflanze wurden in manchen Regionen Zweige und Wurzeln der Berberitze am Karfreitag als besonderer Schutz in Haus und Stall aufgehängt.

Rezeptvorschläge im Kapitel: *Essig, Öle,* S. 127, *Die Würze des Lebens*, S. 123, *In der Früh*, *Zu Mittag*, S. 142, *Moderne Nahrungsergänzung*, S. 42.

S'DIRNDL, DIE KORNELKIRSCHE

Cornus mas, Gelber Hartriegel aus der Pflanzenfamilie der Hartriegelgewächse *Cornaceae*

Die sehr früh in intensivem Gelb blühenden Dirndlsträucher sind Heckensträucher, die bis zu 6 m hoch werden können. Sie können richtige Methusalems werden. Im österreichischen Dirndltal weiß man von Sträuchern aus dem 18. Jahrhundert. Für Bienen und andere Insekten ist die Kornelkirschenblüte eine wichtige Nahrungsquelle so früh nach dem Winter. Die Früchte reifen im September, die Ernte erfolgt mit feinmaschigen Netzen, da die Früchte zum richtigen Zeitpunkt von selbst oder bei leichter Berührung vom Baum fallen.

Dirndln sind sehr reich an Vitamin C und den Ideen für die kulinarische Verwendung sind keine Grenzen gesetzt.

Auch gesundheitliche Werte können die Früchte vorweisen. Seit jeher finden sie Verwendung bei Durchfall und Verdauungsbeschwerden. Die Pektine können den Cholesterinwert regulieren, außerdem finden wir noch Eisen, Gerbstoffe, Kalium und Kalzium und B-Vitamine in den Früchten.

Aus dem Holz des Dirndlstrauches sollte man keine Schiffe bauen. Es zählt zu den härtesten Holzarten und ist mit seiner Dichte schwerer als Wasser. Ein Dirndlholzboot wäre nur als U-Boot tauglich.

Eine Räucherung mit Dirndlholzrinde bringt Frieden und stärkt das Gemüt. Kornelkirschenrinde war auch Bestandteil der Mischung, die in indianischen Friedenspfeifen verwendet wurde.

Das Rezept *Mit dem Dirndl in die Badewanne* im Kapitel *Volksheilkundliche Baumapotheke*, S. 156.

FAULBAUM

Teezubereitungen aus der Faulbaumrinde *Cortex Rhamnus frangula* aus der Pflanzenfamilie der Kreuzdorngewächse *Rhamnaceae* wirkt auf natürliche Weise stark abführend und löst hartnäckige Verstopfungen. Diesen Tee immer nur über ein bis zwei Tage anwenden! Nicht für Schwangere geeignet, da die Wirkstoffe des Faulbaumes abortiv wirken können. Die Rinde ist in Apotheken zu beziehen. Diese muss gut abgelagert sein, da frische Rinde Erbrechen auslöst!

Zur Pflanzenfarben- und Tintenherstellung eignet sich die Faulbaumrinde bestens.

HAINBUCHE

Die Hainbuche *Carpinus betulus* aus der Pflanzenfamilie der Birkengewächse *Betulaceae* wird auch die tolerante Aufrichtige genannt, die mit ihren Heilanwendungen hier ebenfalls erwähnt sei. Die Hainbuche wurde auch Eisenbaum genannt, da das hanebüchene harte Holz anstelle von Eisen, das sehr teuer war, verwendet wurde. Der Absud aus der gerbstoffreichen Rinde hat eine umfassend regulierende Wirkung auf den gesamten Organismus und kann äußerlich für Waschungen im Intimbereich, zur Schleimhautpflege und als Therapieunterstützung bei Weißfluss Anwendung finden.

Das Laub der Hainbuche war und ist noch immer als Futterpflanze bekannt. Musikinstrumente, wie Hackbretter, werden gerne aus Hainbuche gefertigt.

Als **Bachblüte *Hornbeam*** nimmt sich die Zubereitung aus den Blüten der Hainbuche geistig erschöpfter, ausgebrannter Menschen an und bringt sie zurück in ihren ureigenen Rhythmus.

Kulinarisch können junge Hainbuchenblätter in grünen Smoothies Verwendung finden.

Das **Gemmomazerat** der Hainbuche wirkt auf Schleimhautirritationen, kann Atemwegserkrankungen, Sinusitis, Reizhusten und Pharyngitis lindern, stärkt Leber und Milz und gilt als Verstärkerpräparat für Gemmotherapie-Mischmazerate. Bei seelischem Stress stärkt es die Ausdauer.

Hainbuchenteile wirken verräuchert harmonisierend und stärken bei Unausgeglichenheit, Unruhe und Stress

ROSSKASTANIE

Die Blüten und Früchte von Rosskastanienbäumen *Aesculus hippocastanum*, die auch als Wilde Kastanien bezeichnet werden, werden seit Jahrhunderten bei Krampfadern und zur Stärkung der Beinvenen eingesetzt. Als volksheilkundliche Tinktur aus den Blüten im Frühjahr und den Kastanienfrüchten im Herbst findet sie innerlich wie auch äußerlich als Kompresse oder Badezusatz bei Hämorrhoiden und als Unterstützung zur Therapie bei Venenentzündungen und schweren Beinen Verwendung. Die Kastanienfrüchte immer sofort frisch verwenden und vor allem zerteilen, im trockenen Zustand ist dies harte Arbeit. Herzustellen ist die Tinktur laut dem Grundrezept für alkoholisch wässrige Auszüge, S. 170.

Das Verräuchern von Rosskastanienrinde, -blättern und -holz ist für Menschen geeignet, die in ihrer jugendlichen Entfaltung immer wieder zurückgestutzt wurden und sich nie verwirklichen konnten.

Red Chestnut ist die **Bachblütenzubereitung** aus den Blüten der Roten Rosskastanie. Sie unterstützt beim Umsetzen von Erkenntnissen zur Eigenständigkeit. Der Unterschied zwischen Mitleiden und Mitfühlen wird in Balance gebracht, die Wahrung der eigenen Persönlichkeit mit liebevoller Grenzsetzung zu den Problemen anderer Menschen wird erleichtert.

Die **Bachblüte *Chestnut Bud*** aus den Rosskastanienknospen ist die Lernblüte. Lernen aus Fehlern, die man immer wieder macht und über die man immer wieder stolpert. Gegen das Verdrängen und Vergessen und das Erkennen von Chancen, aus Fehlern zu lernen.

White Chestnut hilft bei innerer Anspannung nach Ereignissen, die den Menschen nicht mehr loslassen und ihm auch den Schlaf rauben. Die Weiße Kastanienblüte verhilft zu Ruhe, um klare Gedanken fassen und neue kreative Ideen entwickeln zu können.

Das **Gemmotherapiemazerat** der Rosskastanie hilft bei venösen Zirkulationsstörungen, bei Krampfadern, außenliegenden Hämorrhoiden, Besenreisern. Unterstützt Menschen in ihrer Entwicklung und Fortkommen.

Die Rosskastanie findet sich in den Kapiteln: *Essenzen*, S. 167, *Und sonst noch Wichtiges*, S. 186.

REZEPTESAMMLUNG – VON DER NOTKOST ZUM SCHMANKERL

Die Würze des Lebens kommt von unseren Bäumen

VIEL MEHR ALS NUR DAS SALZ IN DER SUPPE UND EIN NEUER ZEITGESCHMACK

Baumgewürze helfen mit ihren exquisiten Geschmacksnoten, den täglichen Salzkonsum zu reduzieren. Vielfältig einsetzbar, bereichern sie den täglichen Speiseplan in gesunder Art und Weise.

Nachstehend einige Aufzählungen und Anregungen zur Verwendung der mild bis kräftig aromatischen Baumschätze.

Der Kreativität in der Küche sind hier keine Grenzen gesetzt.

SAUCENBINDER BLÄTTERMEHLE

Getrocknete und vermahlene Weißdornfrüchte, die viel Pektin enthalten, eignen sich hervorragend als geschmacksgebende Saucenbinder.

Blättermehle bewahren ihre Wirkstoffe am besten, wenn sie erst am Ende des Kochvorganges zugegeben werden oder nach kurzem Abkühlen in Suppen und andere Gerichte eingerührt werden. Mehr zu Blättermehlen im Kapitel *Moderne Nahrungsergänzung*, S. 42.

BERBERITZENWÜRZE

Getrocknete Berberitzenbeeren mit der Kaffeemühle grob mahlen, Natursalz zugeben und weiter auf die gewünschte Körnigkeit vermahlen. In einer klaren Gewürzmühle ist dieses säuerlich-würzige Salz ein Hingucker auf jedem Tisch.

VOGELBEERPULVER

Entweder aus frischen, einmal erhitzten Beeren oder aus getrockneten Früchten herstellen. Die Hitze oder der Trocknungsvorgang ist notwendig, um die Parasorbinsäure, die Magenprobleme verursachen kann, in verträgliche Sorbinsäure umzuwandeln und somit unbedenklich zu machen.

EBERESCHENKNOSPEN

In der Gewürzmühle bringen sie eine marzipanähnliche Duftnote in alle Süßspeisen. Dieser Geruch und ihr Geschmack rühren von geringen Benzaldehyd- und Verbindungen von Blausäurevorstufen in den kleinen Kernen her.

SANDDORNBLÄTTER

Sanddornblätter eignen sich als Vitamin-C-reiche Streuwürze für Suppen, Saucen, Salate.

KLETZENBIRNEN

Die getrockneten Kerne der Kletzenbirnen mit leichtem Mandelaroma bieten sich als Würzmittel für Süßes an. Eventuell in Spuren vorhandene Vorkomponenten von Blausäureabkömmlingen werden beim Trockenvorgang unschädlich.

FLÜSSIGWÜRZE

Frisch gepresster Saft aus sehr reifen Vogelbeeren kann als Vitamin-C-reiche Flüssigwürze statt Zitrone verwendet werden.

KIEFERNDILLE

Junge Kiefernnadeln fein zu hacken und als Dillersatz bei Fischbeizen zu verwenden, ergibt in Kombination mit angedrückten Wacholderbeeren und Zitronenzesten ein sehr feines Aroma.

Vogelbeerenwürzpaste aus der Tube

1 Handvoll getrocknete Vogelbeeren • 1 Eierbecher Senfkörner • 1 Fingerhut Knoblauchpulver
Mostessig, je nach Konsistenz der Masse • Gin

Die im Mörser angedrückten Senfkörner über Nacht in Mostessig einweichen. Vogelbeeren fein faschieren und durch ein feines Sieb streichen. Eventuell mit einem Pürierstab gleichmäßig aufschlagen. Senfkörner zugeben und verrühren. Mit Mostessig und/oder Gin kann die Paste geschmeidiger gemacht werden. In Leertuben aus der Apotheke füllen und im Kühlschrank lagern. Die Paste ist sehr intensiv im Geschmack und daher sehr ergiebig. Für Suppen, Saucen, Fleischgerichte und vieles mehr.

INFO

Vitamin-C-haltige Pasten und Zubereitungen sind in der Tube besser aufgehoben als im Glas. Vitamin C baut in Verbindung mit Sauerstoff rascher ab, der Kontakt der Paste mit Sauerstoff ist bei einer Tubenöffnung wesentlich geringer als in einem Glas.

Vogelbeerenpaste © Mona Lorenz

WALDWÜRZE

Getrocknete Tannennadeln, in der Gewürzmühle fein vermahlen, bringen Wild- und Pilzgerichten einen intensiven Waldgeschmack.

Fischgewürz

1 Fingerhut bis 1 Eierbecher getrocknete Ahornblüten • 1 Fingernut bis 1 Eierbecher getrocknete Mädesüßblüten • 1 Fingerhut bis 1 Eierbecher Natursalz • Zitronenschalenzesten oder geriebene Zitronenschale, getrocknet • Dille, getrocknet

Je nachdem, wieviel Gewürz Sie herstellen möchten:

Alle Zutaten in der gewünschten Menge und nach Geschmack vermengen, in einer Gewürzmühle oder einem Glas vor Feuchtigkeit schützen.

SANDDORN-FISCHWÜRZE

Getrocknete vermahlene Sanddornbeeren statt Salz als Fischsaucenwürze verwenden.

KIEFERNZAPFENWÜRZE

Getrocknete Kiefernzapfen zerteilen und einfrieren. Nach 24 Stunden in der Tiefkühle portionsweise sehr fein mit der Kaffeemühle vermahlen.

Die Kälte hilft dabei, dass die Zapfenteile beim Mahlvorgang nicht warm werden. In einem Glas, einem Gewürzstreuer oder einer Gewürzmühle aufbewahren.

Blätter, Rinde, Knospen, Blüten, Früchte, frisch gemahlen aus der Gewürzmühle

AHORNGRÜN FÜR SUPPEN

Ein kleingeschnittenes Ahornblatt ist als Grünwürze für alle Arten von Suppen und Eintöpfen geeignet. In getrockneter Form aus der Gewürzmühle bereichert das Ahornblatt unsere Gewürzregale.

BIRKENGEWÜRZ AUS GETROCKNETEN BLÄTTERN ALS SALZERSATZ

Birkenknospen und Birkenblätter eignen sich hervorragend als Salzersatz. Dazu Knospen und Blätter trocknen und in eine Gewürzmühle füllen, dies erleichtert auch die Dosierung.

ZIRBENNADELN

Fein gewiegte Zirbennadeln eignen sich als Würzmittel für Chutneys. Fein vermahlen nur in minimaler Fingerhutdosierung verwenden und immer erst am Ende des Kochprozesses zugeben.

PAPPELBLÄTTER

Blätter der Pappel schmecken leicht scharf und eignen sich als Pfefferersatz. Am besten in der Gewürzmühle aufbewahren.

GETROCKNETE PAPPELKNOSPEN

Getrocknete Knospen der Pappel können als heimischer Zimtersatz dienen.

WALNUSS-, KIRSCHBAUM- UND WEICHSELBAUMBLÄTTER

Als Gurkengewürz und zur Erhaltung der Knackigkeit eignen sich Blätter von Walnuss, Kirsche oder Weichsel (siehe auch Kapitel *Beinahe für die Ewigkeit*, S. 49).

GETROCKNETE GRÜNE WALNUSSSCHALEN

Sie können aufgrund ihrer Schärfe als Pfefferersatz verwendet werden.

KIRSCHBAUMBLÄTTER

Mit ihrem feinen Aroma haben sie sich als Salatwürze bewährt.

RINDEN ALS WÜRZPULVER

Entbitterte, getrocknete Rinden eignen sich für Fond- und Brühenzubereitungen, die zum Aufgießen von Saucen herangezogen werden.

Dazu die Rindenteile in Wasser entbittern. Das Kochwasser mehrmals wechseln, bis sich keine Farbe mehr aus den Rinden löst. Die Rinden anschließend trocknen und in Gewürzmühlen stets frisch mahlen.

ASCHENSALZ

Die gesiebte reine Buchenholzasche mit ihrer basischen Wirkweise und dem besonderen säuerlichen Geschmack ist als Würze für Fleisch und Fisch gut geeignet.

BLÄTTERMARINADE FÜR WILDGEFLÜGEL

Zum Marinieren von Wildgeflügel bieten Laubblätter mit ihren herben Aromen ein Geschmackserlebnis der besonderen Art an. Dafür Wildentenbrüstchen in einem Absud von vorherbstlichem Buchenlaub, Wacholderbeeren und Tannennadeln vor dem Braten oder Grillen für einige Stunden marinieren.

Ganze Enten können mit Buchenblättern, Apfel und Maroni zum Braten gefüllt werden.

MIT EINEM HAUCH VON …

Aromaessenzen aus Knospen, Blüten, Blätter und Holzteilen oder geringen Mengen Harz, in Alkohol ausgezogen und in eine feine Sprühflasche abgefüllt, können als sparsame Beduftung von Speisen eingesetzt werden.

Essig, Öle und anderes Pikantes

Für kulinarisch zu verwendende Würzöle, die in keiner Küche fehlen sollten, empfehlen sich vielerlei Baumschätze. Als Basisöl für die Ansätze eignen sich geschmacksneutrale heimische kaltgepresste Sonnenblumen- oder Rapsöle in bester Bioqualität.

Als Aromen und Geschmacksgeber sind frische wie auch getrocknete oder eingelegte Blätter, Knospen, Rinde oder Holz verwendbar. Bei getrocknetem Pflanzenmaterial sinkt die Keimgefahr. Frisches Material enthält unterschiedlich viel Pflanzenwasser, was zur Verkeimung des Ansatzes führen kann. Die Öle sind bei sauberer Arbeitsweise sehr lange haltbar. Zum Aromatisieren von Salaten, Dressings, Gemüsegerichten, Kartoffelaufläufen und als Bratöl.

Öle und Essig in Sprühflaschen ermöglichen eine hauchzarte und sparsame Beduftung und Aromatisierung von Speisen. Weniger ist oft mehr. Ölauszüge lösen vor allem fettlösliche Wirkstoffe der Pflanzendroge, insbesondere Carotinoide, ätherische Öle und Phytosterole.

Ölauszüge können auf zwei unterschiedliche Arten hergestellt werden.

INFO

Bei der Ölmazeration ist darauf zu achten, dass die Pflanzenteile zumindest angetrocknet sind. Enthalten sie zu viel Wasser, besteht Schimmelgefahr, was die Haltbarkeit des Öles beeinträchtigt. (Ausnahme ist das Johanniskraut, das Rotöl des Johanniskrautes gewinnt man nur aus frischen Pflanzenteilen!)

FÜR DEN ÖLAUSZUG SIND DREI FAKTOREN WESENTLICH:

1. Dauer der Extraktion
2. Zerkleinerungsgrad der Pflanzendrogen
3. Temperatur

Üblicherweise werden Ölauszüge „kalt" angesetzt, d. h., über einen gewissen Zeitraum (21 Tage) zieht das Pflanzenöl die Inhaltsstoffe der Pflanzenteile bei Zimmertemperatur aus.

HERSTELLUNG EINES ÖLMAZERATES

Die Vorbereitung der Pflanzendrogen entspricht der des wässrig-alkoholischen Auszugs: Die Pflanzenteile müssen sauber, frei von abgestorbenen, bräunlichen und welken Stellen sein. Es empfiehlt sich, jeweils kleine Gläser zu verwenden, denn falls Schimmelbefall vorkommt, sind nur jeweils kleine Mengen zu entsorgen.

Die Pflanzenteile sollen zerkleinert werden, um mehr Ansatzfläche für das Öl zu bieten. Im Mörser andrücken oder sehr kurz (!) in einem Mixer häckseln, um die Zellwände aufzubrechen.

Die verlesenen und zerkleinerten Pflanzenteile werden mit sehr gutem Öl übergossen und zwischen 14 und 28 Tagen ausgezogen. Achten

Buchenspanansatzessig, Vogelbeerenansatzessig, Holler-Birnenbalsam, Holunderblütenansatzessig,

© Mona Lorenz

Sie bitte darauf, dass alle Pflanzenteile gut bedeckt sind – hier entwickelt sich Schimmel rasend schnell. Nehmen Sie hochwertiges naturbelassenes, nicht raffiniertes Öl aus heimischer Produktion. In Öl laufen Zersetzungsprozesse schneller ab als in alkoholischen Tinkturen, daher müssen wir einen Kompromiss finden zwischen ausreichender Extraktion der Inhaltsstoffe und einem möglichst geringen Grad an Zersetzung. Durch die Extraktion entsteht nach einiger Zeit ein Konzentrationsgleichgewicht an Wirkstoffen in der Droge und im Öl; dann ist der Auszug fertig gereift.

Die Ölansätze sollen täglich kontrolliert werden und das Kondenswasser an der Deckelinnenseite abgewischt werden!

DIE ZWEITE MÖGLICHKEIT: HEISSAUSZUG

Öl nach Wahl vorsichtig auf 60 °C erhitzen, getrocknete oder frische, leicht angetrocknete, zerkleinerte Pflanzenteile zugeben und 2 Stunden ziehen lassen. Einige Stunden abgekühlt stehen lassen und dann noch einmal erhitzen. Durch ein Baumwolltuch abseihen und in ein dunkles steriles Glas abfüllen. Luftdicht verschließen, dunkel und kühl lagern.

Haltbarkeit: ½ bis zu 1 Jahr, dennoch immer wieder auf Schimmelbildung kontrollieren.

Als beste Sammeltage für Blüten-, Blätter- und Wurzelansätze eignen sich die zugehörigen Tage nach dem aktuellen **Mondkalender.**

Blütenknospen zählen dabei zu den Blütentagen, Blattknospen zu den Blättertagen. Für Rinden- oder Holzansätze eignen sich die Tage des zunehmenden Mondes (siehe auch Kapitel *Alles mit Maß und Ziel, Verantwortungsbewusstes Ernten nach dem Mond*, S. 25).

ESSIGANSÄTZE

Ansätze aus Essig entstehen aus gutem Wein- und Mostessig oder Verjus. Die Aroma- und Wirkstoffträger sind Baumblüten, Früchte oder Holz. Die Auszugszeit beträgt je nach Einlage zwischen 14 und 28 Tagen.

GESCHMACKLICH EIN HIT

ERLENHOLZÖL

Traubenkernöl leicht erhitzen, mit geräucherten Erlenholzteilen versetzen und für zwei Tage ausziehen lassen, immer wieder leicht erwärmen.

FICHTENSPITZENÖL

Frische oder in Salzlake eingelegte Fichtenwipfel, die nur an Seitenästen mehrjähriger größerer Fichten geerntet werden dürfen, in einem sterilen Glasgefäß mit Öl bedecken und für 14 Tage ausziehen lassen. Abseihen und in dunklen Flaschen kühl lagern.

Aromatisierte Ölauszüge für die Küche, aber auch Kosmetikzubereitungen © Mona Lorenz

FICHTEN- ODER KIEFERNNADELÖL

1 Handvoll frischer Fichten- oder Kiefernspitzen (immer nur von Ästen mehrjähriger Bäume) mit kaltgepresstem Sonnenblumenöl pürieren, dann leicht erhitzen, durch ein Tuch abseihen und in eine sterile Flasche füllen.

Für Salatdressings, Wildfleischsalat oder Carpaccio, zum Anrösten von Zwiebeln, Gemüsen und Pilzen für Schwammerlsaucen und -suppen.

WACHOLDERÖL

Wacholdernadeln und Beeren zerkleinern und in heimischem Sonnenblumenöl für 7 Tage ausziehen lassen oder als Warmauszug im Schnellverfahren aromatisieren.

Kann gut zum Braten von Fischen und Wildfleisch verwendet werden.

In eine Sprühflasche abgefüllt, auch zur zarten Aromatisierung von Speisen geeignet.

LÄRCHENZAPFENÖL ZUM AROMATISIEREN

Aus jungen Lärchenzapfen kann ebenfalls ein Aromaöl zum Beduften von vielerlei Gerichten hergestellt werden.

HOLLERBLÜTENESSIG

5 frische gereinigte, aber nicht gewaschene Holunderdolden in Vollblüte oder getrocknete Hollerblüten verwenden.

Ein Schraubglas mit den Holunderdolden (oder bei getrockneten Blüten bis zu ⅓) befüllen, mit Weißwein- oder hellem Apfelessig übergießen und für 21 bis 28 Tage, je nach gewünschter Aromaintensität, ausziehen lassen. Um Verkeimung zu vermeiden, müssen alle Blüten zu jedem Zeitpunkt mit Essig bedeckt sein! Danach je nach Belieben Blüten abseihen oder im Essig belassen. In sterilen Flaschen kühl lagern.

Holler-Birnenbalsam & Ebereschenbeerenessig

½ kg reife Hollerfrüchte • 500 ml Birnenbalsamessig • 250 g Rübenzucker
Nelken, Zimt, Piment

Die Gewürze im Mörser anstoßen und in ein Mullsäckchen einbinden. Den Birnenbalsamessig mit dem Zucker und dem Gewürzbeutel aufwallen lassen, die Hollerbeeren zugeben und 7 Minuten schwach simmern lassen.

Den Balsamessig und die Hollerbeeren durch ein Sieb passieren, die Masse unter Rühren abermals erhitzen und in eine sterile Flasche füllen. Sollte zu wenig Flüssigkeit vorhanden sein, weiteren Birnenbalsamessig zugeben.

Vogelbeeren im Essig einmal kurz aufkochen und noch heiß mit Bio-Zitronenzesten in eine Flasche füllen und für 10 Tage ausziehen lassen. Durch ein Tuch abseihen und in sterilen Flaschen lagern. Passt hervorragend zu Vogerlsalat und Rucola mit Käsen wie auch zu anderen Blattsalaten und Geflügelfleisch.

Ebereschen, in italienischem Balsamicoessig eingelegt und köchelnd eingedickt, gelten als Essigdelikatesse.

Ebereschenessig kann aber auch selbst hergestellt werden, indem man gepressten frischen Beerensaft in einem offenen Glasgefäß an einem mäßig warmen Ort zum Gären bringt.

Berberitzenessig

1 Handvoll frische oder getrocknete Berberitzenbeeren • 250 ml Rotweinessig
50 g Rohrzucker

Eine Handvoll frische oder getrocknete Berberitzenbeeren in Rotweinessig und Rohrzucker aufkochen, abkühlen und für 3 Tage ziehen lassen. Abseihen und in eine sterile dunkle Flasche füllen. Als Würze für Wildsaucen, Rinderbratensauce, Vogerlsalat und mehr ...

MIT BUCHENSPÄNEN AROMATISIERTER WEINESSIG IM ANSATZVERFAHREN
Buchenspäne mit Weißweinessig übergießen und je nach Intensitätswunsch aromatisieren. Dafür 14 bis 21 Tage an einem dunklen Ort ausziehen lassen.

Echter Buchenspanessig wird auch von einem österreichischen Essigerzeuger in einem zeitlich und technisch aufwändigen Spanbilderverfahren hergestellt und überzeugt mit seinem holzigen Aroma.

Sanddornbeeren-Honig-Verjus

2 Handvoll Sanddornbeeren • 500 ml Verjus • 2 EL Waldhonig • 1 Bio-Orangenscheibe

Die Beeren verlesen, wenn möglich nicht waschen.

Jede Beere ein- bis zweimal mit einer Stopfnadel anstechen und in einem Schraubglas mit dem kochenden Essig übergießen. Eine Bio-Orangenscheibe und den Honig zugeben. An einem kühlen dunklen Platz für 14 Tage ausziehen. Abseihen und in einer sterilen dunklen Flasche ausziehen.

Der fruchtige Verjus passt gut zum Aromatisieren von allen Blattsalaten, zu Käse und Gemüsesalaten.

Buchensenf

1 Handvoll Buchenkeimlinge • 1 Handvoll junge Buchenblätter • 1 Eierbecher Senfkörner, in 2 Eierbechern Most eingeweicht • 1 Apfel • 1 Eierbecher Zitronensaft • 1 EL Essig
1 Ahornlöffel Honig

Die Senfkörner in 2 Eierbechern Most über Nacht einweichen. Die Buchenkeimlinge, die Buchenblätter und die geschälten Apfel pürieren, die Senfkörner zugeben und mit Zitronensaft, Essig und Honig abschmecken.

Feichtenmostrich

1 Handvoll frische oder in Salzlake eingelegte zarte Fichtenspitzen • 1 Eierbecher Senfsaat
2 Eierbecher Mostessig

Die Senfsaat anmörsern und über Nacht in Mostessig einlegen.

Die Fichtenspitzen mit Senfsaat und dem Mostessig bis zur gewünschten Konsistenz pürieren, in sterile Gläser füllen.

Der Feichtenmostrich ist im Kühlschrank viele Monate haltbar.

Portionen immer mit einem Holzspatel entnehmen.

Feichtenmostrich © Mona Lorenz

Käsemarmelade

150 g Vogelbeeren • 1 Apfel oder 1 Quitte • 2 Eierbecher Weißwein

Die Vogelbeeren für 24 Stunden ins Gefrierfach legen oder in Apfelessig einlegen, um die Bitterkeit zu mindern.

Am zweiten Tag die gefrorenen Beeren und den geschnittenen Apfel (Quitte) im Weißwein aufkochen, dabei immer mit einem Holzkochlöffel rühren. Die weichen Früchte durch ein Sieb streichen, Schale und die Kerne, wenn möglich, entfernen. Das Mus noch einmal aufkochen, zur Konsistenzfestigung, falls nötig, kann Gelierzucker zugefügt werden. Heiß in sterile Gläser füllen.

Hollerkaviar zum Käse

¼ kg reife Holunderfrüchte • 70 g brauner Zucker • 2 EL Senfkörner
100 ml Holunderblütenessig • Nelken, Piment, Salz • evtl. Apfelpektinpulver

Die Senfkörner sanft im Mörser andrücken und über Nacht im Holunderblütenessig aromatisieren. Am nächsten Tag die Senfkörner abseihen. Den Essig mit den gewaschenen Holunderfrüchten, den Gewürzen und dem Zucker erwärmen und den Essig durch leichtes Köcheln verdampfen. Die eingedickte Beerenmasse überkühlen lassen. Die Gewürze entnehmen, 5 EL der Holunderbeeren kurz mit dem Pürierstab pürieren. Die aromatisierten Senfkörner den Beeren zufügen und vermengen. Sollte die Masse noch zu weich sein, mit 1 Msp. Apfelpektinpulver eindicken. Dabei könnte sich die Farbe des Hollerkaviars verändern.

Hollerkaviar © Christina Dausek

Asperlchutney & Kiefern-Fichten-Pesto

1 kg Mispeln • 7 Stk. Lauchzwiebeln oder eine große blaue Zwiebel
3 mit Salz zerdrückte Knoblauchzehen • 2 Fingerhutvoll Senfkörner
1 kg Rübenzucker • Salz, Pfeffer • 1 Prise Zimt • evtl. Chilistücke

Bei den nach den ersten Frösten geernteten vollreifen Mispeln kann das Fruchtfleisch aus der Schale gedrückt werden. Die Kerne durch das Passieren durch ein Sieb aus der Masse entfernen.

Mit den in Öl angeschwitzten Zwiebeln und wenig Wasser weichkochen. Gewürze und Zucker zugeben und sehr heiß in sterile Gläser füllen.

Wenn Schärfe gewünscht wird, kann Chili zugegeben werden.

Frische junge Triebe nur von Ästen mehrjähriger größerer Bäume mit Olivenöl, Salz, geriebenem Parmesan und geriebenen Nüssen anrühren.

Dieses Waldaroma passt hervorragend zu Käse, Wildgerichten und zu Nudeln. Pestos und Würzpasten sind aus nahezu allen Blättern von Laub- und Nadelbäumen herstellbar.

Frühlingssalatdressing

2 gekochte feingehackte Eier • 3 kleingeschnittene Frühlingszwiebeln oder Schalotten
1 Knoblauchzehe, gepresst • 2–3 feingeschnittene zarte Eichenblättchen
2–3 gehackte Walnüsse • 1 Ahornlöffel Rahm • falls vorhanden, 1 Ahornlöffel Feichtenmostrich, ansonsten Senf nach Wahl • Mostessig • Walnussöl

Aus allen Zutaten ein geschmeidiges Dressing herstellen. Passt zu Blattsalaten und Kartoffelsalat. Die Eichenblättchen haben einen herb säuerlichen Geschmack.

Der milde Geschmack der **Blätterknospen der Linde** empfiehlt sie, sie zum Aromatisieren für Salatessige und Dressings zu verwenden.

Die Flügelblättchen der **Ulmensamen,** mit wenig Knoblauch in Salzlake eingelegt, bringen einen exquisiten Geschmack in Rohkost und Salate.

Frische junge Ulmenblätter als Salat brauchen mehr Salatsauce, die feinen Härchen können viel Öl aufnehmen.

Mixed Pickles

2 Handvoll sehr junger Eschensamen • 1 Handvoll Berberitzenbeeren, frisch oder getrocknet, oder • 1 Handvoll Dirndl, frisch oder in Salzlake eingelegt • 2 Ahornlöffel Zucker
Weinessig • 1 TL Senfkörner, schwarze Pfefferkörner, rosa Pfeffer (Schinusbeeren)
3 Wacholderbeeren • 1 kleines Stück Chili oder 1 Scheibe Kren

Die Eschensamen vor dem Einlegen entbittern, indem man sie in Wasser aufkocht. Das Kochwasser mehrmals wechseln. Den Bitterstoffgehalt durch Kosten herausfinden und die Kochdurchgänge darauf abstimmen.

Entbitterte Eschenfrüchte gemeinsam mit den Berberitzenbeeren und/oder den Dirndln in gezuckertem Weinessig und den Gewürzen einmal aufwallen lassen und heiß in sterile Schraubgläser füllen.

KNOSPENSCHMALZ

Schweine, Gänse, Entenrilette oder Butterschmalz kann selbst hergestellt oder als Produkt in Naturkostläden erstanden werden. Alle Schmalzsorten können mit Birkenknospen aromatisiert werden. Dazu Schmalz erwärmen und die leicht angedrückten Knospen ca. 30 Minuten mitziehen lassen.

Das Schmalz mit den Knospen in gefälligen Gläsern fest werden lassen. Ein Hochgenuss auf frischem Bauernbrot aus dem Holzofen.

Eine Veganvariante kann mit Kokosöl hergestellt werden.

Knospenschmalz © Christine Dausek

GERÖSTETE ZIRBENNÜSSE ALS KNABBEREI FÜR ZWISCHENDURCH

Sie enthalten Fette und Proteine. Die Aufbereitung des Auslösens der Samen und das Schälen ist aufwändig und gehört zu den Entschleunigungsarbeiten an langen Winterabenden.

ACHTUNG!

Das Ernten von Zirbenzapfen in der freien Natur ist aber nicht überall in Österreich erlaubt!

Flüssiges – süß, sauer und hochgeistig

Wenn sich jemand über die zartgrüne Farbe von Zubereitungen aus Baumblättern wundert und sattes Grün vermisst, kommt es daher, dass die meisten Chlorophylle nicht wasserlöslich sind. Naturbelassene grüne Farbe kommt nie an künstlich gefärbte Zubereitungen heran. Das ist ein augenscheinliches Erkennungsmerkmal bei der Auswahl von Naturprodukten des konventionellen Handels. Um aus Baumblättern sattere Grüntöne herauszulösen, ist Alkohol zum Ausziehen nötig, aber selbst in Alkohol sind nicht alle Chlorophylle zur Gänze löslich.

PASSEND ZUM THEMA:

Prosit und Prost!

Beides stammt von dem lateinischen *prodesse*, was so viel wie *„es möge nützen, es möge zuträglich sein"* bedeutet.

VON SAFT BIS SIRUP UND WEITER ZU HOCHGEISTIGEM

Ahornblütensirup

3 Handvoll Ahornblütendolden • 700 g Rübenzucker • 500 ml Wasser
2 EL Rosenblütenzucker • Saft von 2 Biozitronen

Die Blütendolden von Verunreinigungen befreien, die dicken Stiele abzwicken. Die Blüten in ein steriles Glas füllen. Wasser aufkochen und den Zucker vollständig darin auflösen. Zuckerlösung und Zitronensaft über die Blüten gießen, mit einem Mulltuch bedecken und für 48 Stunden im Kühlschrank ziehen lassen. Anschließend abseihen und noch einmal aufkochen, den Rosenblütenzucker zugeben und in kleine sterile Flaschen abfüllen. Dunkel gelagert, hält dieser Sirup über mehrere Monate.

Die Zutaten für den Ahornblütensirup © Ursula Asamer

Edelkastanienblütensirup

3 Doppelhandvoll Kastanienblüten am Stängel • 3 l Wasser • 3 kg Rübenzucker • 3 Bio-Zitronen

Eventuell vorhandene Insekten aus den Blütenstängeln entfernen, aber nicht waschen. Wasser mit der Hälfte des Zuckers aufkochen und abkühlen. Edelkastanienblüten und den Saft der Zitronen zugeben. Für 3 Tage kühl ausziehen, immer wieder umrühren. Anschließend erwärmen und durch ein Mulltuch abseihen. Den Saft mit dem restlichen Zucker aufkochen und in sterile dunkle Flaschen füllen.

Eine Genussempfehlung: Mit Soda oder Prosecco aufgespritzt, ist das ein herrlicher Sommerdrink.

Sinnlicher Traubenkirschenblütenlikör

1 Handvoll Traubenkirschenblüten von der frühblühenden Gewöhnlichen Traubenkirsche, sauber verlesen und möglichst von den Stielen geschnitten • 700 ml Wodka oder Alkohol, 40 Vol.-%, aus der Apotheke • 1 Zitrone, in Scheiben geschnitten
Weißer Kandiszucker nach Geschmack

Die Blüten für einige Stunden auf Küchenpapier antrocknen, in dem Zeitraum verflüchtigen sich Bewohner der Blüten. Mit den Zitronenscheiben im Alkohol für 21 Tage ausziehen, abseihen und mit weißem Kandiszucker süßen. In Flaschen füllen und nachreifen lassen. Ein sinnlicher Frühlingsgenuss für Liebespaare. Der Likör schmeckt nach Mandeln, was vom in sehr geringen Ausmaß in den Blüten vorhandenen Prunasin herrührt.

Li-Mo – Limonade aus Lindenblüten

2 Doppelhandvoll gerade aufgeblühte Lindenblüten • 2 l Wasser
2 Eierbecher Zitronensaft • 1 Eierbecher Rübenzucker

Die Lindenblüten über Nacht zugedeckt im Wasser ausziehen lassen. Dabei die Blüten gut untertauchen. Am nächsten Tag abseihen, den Zucker und den Zitronensaft einrühren. Mit Mineralwasser und/oder Soda oder Apfelsaft aufspritzen.

SANDDORN-EISTEE

Aus getrockneten Sanddornfrüchten milden Tee bereiten und diesen kaltstellen.

Als Maß für die Zubereitung: pro Tasse 1 EL Sanddornfrüchte mit 250 ml Wasser.

Den gekühlten Tee mit einem Melissenblatt und Heidelbeereiswürfeln servieren.

SANDDORNSAFT

Vitaminreicher Sanddornsaft (Frischsaft, Ursaft, Muttersaft aus der Apotheke) zeichnet sich nicht nur durch seine lange Haltbarkeit ohne zusätzliche Konservierung aus, sondern überzeugt auch mit Geschmack. Gesundheit pur als Getränk!

Sanddorn-Karotten-Drink

1 Handvoll frische Sanddornbeeren • 3 kleine oder 2 große geraspelte Karotten
1 EL Honig • 1 EL Distelöl

Frische Sanddornbeeren und geraspelte Karotten in wenig Mineralwasser fein pürieren. Zusätzlich durch ein Sieb streichen. Öl und Honig einrühren und nach Wunsch mit Mineralwasser verdünnen.

Liebeselixier aus dem Sanddorn

1 Handvoll Sanddornblüten und -triebspitzen • 1 Handvoll Sanddornblätter
1 Handvoll frische oder getrocknete Sanddornbeeren • 1 EL frische oder getrocknete Rosenblüten • 1 EL Honig • ½ l süßer Rotwein

Wir beginnen im Frühjahr mit dem Ansatz des Liebeselixiers. Die Blüten und Triebspitzen säubern, aber nicht waschen und in einem süßen Rotwein ansetzen. Es folgen die jungen Blätter nach der Entfaltung. Blüten und Blätter 2 Monate nach der Zugabe der Blätter entfernen. Den Blüten- und Blätterwein kühl und dunkel lagern. Abgeschlossen wird das Elixier mit der Zugabe der angestochenen Beeren nach der Reife und der frischen oder getrockneten Rosenblüten. Es können auch getrocknete Sanddornbeeren aus dem Vorjahr verwendet werden.

Den Ansatz noch für 21 Tage ziehen lassen, abseihen und den Honig zufügen. In eine gefällige Flasche abfüllen, die am Nachtkästchen einen schönen Blickfang gibt. Löffelweise eingenommen, dient das Elixier als Stärkung für lange Liebesnächte.

Sanddornlikör © Christine Dausek

Waldsirup für mehr Nervenruhe

2 Handvoll grüne Kiefernzapfen • 1 l Wasser • 1 kg Zucker
5 mg Bio-Zitronensäure • 3 Bio-Zitronen

Die Zapfen reinigen und in kleine Teile schneiden. Dabei das Messer leicht einölen, da ansonsten das Zapfenharz an der Klinge kleben bleibt. Die Zapfen im Wasser ca. 30 Minuten ausköcheln, auskühlen lassen und Zitronensäure und den Saft der Zitronen hinzufügen. Die Saftzubereitung in einem Glas dunkel und abgedeckt 48 Stunden ziehen lassen. Öfters umrühren. Dann die Zapfenteile entnehmen, den Saft durch einen Kaffeefilter abseihen, aufkochen und den Zucker zusetzen. Heiß in sterile Flaschen füllen. Kühl und dunkel lagern.

Läuterzucker aus Birkensaft und -blättern

100 ml Birkensaft • 100 g Zucker • 30 Birkenblätter • 1 EL Zitronensaft

Birkensaft, Wasser und Zucker aufkochen, bis der Zucker vollständig aufgelöst ist. Die Blätter zugeben und weitere 5 Minuten leicht simmern lassen. Erkalten lassen, die Birkenblätter herausnehmen, abseihen, den Zitronensaft gegen Auskristallisieren hinzugeben und in ein steriles Glas füllen. Birkenblätter auf Backpapier trocknen, sie sind als Süßspeisendeko zu verwenden.

Der Läuterzucker kann zum Verdünnen von Tortenglasuren, zu allen Desserts, für Cocktails, Obstsalate, zum Süßen von Pasten und Cremen, in der Eiszubereitung, für Sorbets und vieles mehr verwendet werden.

Läuterzucker soll nicht im Kühlschrank aufbewahrt werden.

Apfelpektin selbst herstellen

1 kg Apfelreste oder Fruchtfleisch einer sauren Sorte oder unreife Äpfel im Spätherbst
500 ml Wasser • Saft von 2 Zitronen zur besseren Konservierung

Apfelreste und oder Fruchtfleisch im Wasser aufkochen und ca. 30 Minuten leicht köcheln lassen. Die breiige, weiche Masse durch ein Mulltuch im Sieb abgießen und 24 Stunden abtropfen lassen. Nicht pressen! Die entstandene Flüssigkeit wieder aufkochen und einreduzieren. Sollte man die zurückgebliebenen Schwebteile nicht im Pektin haben wollen, kann man die Flüssigkeit vor dem Erhitzen durch ein Sieb abseihen. Eine Gelierprobe anfertigen: 1 TL Flüssigkeit und 3 EL Alkohol, 96 Vol.-%, verrühren, bis sich größere Klumpen bilden. Sollte die Gelierkraft noch zu wenig vorhanden sein, was sich an kleinen Klümpchen zeigen würde, die Pektinflüssigkeit weiter einreduzieren und somit konzentrieren. Wenn die gewünschte Gelierkraft erreicht ist, das gewonnene Pektin in mit kochendem Wasser ausgewaschene Gläschen füllen und sofort verschließen. Es empfiehlt sich auch das Einfrieren in kleinen Portionen, wie Eiswürfelgröße.

Als Richtwert gilt: für 1,5 kg Fruchtmasse zum Gelieren benötigt man ca. 250 ml Apfelpektin. Pektinarme Früchte können mehr benötigten.

EICHELKAFFEE

Eichelkaffee unterscheidet sich von Eichelmehl nur durch die stärkere Röstung. Für eine Tasse Eichelkaffee 1 TL mit kochendem Wasser übergießen und einige Minuten ziehen lassen. Den Satz durch ein sehr feines Sieb (kein Filterpapier verwenden) abseihen und trocknen, er kann als Mehlpulver weiterverwendet werden.

Eichelkaffee wird verdauungsfördernde wie auch stimmungsaufhellende Wirkung nachgesagt.

Das Rezept für Eichelmehl oder Eichelkaffeepulver ist im Kapitel *Moderne Nahrungsergänzung*, S. 42, zu finden.

Eichelkaffee © Mona Lorenz

Apfelkerngeist

250 ml Alkohol, 25 Vol.-% • 70 g unbeschadete Apfelkerne • 40 g brauner Kandiszucker
1 Vanilleschote • 1 kleines Stück Zimtrinde

Unbeschädigte Apfelkerne, Kandiszucker und Vanilleschote in eine Weithalsflasche füllen, mit Alkohol übergießen und an einem dunklen Ort für 3 Wochen ausziehen. Jeden Tag einmal bewegen, damit sich der Kandiszucker gut auflöst.

Apfelkerne enthalten, wie auch das weiche Innenleben von Steinen oder Kernen anderer Rosengewächse, eine Blausäureverbindung mit Zucker und Benzaldehyd in geringer Menge. Diese Blausäureverbindung dient als Schutz gegen Fraßfeinde, Bakterien und Pilze und sie verhindert vorzeitiges Keimen. Blausäure selbst ist leicht flüchtig, bei Temperaturen über 25 °C und beim Einlegen in Alkohol verdampft sie. Zurück bleibt Benzaldehyd mit dem typischen Geruch und Geschmack von Mandeln. Benzaldehyd könnte zu einer leichten Gelbfärbung des Alkohols führen.

ACHTUNG!

250 ml Alkohol, 25 Vol.-% (Verdünnung laut Mischungskreuzrechnung oder in der Apotheke vorrichten lassen)

70 ml Alkohol, 96 Vol.-%, mit 180 ml destilliertem Wasser verdünnen, ergibt 250 ml Alkohol, 25 Vol.-%

160 ml Alkohol, 40 Vol.-%, mit 90 ml destilliertem Wasser verdünnen, ergibt 250 ml Alkohol, 25 Vol.-%

WODKAQUITTEN

Die gewünschte Menge Quitten schälen und das Fruchtfleisch kleinwürfelig schneiden. Die Quittenwürfel mit gezuckertem Apfelsaft bedecken, 15 Minuten leicht köcheln, sodass sie noch nicht zu weich sind. Die Fruchtstücke kurz abtropfen lassen und in sterile Gläser füllen, mit Wodka übergießen. Die hochgeistigen Quitten sind nach drei Wochen geschmacklich ein Gedicht. Eine Variante mit Whiskey ist ebenso zuzubereiten.

Der Kochsud, der fein nach Quitten schmeckt, eignet sich gut als Fruchtsaftgetränk zu Süßspeisen.

Wodkaquitten © Christine Dausek

Buchenrot von der Rotbuche

1 l süßer Rotwein nach Gusto und Geschmack • 1 Handvoll frische Buchenblätter
evtl. 1 Eierbecher Mädesüßkraut

Die Buchenblätter grob schneiden, in den Rotwein einlegen und für 7 Tage mazerieren. Es müssen ständig alle Pflanzenteile vollständig mit Wein bedeckt sein. Der leicht säuerliche Geschmack der jungen Buchenblätter verbindet sich mit der Süße des Weines. Jeden Tag einmal bewegen. Danach abseihen und in einer sterilen Flasche kühl lagern.

Sollte die Süße für Ihren Geschmack nicht ausreichen, kann Mädesüßkraut für drei weitere Tage zugegeben werden oder mit 1 Eierbecher Birkensaftläuterzucker gesüßt werden.

Sonniger Frenettenwein

2 Handvoll Eschenblätter • 1 Handvoll Eschentriebe • 1 l Wein nach Wahl
1 EL Honig • 1 Eierbecher Birkenwasserläuterzucker

Junge, gereinigte Eschenblätter und junge Eschentriebe verlesen und zerkleinert in fruchtigem oder einem Spätlese-Weißwein (oder nach eigenem Gusto und Geschmack einen anderen Wein wählen) ansetzen und für 7 Tage ausziehen lassen. Das Glas täglich einmal bewegen. Dann abseihen, wenn gewünscht, Honig oder Birkenwasserläuterzucker hinzugeben und in sterilen dunklen Flaschen kühl lagern.

Mit Soda oder Prosecco ein erfrischendes Sommergetränk. Die Eschenfrenette zählt zu den Elixieren und soll maßvoll, in kleinen Mengen genossen werden.

Die schon im 17. Jh. erwähnte Weinzubereitung hat ihren Ursprung vermutlich in Südfrankreich oder Spanien. Zahlreiche Rezepte sind für diesen Eschenwein im Umlauf. Die Frenette gilt als Lebenselixier, das das Leben verlängert. Sie gilt nicht nur als Getränk, sondern gehört zur genussvollen Volksheilkunde. Je nach Wunsch und Geschmack kann man diesen Weinansatz auch mit dem eigenen Lieblingswein ansetzen.

Herzwein aus dem Weißdorn

1 Handvoll reife Weißdornbeeren des Zweigriffeligen Weißdorns
½ l Spätburgunderwein aus Österreich

Im Frühling aus den Weißdornblüten und Blättern eine Essenz in 40 Vol.-% Alkohol ausziehen und diese für die Weiterverarbeitung aufbewahren. Für den Herzwein verwenden wir auch die Früchte im Herbst.

Die Weißdornbeeren waschen und andrücken, in eine Weithalsflasche füllen und für 28 Tage im Wein ausziehen lassen. Jeden Tag einmal bewegen, es müssen immer alle Pflanzenteile mit dem Wein bedeckt sein.

Nach dem Abfiltern 10 ml der Weißdornblüten- und -blättertinktur hinzufügen und in eine sterile dunkle Flasche füllen.

1 Stamperl pro Tag ist die empfohlene Dosis.

Kirschgummi-Medizinalwein

1 EL große Menge Kirschgummi • Zimtstange, Vanillestange • 1 Schale Kirschenkompott
Lindenblütenhonig (wenn vorhanden, ansonsten anderer Bienenhonig)
0,5 l Rotwein nach Geschmack

Den wasserlöslichen Kirschgummi mit der Zimt-, der ausgekratzten Vanillestange, dem Honig, dem Kirschenkompott und dem Wein in ein großes Schraubglas füllen.

Für 21 Tage rasten lassen, dann abseihen und in eine sterile dunkle Flasche füllen.

Sollten sich bei der Kirschgummiauflösung in Flüssigkeit Schwebstoffe bilden, können diese herausgefiltert werden.

Ein uraltes Mittel bei Blasensteinen und Bronchitis. Stimmungsaufhellend wirkt diese Mischung allemal.

Lärchenwodka

5 junge kleine Lärchentriebe • 5 junge weiche Lärchenzapferl • 30 g weißer Kandiszucker
2 EL Honig • 500 ml Wodka

Lärchentriebe und -zapferl mit dem Kandiszucker und dem Honig in einem Glas ansetzen. Öfters schütteln, damit sich der Kandiszucker gut löst. Nach 21 Tagen abfiltern und in einer dunklen Flasche aufbewahren.

Slow-Gin-Ansatz

½ kg reife Schlehen, nach dem ersten Frost geerntet • 1 l Gin • ½ l fruchtiger Rotwein
500 g brauner Kandiszucker • 1 Bio Orange • Zimtstange, Vanilleschote, Nelken

Die Schlehen, nach dem ersten Frost geerntet, waschen und verlesen, mit dem Kandiszucker, den Gewürzen und der in Scheiben geschnittenen Orange, Gin und Wein in einem großen Schraubglas ansetzen und mit einem Holzlöffel umrühren, um den Zucker besser aufzulösen. Nach 21 Tagen, bzw. wenn sich der Kandiszucker zur Gänze aufgelöst hat, abgießen, in dunkle Flaschen füllen und 21 Tage nachreifen lassen. Die Früchte können als geistige Zutat für Kompotte verwendet werden.

Der Slow-Gin-Ansatz kann, mit Orangensaft verdünnt, auch als heißer Schlehenpunsch genossen werden.

Süßer Fichten-Wacholdergeist

4 grüne Fichtenzapfen • 0,7 l Gin • 5 Wacholderbeeren • 100 g brauner Zucker

Wenn die grünen Fichtenzapfen auf hohen Fichten nicht greifbar sind, können auch Kiefern- oder Lärchenzapferl verwendet werden.

Die Zapfen klein schneiden, in einem Schraubglas mit dem Zucker bedecken und diese Mischung 3 Tage ziehen lassen. Anschließend den Gin und gequetschte Wacholderbeeren zugeben. Für 56 Tage an einem hellen Ort durchziehen. Das Glas jeden Tag einmal schütteln.

Nach den 8 Wochen abseihen und in eine gefällige Flasche abfüllen. Dunkel lagern.

Weidenrindenwein

40 g getrocknete Weidenrinde (auch aus der Apotheke) • 1 l süßer Wein nach Wahl
1 Eierbecher Birkenläuterzucker, wenn gewünscht

Süßen Weißwein oder einen anderen Wein nach Geschmack mit der getrockneten Weidenrinde ansetzen und für eine Woche ausziehen. Abseihen und in Fingerhutmengen täglich zu sich nehmen. Weidenrindenwein kann Kopfweh lindern und hilft auch bei Schlaflosigkeit. Sollte der Wein mehr Süße benötigen, kann 1 Eierbecher Birkenläuterzucker zugegeben werden.

KÜCHENPARFÜMS ZUM AROMATISIEREN VON SPEISEN

Holzteile in 96 Vol.-% Alkohol für 14 Tage ausziehen lassen. Mit abgekochtem Wasser auf 70 Vol.-% verdünnen und in kleine Sprühflaschen füllen. Die Holzextrakte als Küchenparfüm und zum Aromatisieren von Speisen verwenden.

Schlehengin © Christine Dausek

Zirbenschnapserl © Christine Dausek

In der Früh, zu Mittag, am Abend

UND VOM ZWISCHENESSEN

BAUMKOST FÜR DAS FRÜHSTÜCK

Topfbrot

150 g mehlige Kartoffeln, gekocht, geschält, zerdrückt und ausgekühlt • 350 g Weizenmehl
150 g Eichelmehl • 335 g Wasser • 12 g Salz • 0,4 g Frischhefe

Die Zutaten vermengen, gut verkneten und eine halbe Stunde im bemehlten Korb rasten lassen. Den Backofen mit dem Gusseisen-Topf ca. 20 Minuten auf 250 °C vorheizen.

Den Teig in den heißen Topf schütten, zudecken und 30 Minuten backen, dann den Deckel abnehmen und weitere 30 Minuten bei ca. 220 °C fertigbacken.

Apfelaufstrich

250 g Topfen/Quark • 2 EL Schlagobers/Schlagsahne • Salz, Pfeffer
1 Prise Zucker • 2 Äpfel • 1 EL Zitronensaft • 2 EL geriebener Kren
1 Zwiebel • 4–7 junge Apfelbaumblätter, je nach Größe

Äpfel und Zwiebel klein schneiden, mit Topfen, Schlagobers, Zitronensaft und Kren verrühren.

Die jungen Apfelbaumblätter fein hacken, Salz, Pfeffer und Zucker nach Wunsch einrühren.

Birkenblattmarmelade

1 kg junge Birkenblätter • 4 ½ kleine Becher Wasser • 4 Eierbecher Bio-Zitronensaft, gepresst
4 Eierbecher Apfeldicksaft • 1 schwacher kleiner Becher Rübenzucker, je nach gewünschter Süße • 1 Ahornlöffel Apfelpektin zum Gelieren

Die Birkenblätter im Wasser als Kaltansatz ansetzen, über Nacht oder 48 Stunden stehen lassen, bis das Ansatzwasser Farbe angenommen hat. Dann einmal aufkochen und durch ein Tuch abseihen. Zitronensaft, Apfeldicksaft und Rübenzucker mit 1 EL Apfelpektin zugeben und unter Rühren aufwallen lassen. In sterile Gläser abfüllen. Kühl und dunkel gelagert, ist das Gelee mehrere Monate haltbar.

Der Birkenblätteransatz kann auch, mit Zucker und Zitronensaft versetzt, als Sirup verwendet werden.

„Birker" Müsli

2 EL Haferflocken, gequetscht • 2 EL Dinkelflocken
1 EL Birkenknospen • Apfel-/Birnenstücke – Menge nach Wunsch
Getrocknete Marillen – Menge nach Wunsch • 1 EL Berberitzenbeeren
Walnüsse – Menge nach Wunsch • Joghurt-Honig-/Quittengelee-Sauce

Getrocknete Birkenknospen werden weicher, wenn sie einige Minuten in der Jogurt-Honig-Sauce ziehen können. Die Mengenzusammenstellung kann je nach Gusto selbst gewählt werden. Die Joghurt-Honigsauce wird aus Naturjoghurt, das mit 1–2 EL Honig gesüßt wird, zubereitet.

LÄRCHEN- ODER TANNENWIPFELBUTTER
1 KL frische junge, von Verunreinigungen befreite und sehr klein gewiegte Lärchennadeln mit weicher Butter verrühren und nach Gusto mit gemahlenen Birkenblättern würzen.

Die Wipfel von Nadelbäumen immer nur an den Seitenästen und baumschonend ernten!

Lindenblätterschmusie – eine Grünmelange für den Start in den Tag

1 große Handvoll Lindenblätter • 10 Weidenblätter der Silberweide • 1 Eierbecher Lindenblüten
1 Apfel • 1 Biozitrone • 1 Fingerhut getrocknete Birken- oder andere Baumknospen
1 kleiner Becher Wasser

Die Lindenblätter waschen und pürieren, Zitronensaft, geschnittenes Fruchtfleisch und den geschnittenen Apfel zugeben und weiter mixen. Am Schluss die Baumknospen noch kurz mit mixen.

ZWISCHENESSEN AM VORMITTAG

ASCHERZELTEN UND BROTFLECKEN
Ein beliebtes und ganz besonderes Nebenprodukt beim Brotbacken waren und sind die Ascherzelten und Brotflecken. Zur Temperaturüberprüfung nach dem Heizvorgang im Holzbackofen wurden vor dem Backbeginn Teigflecken aus einem weizenlastigen Mischteig in eine flache Form gedrückt und in Glut und

Birkenblattmarmelade
© Mona Lorenz

„Birker" Müsli
© Mona Lorenz

Lindenblätterschmusie
© Mona Lorenz

Asche in Minutenschnelle gebacken. Danach wird der Backofen von der Glut befreit, der Boden gereinigt und die Brotlaibe gebacken. Brotflecken wurden auch mitunter in der Resthitze des Ofens nach dem Brotbacken gedörrt.

Ascherzelten und Brotflecken harmonieren mit Butter, Rahm, Topfen und aromatisierten Würzölen als sparsamer, dünner Belag.

Als Beilage zur Brotzeit mit Wurst und Käse sind sie ebenso geeignet wie zur Vormittagsrahmsuppe mit Kartoffeln.

Natürlich sind Ascherzelten und Brotflecken unmittelbar aus dem Ofen der Hochgenuss.

Diese Gebäcke sind aber auch ausgezeichnet haltbar (solange sie niemand stibitzt).

BAUMKOST ZUM MITTAGESSEN

Feines Maronisüppchen

400 g Maroni • 1 Zwiebel • 1 Kartoffel • 49 g Butter • 250 ml Weißwein • 750 ml Gemüsebrühe
125 ml Schlagobers/Schlagsahne • Salz, Pfeffer, Zucker, Muskatnuss

Über Kreuz eingeschnittene Maroni im Ofen ca. 30 Minuten erhitzen oder 15 Minuten in Wasser kochen. Wenn sich die Schale aufwölbt, herausnehmen, schälen und in Stücke schneiden.

Kleingeschnittene Zwiebel in Butter anschwitzen, Zucker zugeben und mit Wein ablöschen und die Sauce einreduzieren.

Kartoffelwürfel und Maroni zugeben, anrösten, mit der Suppe aufgießen und ca. 20 Minuten leicht köcheln.

Wenn die Maroni weich sind, pürieren, Schlagobers zugeben, Suppe würzen und aufschlagen.

Mit einem Klecks Schlagobers servieren.

Klare Brennnesselbrühe mit Ulmenfritatten

500 g Brennnesselblätter, frisch gepflückt • 2 EL Butter • 1 l Wasser
1 große Karotte, in Scheiben geschnitten • 1 Zwiebel, geschnitten • 1 große Kartoffel, in Würfel geschnitten • Salz, Pfeffer • 2 EL Schnittlauchröllchen • Für die Ulmenfritattenrolle
220 g Mehl nach Wunsch • 30 g vermahlene Ulmenblätter • 2 Eier • 0,5 l Milch • Salz • Butter
4–5 frische Ulmenblätter, kleingewiegt

Für die Suppe die Brennnesselblätter von den Stängeln zupfen und waschen. Die Butter in einem großen Topf erhitzen und die nassen Brennnesselblätter hinzufügen, andünsten, bis sie zusammenfallen. Die Gemüsebrühe aufgießen, die geschnittene Karotte, Kartoffel und Zwiebel zugeben und 20 Minuten lang köcheln lassen. Die Menge ergibt 4–6 Teller klare Brühe. Der hohe Eisengehalt der Brennnessel gibt der Suppe einen intensiven Geschmack, der an Rinderbrühe erinnert.

Aus den Mehlen, Eiern, Milch und Salz einen Palatschinkenteig rühren, kleingewiegte Ulmenblätter zugeben. Den Teig kurz rasten lassen. Die Palatschinken in Butter dünn ausbacken.

Jeweils 3 Palatschinken aufeinanderlegen und einrollen. Von dieser Rolle dünne Scheiben abschneiden und eingerollt in der Suppe servieren.

Kartoffel-Pastinakenlaibchen mit Eichenblättern

150 g mehlige Kartoffeln • 100 g Pastinaken • 8 Eichenblätter, klein geschnitten
1 Ei • 1 Knoblauchzehe, gepresst • Salz, Pfeffer, Muskatnuss • Wacholderöl oder anderwertiges Öl zum Herausbacken • evtl. 1 EL Mehl • evtl. 1 EL Schlagobers/Schlagsahne

Kartoffeln und Pastinaken würfeln, halbweich kochen und pürieren. Ei, Gewürze und Eichenblätter einarbeiten. Laibchen formen und in heißem Öl goldbraun herausbacken. Falls die Masse zu fest ist, 1 EL Obers beigeben, bei zu weicher Masse 1 EL Mehl einarbeiten.

Ahornsauerkraut – dieses Kraut macht garantiert nicht fett

ca. 200 g junge, frische Ahornblätter (Feld- oder eventuell Spitzahorn) ohne Stängel
10 größere, frische Ahornblätter • 150–170 ml abgekochtes Wasser • 1 TL Natursalz
2–3 Lorbeerblätter, Wacholderbeeren, 3 Stängel Wasserpfefferkraut und -beeren, nach Wunsch auch Senfkörner, Wiesenkümmel

1 Einmachglas mit Bügelverschluss und dazupassende Glasgewichte oder gereinigte abgekochte Steine zum Beschweren. Es kann auch eine umgedrehte Teetasse, die zwischen Gärgut und Glasdeckel eingeklemmt wird, verwendet werden.

Die großen Ahornblätter reinigen und zur Seite legen. Die restlichen Ahornblätter ebenfalls reinigen, kurz im kalten Wasser schwenken und in Streifen schneiden. Mit den Gewürzen in das Bügelglas abstandslos und fest mit einem Holzstößel in das Bügelglas pressen. Mit den großen Blättern in zwei Lagen übereinander belegen und so abschließen, dass alle geschnittenen Teile gut nach unten gehalten werden. Mit den Gewichten beschweren und falls notwendig mit abgekochtem Wasser auffüllen, sodass die Krautteile gut bedeckt sind. Das Glas verschließen und für eine Woche bei Zimmertemperatur stehen lassen. Anschließend für ca. 3 Wochen in dunkler Umgebung weiter reifen lassen. Das Glas während des Reifeprozesses nie öffnen.

Nach 4–6 Wochen sollte das Ahornkraut fertig durchgezogen sein. Bei längerer Reifezeit wird es milder im Geschmack.

Vor dem Servieren mit geraspeltem Apfel verfeinern.

TIPP

Ahornblätter im Ganzen vergoren, können mit unterschiedlichen Reis- oder Gemüsefüllungen gefüllt werden. Diese werden vor dem Einlegen zum Gären kurz blanchiert.

Ulmenfritatten in klarer Brennnesselbrühe
© Christine Dausek

Ahornsauerkraut © Mona Lorenz

Ahornblattspinat

1 großer Topf voll frischer junger Ahornblätter, die Stiele abschneiden • 1 Zwiebel, kleingeschnitten • 3 Zehen Knoblauch, mit Salz zerdrückt • 1 EL Butter • Gemüsebrühe
1 Eierbecher Weißwein

Zwiebel und Knoblauch in der Butter andünsten, die Ahornblätter zugeben. Diese fallen sofort stark zusammen. Mit Gemüsebrühe und dem Wein nach und nach aufgießen. Zarte Blätter sind in der Regel schnell weichgedünstet. Die Masse pürieren und, wenn gewünscht, mit Gewürzen abschmecken.

Wenn Rahmspinat gewünscht wird, wird der Rahm nach Fertigstellung eingerührt.

Ahornspinat kann auch als Strudelfüllung in Verbindung mit Schafskäse verwendet werden.

Buchenkeimlinge in Salzlake © Ursula Asamer

TIPP

Buchenkeimlinge eignen sich als Salatzugabe oder fein geschnitten auf Butterbrote.

KARTOFFELSPALTEN MIT WACHOLDERBUTTER

Kartoffeln waschen und abbürsten, in Spalten schneiden, mit klein gewiegten Tannen- und Rosmarinnadeln bestreuen, mit Würzöl nach Wahl (z. B. Knoblauch, Rosmarin) beträufeln und im Backofen bräunen. Dazu schmeckt hervorragend Wacholderbutter.

Dafür die Butter weich rühren, mit gestoßenen Wacholderbeeren und dem Wacholder-Zitronenzesten-Salz und Pfeffer würzen. Die Butter 1 cm hoch auf ein Holzbrett streichen und im Kühlschrank sehr fest werden lassen (evtl. auch für 1 Stunde in den Gefrierschrank stellen). Butter mit einer Tannenbaumkeksform ausstechen, den Rest vom Ausstechen zu Kugeln formen.

Frühlings-Baumsalat

2 Handvoll junge Lindenblätter • 1 Apfel • Rote Zwiebelwürfel, die Menge nach Geschmack
3 EL Haselnüsse, gehackt • Für das Dressing: 1 Eierbecher Bio-Rapsöl
½ Eierbecher Haselnussöl • 2 EL Hollerblütenessig • 1 TL Lindenblütenhonig
1 TL Buchensenf • Salz, Pfeffer nach Geschmack • Grüne Salate aus dem Mistbeet, die im Spätfrühling schon zur Verfügung stehen • Endiviensalat • Zuckerhut

Salate verlesen und waschen, Lindenblätter und Apfel klein schneiden, Zwiebelwürfel und gehackte Haselnüsse hinzugeben und mit dem Dressing vermischen.

TIPP

Haselnussöl eignet sich auch hervorragend zum Marinieren von Wildfleisch.

Flamkuchen mit Baumbelag

200 g Mehl • 120 g Wasser • 2 EL kaltgepresstes heimisches Speiseöl
1 Prise fein vermahlene Birkenblätter oder Salz

Für den Belag eignen sich junge Blätter von der Birke, der Linde, des Feldahorns und der Ulme.
Je nach Größe des Flamkuchens reicht
1 lockere Handvoll Blätter.
1 rote Zwiebel, in Ringe geschnitten
4 EL gewürfelter Selchspeck (nach Wunsch auch mehr) • 1 Glas Sauerrahm/Saure Sahne
Salz, Pfeffer • Saft einer ½ Zitrone

Mehl, Salz, Öl und Wasser zu einem glatten Teig verkneten und ca. ½ Stunde im Kühlschrank ruhen lassen.

Den Backofen auf 220 °C vorheizen. Die Baumblätter in Streifen schneiden und in heißem Wasser mit Zitronensaft blanchieren, kurz ziehen lassen. Den Sauerrahm würzen, die Zwiebel in Scheiben schneiden und den Speck würfeln.

Den Teig dünn ausrollen und auf ein mit Bienenwachs-Backwaxi (siehe Bezugsquellen, S. 197) bestrichenes Backblech legen. Mit den blanchierten Baumblättern belegen, Rahm darüberstreichen, mit Zwiebel und Speck belegen und bei 220 °C für 10–15 Minuten backen.

ZWISCHENESSEN AM NACHMITTAG

Müsliriegel

100 g Haselnüsse, gehackt • 50 g Birkenknospen • 1 EL Bucheckern, geröstet
150 g Haferflocken • 75 g Cranberries, getrocknet • 50 g Heidel- oder Berberitzenbeeren, getrocknet • 100 g Sonnenblumenkerne • 125 g Butter • 120 g Birkenblattmarmelade
2 Eiweiß/Eiklar

Nuss, Knospen, Bucheckern leicht anrösten. Eiweiß steif schlagen. Den Ofen auf 150 °C (Umluft) vorheizen. Die Cranberries grob hacken. Die Butter mit Birkenmarmelade im Glas im Wasserbad schmelzen, leicht überkühlen lassen, zur Trockenmasse zugeben und gut miteinander vermischen, den Eischnee unterheben. Auf ein mit Backpapier belegtes Blech streichen und flächig gleichmäßig fest 1 cm dick andrücken.

Die Masse 15–20 Minuten, je nach gewünschtem Bräunungsgrad, backen. Nach dem Auskühlen mit einem scharfen Messer in Riegel schneiden.

Was auch möglich ist: Die Masse auf rechteckige Backoblatenplatten aus Kartoffelstärke streichen.

Dazu ein Glaserl Fruchtsaft von der Quitte, der Birne, vom Apfel, eine Tasse Tee oder ein Stamperl Medizinalwein.

BAUMKOST AM ABEND

GEMÜSECHIPS MIT WACHOLDERRAHM

Kartoffeln schälen, fein hobeln, trockentupfen und bei 180 °C im Backofen backen. Rote Rüben ebenfalls sehr fein hobeln, mit Olivenöl beträufeln und bei 180 °C für ca. 40 Minuten im Backofen backen. Den Hokkaidokürbis in feine Stücke schneiden oder hobeln, auf Backpapier auflegen und mit Gewürzöl beträufeln.

Im Backofen ca. 40 Minuten backen. Bei der Hälfte der Garzeit die Chips wenden und die Feuchtigkeit immer wieder aus dem Backofen entweichen lassen.

Wacholderdip: 250 g Sauerrahm/Saure Sahne mit den zerkleinerten Wacholderbeeren und 1 Fingerhut Gin verrühren, mit Pfeffer und Wacholdersalz würzen. Kalt zu den Gemüsechips servieren.

Folienkartoffel mit Leave Topping mit Birkenknospen und -blättern

Gegarte große Folienkartoffeln (Menge je nach gewünschter Portionsgröße)
1 Eierbecher Birkenknospen • einige junge frische Lindenblätter • 1 kleingeschnittene Zwiebel
2 junge Löwenzahnblättchen • 1 EL Wasserpfefferblätter, getrocknet • 1 Prise Chiliflocken
Weißschimmelweichkäse oder Ziegenfrischkäse • ½ Becher Gemüsebrühe
1 kleiner Becher Schlagobers/Schlagsahne • 1 Prise Salz, Pfeffer, Kresse oder Keimlinge

Für das Topping die Zwiebel anschwitzen, restliche Zutaten kurz mitrösten, dann mit Gemüsebrühe und Schlagobers ablöschen und einreduzieren. Am Ende den Schmelzkäse zugeben. In die angeschnittenen Folienkartoffeln füllen und mit Kresse oder Keimlingen belegen.

Kartoffel-Buchenblätter-Pürree

400 g festkochende Kartoffeln • 1 ½ Becher Milch • 1 Ahornlöffel Butter
1 Handvoll junge Buchenblätter • 1 Prise Muskatnuss, Salz und Pfeffer

Geschälte Kartoffeln im Dampf garen und pürieren, Milch und Butter einrühren.

Die geschnittenen Buchenblätter zugeben und würzen.

PAPPELMILCH

Knospen der Balsampappel oder der Schwarzpappel in leicht erwärmter Milch (max. 40 °C) 15 Minuten ziehen lassen und abseihen.

Herzchutney als Beigabe zu Käse

2 Handvoll Weißdornbeeren, nach dem ersten Frost geerntet (je nach Größe der Früchte auch mehr) • 1 Zwiebel, kleingeschnitten • 1 Apfel, kleingeschnitten • 1 Tasse Apfelsaft oder Wasser
100 ml Balsamessig oder einen anderen Ansatzessig • 2 EL Wacholderöl • 100 g Rübenzucker

Die Weißdornbeeren in Wasser oder Apfelsaft weichkochen und durch ein Sieb passieren, damit die Kerne entfernt werden können. Die Zwiebel- und Apfelstücke in Wacholderöl anschwitzen, das Weißdornmus, Zucker und Essig zugeben und einreduzieren. Nach Wunsch würzen und heiß in sterile Gläser füllen. Schmeckt ausgezeichnet zu Schnittkäse.

Zu Käse passt auch der Hollerkaviar aus dem Kapitel *Essig*, S. 132.

TIPP

Und passend dazu ein Glas Herzwein mit dem Weißdorn in Spätburgunder (Rezept im Kapitel *Flüssiges*, S. 139). Herz was willst Du mehr?

Fichtencreme

200 ml Milch • 3 EL frische Fichtenwipferln • 15 g Puddingpulver oder Stärkemehl
1 Vanilleschote • 1 Prise Zimt • Zucker nach Wunsch

Fichtennadelwipferln in der Milch aufkochen und einige Stunden im Kühlschrank ziehen lassen. Durch ein feines Sieb abseihen. Mit der aromatisierten Milch und dem Puddingpulver/ Stärkemehl und dem ausgekratzten Vanillearoma eine dickliche Creme herstellen.

KÄSE SCHLIESST DEN MAGEN

Käse als Abschluss einer Mahlzeit soll nach den Ergebnissen neuester Forschungen zur Zahngesundheit und Kariesprophylaxe beitragen, indem die Säureproduktion von Kariesbakterien gebremst wird. Auch die Entmineralisierung von Zahnschmelz wird durch den Genuss von Käse hintangehalten.

Der Spruch *„Käse schließt den Magen"* kommt daher, dass die im Käse vorhandenen freien Fettsäuren Hormone freisetzen, die bestimmte Magenbewegungen verlangsamen, der Speisebrei im Magen verbleibt und somit ein Sättigungsgefühl auslöst.

Halbfester Rotschimmelschmieren-Schnittkäse nach Morbierart mit Buchenasche, Käse aus Rohmilch von der Kuh, Weißschimmelkäse, mit Tannennadeln aromatisiert © Mona Lorenz

Verführerisches Süßes

Auch Süßes haben unsere Bäume zu bieten. Ob Blüten, Blätter, Triebspitzen und Früchte – jede Jahreszeit liefert ihre hochwertigen Zutaten.

ANREGUNGEN ZUM NACHMACHEN

Süßgewürz

1 Teil Ahornblüten, getrocknet • 1 Teil Mädesüßblüten, getrocknet
1 Teil Holunderblüten, getrocknet • 1 Teil Schlehenblüten, getrocknet
1 Teil Maßliebchenblüten, getrocknet

Alle Zutaten in eine Gewürzmühle füllen und über Süßspeisen (Waffeln, Palatschinken, Kompotte, Fruchtspiegel usw.) vermahlen.

Falls für jemanden diese naturbelassene Süße nicht ausreicht, kann Rübenzucker zugegeben werden.

LINDENBLÜTENZÜCKER

Lindenblüten zerkleinern und mit dem Zucker im Mörser fein zerreiben. (Alternativ ist auch eine Kaffeemühle möglich). Die feuchte Zuckermasse auf Backpapier streichen und trocknen lassen. Falls der Zucker feiner gewünscht wird, kann die Trockenmasse noch weiter vermahlen werden.

Dunkel und lichtgeschützt gelagert, hält das feine Lindenblütenaroma monatelang.

ERLENKATZERLZUCKER VON DER SCHWARZERLE

(Rezept mit freundlicher Genehmigung meiner Naturvermittlerkollegin Elisabeth Nussbaumer!)

Frische junge männliche Erlenkätzchen im zeitigen Frühjahr (März) sammeln.

Ca. 1 Handvoll Kätzchen mit 250 g heimischem Rübenzucker in einer Kaffeemühle fein verreiben. Abschmecken, evtl. noch mit Rübenzucker strecken – je nach eigenem Geschmack.

Eignet sich hervorragend zum Süßen von Apfelstrudel, Aufläufen und anderen Süßspeisen (vor allem von warmen) und gibt ihnen eine ganz besondere Note!

In ein Glas füllen und im Kühlschrank aufbewahren. Wirkt verdauungsfördernd, entzündungshemmend und tonisierend.

Kandierte Birnenblüten

1 Handvoll frisch aufgeblühte Birnenblüten • 1 TL gemahlenes Gummi arabicum aus der Apotheke (gemahlenes Gummi von afrikanischen Akazienarten) • 4 EL abgekochtes und abgekühltes Wasser • Österreichischer Rübenzucker zum Bestreuen

Gummi arabicum mit abgekochtem, ausgekühlten Wasser vermengen und so lange rühren, bis keine Klümpchen mehr vorhanden sind, einige Minuten quellen lassen. Die Blüten vorsichtig mit einem Pinsel von Insekten und Staub befreien, dann die Gummi-arabicum-Lösung dünn auf die Blüten auftragen, mit Zucker bestreuen und auf Backpapier drei Tage trocknen lassen. Eine schnellere Trocknung im Backofen muss äußert behutsam bei max. 30 °C erfolgen. Einen Kochlöffel in die Backofentür stecken, damit die Feuchtigkeit ständig entweichen kann. Die Blüten erst in einem Schraubglas lagern, wenn sie vollkommen trocken sind, da sie sonst schimmeln könnten.

Sie sind gut 3–4 Monate haltbar, falls sie nicht vorher jemand findet ...

SCHOKOLIERTE HASELKÄTZCHEN

Die festen Haselkätzchen in flüssige Schokolade tauchen, erkalten lassen und als exklusives seltenes Naschwerk genießen. Weniger ist hier mehr, um die ersten Nahrungsquellen der Bienen nicht zu sehr zu minimieren.

Schokolierte Lärchenspitzen

1 Handvoll frische Lärchentriebe • 3–4 Rippen Zartbitter Kuvertüre

Die Zartbitter Kuvertüre im Wasserbad schmelzen, die Lärchentriebe eintauchen und auf Backpapier abkühlen lassen.

Einfach als süßsaurer Snack oder auch als Tortendekoration verwendbar.

TIPP

Dieses Rezept ist auch mit Fichtenspitzen von Ästen im Mai eine Delikatesse. (Achtung! Gebietsweise besteht ein Entnahmeverbot!)

Schokolade von Lind

100 g Bio-Kakaobutter • 70 g ungezuckerter Kakao • 1 Ahornlöffel Honig
2 EL Lindenblütenzucker • 1 EL Schinusbeeren (Roter Pfeffer), halbfein vermahlen • 1 Prise Salz
1 Fingerhut vermahlene Rosenblüten • Schokolade- oder Pralinenformen

Den Boden der Schokoladenformen mit fein gemörserten Schinusbeeren und zerkleinerten Rosenblüten bestreuen.

Die Kakaobutter im Wasserbad schmelzen (braucht ca. 30 °C), dann Kakaopulver, Honig und Lindenblütenzucker zügig einrühren, bis eine glatte cremige Masse entsteht. Die Kakaobutter sollte dabei nie zu heiß werden!

Die Schokomasse in die vorbereiteten Formen füllen und abkühlen lassen.

Hollerpudding

½ l vollfette Milch • 3 Hollerblütentrauben, von Insekten befreit • 60 g Rübenzucker
2 Eigelb • 25 g Speisestärke • 1 Vanilleschote

Aus der Milch und den Hollerblütentrauben eine Hollermilch herstellen, dazu die gereinigten und von Insekten befreiten, aber nicht gewaschenen Hollertrauben in der Milch mit dem ausgekratzten Vanillemark leicht erhitzen und 3 Stunden ausziehen lassen. Die Hollerblüten entfernen. Den Zucker mit den Eigelben und 3 EL der Hollermilch anrühren. Die restliche Milch aufkochen, von der Hitze nehmen und die Speisestärke mit den Eigelben flott in die Milch einrühren. Bei leichter Hitze unter Rühren eindicken.

Maronimehlpalatschinken

100 g Maronimehl • 40 g Weizen- oder anderes glutenhaltiges Mehl • 4 Eier
300 ml Milch • 1 Eierbecher Mineralwasser • Salz • 1 EL Lindenblütenzucker

Aus den Zutaten einen Palatschinkenteig rühren und einige Minuten rasten lassen.

Den Teig immer wieder aufrühren und in der gewünschten Größe mit Butter ausbacken, noch warm mit Lindenblütenzucker bestreuen und einrollen.

Als Fülle bieten sich Marmeladen und Gelees an.

Quittenkompott

0,5 kg geschälte, geschnittene Quitten • 100 g Zucker • Saft einer Bio-Zitrone
4–5 Gewürznelken • Apfelsaft • Wasser

Die Quitten in einem Wasser-Apfelsaft-Gemisch mit wenig Zitronensaft, Gewürznelken und 100 g Zucker ca. 45 Minuten weichkochen.

Ein wenig gesüßter Kompottsaft kann auch, mit Soda aufgespritzt, als erfrischender Appetitanreger genossen werden.

HONIGMISPELN

Vollreife gelagerte Mispeln verlesen und waschen. Wenn möglich in zwei Hälften schneiden oder aus der Schale drücken. Das Fruchtfleisch durch ein Sieb passieren und mit Honig verrühren. Im Kühlschrank gut eine Woche haltbar. Es empfiehlt sich aber, die Honigmispeln in kleinen Portionen zuzubereiten und roh sofort zu verzehren, um den Wirkstoffgehalt zu sichern.

Mispelmus kann auch zu Marmelade weiterverarbeitet werden.

Mispelgelee aus Saft

2 kg Mispeln • 1 Orange • evtl. Gelierzucker
1–2 kleine Lavendelzweige oder 1 EL -blüten zum Mitkochen

Vollreife gelagerte Mispeln über Dampf entsaften. Den gewonnenen Saft mit dem Saft einer Orange und den Lavendelblüten eindicken. Gelierprobe machen, falls nötig Gelierzucker zugeben und noch einmal aufkochen. Wenn gewünscht, die Lavendelblüten entfernen, dann in sterile Gläser füllen.

MEHLBEERROSINEN

Die nach dem ersten Frost geernteten Mehlbeerfrüchte können getrocknet werden. Sie überzeugen mit ihrem birnen-mandel-ähnlichen Aroma. Sie mildern den Säuregeschmack in Kompotten und sind als Zutaten für Früchtebrote bestens geeignet.

Kandierte Quitten

Geschälte, in Spalten geschnittene Quitten (Menge nach Wahl) • 200 g Wasser
125 g Kristallzucker • Weiteren Zucker zum Einrühren in die verbleibende Zuckerlösung, die Menge ergibt sich jeweils aus der verbleibenden Zuckerlösung

Geschälte und in Stücke geschnittene Quitten in eine nach dem Aufkochen abgekühlte Zuckerlösung aus 200 g Wasser und 125 g Zucker über Nacht einlegen. Am nächsten Tag die Früchte entnehmen und auf einem Teller lagern. Die verbleibende Zuckerlösung wiegen und auf 100 g Flüssigkeit nochmal 20 g Zucker einrühren, die Früchte wieder einlegen und über Nacht ziehen lassen. Dieser Vorgang kann bis zu sechsmal wiederholt werden, die Zuckerlösung durch Zuckerzugaben weiter konzentrieren. Am letzten Tag des Kandiervorganges die Quitten einmal für wenige Sekunden im Zuckersaft aufkochen, entnehmen und auf einem Kuchengitter trocknen.

Die kandierten Quittenspalten in feinem Kristallzucker wälzen und zwischen Pergamentpapier in einem dunklen Gefäß lagern.

Kandidierte Quitten

© Christine Dausek

Lindenblütenschokolade mit kandierten Quitten

© Mona Lorenz

Süße Lindenblütengummis

2–3 g Agar-Agar-Gelierhilfe • 130 ml Lindenblütensirup • 100 g Rübenzucker
50 ml Apfelsaft • 30 ml (Birken-)Läuterzucker • 1 EL Zitronensaft • leere Pralinenform(en)
Lindenblütenzucker zum Wälzen

In einem feuerfesten Glas 50 ml Lindenblütensirup mit dem Agar Agar klumpenfrei verrühren und ¼ Stunde quellen lassen, dann langsam im Wasserbad erhitzen.

Apfelsaft, Zucker, den Rest des Lindenblütensirups (80 ml) und den Läuterzucker in einem Topf erhitzen, die Agar-Agar-Gelee-Mischung einrühren, den Zitronensaft zugeben und einmal aufwallen lassen. Eine Gelierprobe machen und gegebenenfalls die Masse noch weiterziehen lassen.

In die Pralinenform gießen und im Kühlschrank für mehrere Stunden gut durchkühlen. Aus den Formen drücken und in Lindenblütenzucker wälzen. In einem Glas aufbewahren.

Die Gummis brauchen keine Angabe zur Haltbarkeit. Sie halten sich nicht, denn wenn man sie einmal gekostet hat, sind sie im Nu verzehrt.

Lindenblütengummi in Kinderhänden

Waldzuckerl

1 Handvoll Fichten-, Kiefer- und/oder Tannennadeln • 250 ml Wasser
100 g Rübenzucker • 2 EL Wald- oder Lindenblütenhonig • Leere Pralinenform(en)
Fichtennadelzucker zum Wälzen

Die kleingehackten Fichten-, Kiefer- und Tannennadeln in einer Kaffeemühle weiter vermahlen. In 250 ml Wasser ausköcheln, bis die Wassermenge auf 100 ml reduziert ist. Abseihen und mit 100 g Rübenzucker und 2 EL Wald- oder Lindenblütenhonig langsam erhitzen und aufkochen. Achtung, diese Masse wird sehr heiß!

In die Pralinenform gießen und einige Stunden gut durchkühlen. Aus der Form nehmen und im Fichtenzucker wälzen. In einem dunklen Glas lagern.

BAUMAPOTHEKE, SOIM UND SCHMIER, ESSENZEN UND AUSZÜGE

Volksheilkundliche Baumapotheke

Die Volksheilkunde hat eine jahrhundertelange Tradition. Sie ist eine Erfahrungsmedizin, die sich auch an dem orientiert, was sich schon bestens bewährt hat. In Verbindung mit unserer Baumwelt kennen wir zahlreiche Überlieferungen von alten Weisheiten, die auch heute noch Gültigkeit haben und wieder modern geworden sind. Berühmte Ärzte aus der Vergangenheit holten sich ihr Wissen bei weisen, naturkundigen Menschen. Regionsbezogen stützte und stützt man sich auf die Heilmittel, die die Natur vor Ort bietet. Das Breitbandmedikament Wald mit den Ansätzen der Baumheilkunde und der Silvotherapie ist nicht verschreibungspflichtig und ganzjährig ohne Rezeptgebühren verfügbar.

Bei der Silvotherapie ist der Therapieansatz der gesundheitsförderliche Aufenthalt im Wald selbst. Die Atembewegungen von Bäumen nutzen besondere Therapieformen wie Cranio Sacrale Behandlungsmethoden, die auf das Wiederherstellen von gesunder Körperrhyhthmik abzielen. Sowohl als Unterstützung auf körperlicher Ebene mit der Duftbotschaft der Terpene und dem frisch von den Bäumen produzierten Sauerstoff als auch auf seelischer und psychischer Ebene reduziert das Waldgefüge Stress, kuriert depressive Verstimmungen oder Angst und Furcht. Und führt aus dem Burnout wieder zurück in ein zufriedenstellendes Leben. Kopfmenschen finden ihre Wurzeln, die Resilienz wird gestärkt. Die Prädikate gesundheitserhaltend und lebensspendend treffen auf den Wald zu 100 % zu, dazu braucht es keine Zertifikate.

Auch die moderne Pharmaindustrie basiert auf den Wirkstoffen aus Pflanzen, die allerdings heute sehr oft synthetisch nachempfunden werden. Naturheilmittel finden sich wieder immer öfter in vielen Regalen der Apotheken und werden immer mehr auch als Ergänzung zu schulmedizinischen Therapien empfohlen. Zahlreiche Offizin-Rezepturen in Apotheken zeugen auch von der altbewährten Heilkraft der Baumarzneien. Das Geheimnis der Wirkweisen von nativen Wirkstoffkombinationen ist jedem Gewächs eigen und nur im Verbund effizient spür- und nutzbar.

Wissenschaftler aus aller Welt befassen sich auch intensiv mit bioaktiven Substanzen von Bäumen und der Wirkung von Holzextrakten auf Allergiegeschehen und anderen Überreaktionen des Immunsystems des Menschen.

Konventionell forschende Wissenschaftler der Pharmaindustrie beschränken sich meist auf die Laborebene, um die gesundheitsfördernden Wirkstoffe von Bäumen isoliert und aus dem Gesamtheilkonzept gerissen zu finden, nachzubauen und industriell zu verwerten. Seit Ende des 19. Jahrhunderts wird der erste synthetisch hergestellte Arzneistoff Salicylsäure im großen Stil produziert. Die Vorläufersubstanz Salicin, die natürlich in der Weide vorkommt und im menschlichen Körper in einen aktiven Wirkstoff umgewandelt wird, hat weitgehend ausgedient. Allerdings haben unerwünschte Wirkungen der künstlich hergestellten Arzneien mehrfach dazu geführt, dass Medikamente abgeändert oder sogar vom Markt genommen werden mussten.

ALTE WEISHEITEN

KISSEN MIT WEISSDORN-, DIRNDL- ODER KIRSCHKERNEN

Diese Kissen fungieren als Bettwärmer und helfen bei Verspannungen, Regelschmerzen oder Bauchunwohlsein. Sie können aber auch gekühlt zum Auflegen bei Schwellungen verwendet werden.

BLÄTTERPFLASTER

Bei Insektenstichen haben sich Blattpflaster aus Ahorn gegen Juckreiz und Schwellung gut bewährt. Dazu die Blätter mit einer Flasche gut walken oder bei Bedarf auch an Ort und Stelle Blätter fest quetschen, bis sich der Pflanzensaft zeigt. Auf die Stichstelle auflegen.

DÖRRZWETSCHKEN

Dörrzwetschken sind für eine regelmäßige gesunde Verdauung seit Jahrhunderten als erstes natürliches Mittel der Wahl bekannt. Sie punkten mit ihren Ballaststoffen, die jede noch so träge Verdauung wieder in Schwung bringen.

KIRSCHGUMMI

Kirschgummi als naturbelassene Lutschpastille unterstützt die Lösung von festsitzendem Schleim in den oberen Luftwegen im Rahmen von Erkältungen.

VOGELBEEREN ZUM LINDERN VON SYMPTOMEN BEI MIGRÄNE

Kuren über 6 Wochen mit Vogelbeeren können die akute Symptomatik abschwächen. Täglich wird 1 TL Beeren mit kochendem Wasser übergossen und 10 Minuten eingeweicht.

Auf angenehme Temperatur abkühlen lassen, dann kauen und vor dem Schlucken gut einspeicheln.

AUS DEM ERFAHRUNGSSCHATZ UNSERER ALTVORDEREN, EIN SCHATZ, DEN ES ZU HÜTEN GILT

Die wohl bekannteste Form der Einnahme von Naturheilmitteln sind Aufgussgetränke mit heißem Wasser. Nachstehend einige Anwendungen aus der Erfahrungsheilkunde der Baumwelt.

Festgehalten sei hier aber auch, dass Unverträglichkeiten oder Allergien bei der Verwendung von volksheilkundlichen Arzneien möglich sind.

Das Verwenden von pflanzlichen Wirkstoffen liegt stets im eigenen Ermessen.

Der Begriff Tee wird für das Genussgetränk aus der Teepflanze verwendet. In der Volksheilkunde sprechen wir von teeähnlichen Aufgussgetränken oder Absud.

BIRNENBLÄTTERAUFGUSS

Dieser Aufguss dient zur Entschlackung und als Prophylaxe bei immerwiederkehrenden Entzündungen der Harnblase. Die Wirkstoffe desinfizieren die Harnwege auf natürliche Weise.

AUFGUSSGETRÄNK VON STIELEN DER KIRSCHE

Dieses Getränk hat sich bei Husten und Atemwegserkrankungen bewährt. Bei Durchfall wird dieser Absud ebenfalls angewandt. Dazu 1 TL trockene Fruchtstiele mit 250 ml kochendem Wasser übergießen und 7 Minuten ziehen lassen. Dem Aufguss können auch Kirschblätter, frisch vom Baum oder getrocknet, zugegeben werden.

KIRSCHSAFT ALS SPORTLERGETRÄNK

In den Kirschen vorhandene Antioxidantien hemmen Entzündungsreaktionen von überbeanspruchter Muskulatur und halten Muskelkater hintan. Auch eine Leistungssteigerung kann erzielt werden.

BALSAMPAPPEL

Das Aufgussgetränk aus den Knospen der Balsampappel findet volksheilkundliche Verwendung bei Rheumatischen Beschwerden, Gicht, Harnblasenentzündung, Prostataleiden, Grippalen Infekten und Bronchitis.

Für eine kurmäßige Anwendung: Getrocknete Balsampappelknospen, Blätter und ein kleiner Anteil junger Rinde.

Der Aufguss wirkt harntreibend, abschwellend und schmerzstillend.

Weidenrindenaufguss

2 TL getrocknete, stark zerkleinerte Weidenrinde (auch aus der Apotheke) • 250 ml Wasser

Weidenrinde mit dem kalten Wasser ansetzen und für 7–8 Stunden stehen lassen. Anschließend aufkochen lassen, 3 Minuten ziehen lassen und abseihen. 2 Tassen pro Tag als maximale Dosierung ansehen. Gut einsetzbar in Erkältungszeiten als Prophylaxe. Auch bei Zahnfleisch- und Halsentzündungen zum Gurgeln verwendbar. 1 EL Melissenblätter und 1 TL Honig können zu einem angenehmeren Geschmack beitragen.

ULMENRINDENAUFGUSS ODER DER ABSUD VON ERLENBLÄTTERN

Beide dienen zum Gurgeln bei Irritationen der Mund- und Rachenschleimhaut. Dazu die Rinde oder die Blätter mit kochendem Wasser übergießen und einige Minuten ausziehen. Auf Körpertemperatur abkühlen lassen und damit gurgeln. Diese Gurgelzubereitungen müssen immer frisch hergestellt werden.

AUFGUSS AUS EDELKASTANIENBLÄTTERN BEI HUSTEN

Bei starkem Husten in Verbindung mit Halsentzündung: Getrocknete Edelkastanienblätter und 1 EL Süßholzwurzel in kochendes Wasser geben und einmal kurz aufwallen lassen. Abseihen und heiß trinken.

HEISSE HOLUNDERBLÜTEN

Holunderblütenaufgüsse sind innerlich bei grippalen Infekten und Erkältungen mit Kopfschmerzen als Schwitzteegetränk wie auch als Inhalation eine Wohltat. Sie stärken das Immunsystem, dienen der Blutreinigung und der Hautpflege bei Schnupfennasen.

Da in den Stielen der Holunderblüten Cyanglykosidverbindungen vorhanden sein können, sollen diese möglichst gründlich mit einer Schere entfernt werden.

NUSSKÄMBENAUFGUSS IN KOMBINATION MIT WEISSDORNBLÜTEN UND -BLÄTTERN

Dieser Aufguss stärkt Herz und Kreislauf bei gleichzeitiger Beruhigung des Nervenkostüms. Für 1 Tasse Tee 5–7 Nusskämben (Zwischenwände in den Nüssen) mit 1 EL kochendem Wasser übergießen und 5 Minuten ziehen lassen.

BLUTREINIGUNGSTEE

Getrocknete Walnuss- und Brennnesselblätter mit kochendem Wasser übergießen und 5 Minuten ziehen lassen.

Dieser Tee kann als Kur im Frühjahr über mehrere Wochen getrunken werden.

RHEUMAMISCHUNG

Blätter der Esche, der Birke und der Weide mit dem Zusatz von Brennnessel- und Mädesüßblüten haben sich als schmerzlindernder Rheumatee bestens bewährt. Entzündungshemmung, natürliche Verbesserung des Blutflusses bei gleichzeitiger Ausleitung von Verschlackungen über den Nieren-Blasen-Weg sind die Wirkungsweisen.

Vorsicht ist vor dem Genuss des Tees bei Herz- und Nierenleiden geboten, da ein Wasserstau und Ödeme verursacht werden können. Die Ausscheidung der getrunkenen Teegetränkmenge sollte überwacht werden.

SANDDORNTEEGETRÄNK

Aus den frischen oder getrockneten Früchten kann ein wohlschmeckender Tee zubereitet werden, der im Frühjahr zur Entschlackung angewandt werden kann.

Der Tee führt gleichzeitig zur Entschlackung Vitamine zu.

Die innerliche Einnahme von Sanddornölen oder -säften lindert Sodbrennen, Magengeschwüre und beruhigt die Schleimhäute.

HEISS UND KALT, DIE LINDE KANN ALLES

Lindenblüten als Heißaufguss haben sich bei Erkältungen bestens bewährt. Daumenmaß: 2 EL Lindenblüten mit 200 ml kochendem Wasser aufgießen und 7 Minuten ziehen lassen. 3 Tassen, auf den Tag verteilt in Kombination mit Bettruhe, stärken die Abwehrkräfte gegen die Erkältung.

1 Handvoll Lindenblüten, in kaltem Wasser angesetzt, und für 7 Stunden gekühlt ziehen gelassen, ergibt ein Getränk gegen Schweißausbrüche und Hitzewallungen im Klimakterium.

ELSBEER-EISWÜRFEL

Falls die Vögel in der Vorwinterzeit etwas übriglassen, die nach den ersten Frostnächten geernteten Elsbeeren zu Mus verkochen und in Eiswürfelportionen einfrieren. Elsbeeren können Durchfall stoppen. Die Dosierung mit diesen kleinen Einzelportionen ist dafür ideal. Im Sommer als kühlender Zusatz in Getränken. Im Winter im fruchtigen Heißgetränk.

SPEIERLING

Der Absud von ½ Handvoll getrockneten Speierlingfrüchten in 250 ml Wasser kann Linderung bei Magen- und Darmbeschwerden bringen. Über den Tag verteilt trinken.

MUNDWASSER FÜR SÄNGER

Aus 3 EL getrockneten Vogel- und Elsbeeren und 250 ml Wasser einen Absud bereiten und damit mehrmals am Tag gurgeln. Das Mundwasser hält Redner- und Sängerstimmen gesund und beugt Heiserkeit vor und soll immer frisch zubereitet werden!

INHALATIONEN UND VOLLBÄDER

Der Wald als Heilraum hat wieder an Bedeutung gewonnen. Wir nehmen Terpene im Kontext mit der gesundheitsfördernden Gesamtwirkung des Waldes über die Atmung und über die Haut auf. Viele weitere Schätze unserer Baumwelt haben großen Nutzen für die Erhaltung unserer Gesundheit. Ein Absud aus Kiefern-, Latschen-, Tannen- oder Fichtennadeln erleichtert die Schleimlösung bei hartnäckigem Husten.

Kiefernöle können für Asthmatiker zu stark auf die Durchblutung des Atemtraktes wirken und zu Beschwerden führen, bei einem Absud muss man diese Bedenken nicht haben.

2 Handvoll Nadeln in einem weiten Gefäß mit kochendem Wasser übergießen. Nach kurzem Abkühlen den Kopf unter einem Handtuch über die Schüssel/Kochgeschirr beugen und sehr langsam durch Mund und Nase einatmen. Alle zwei Minuten eine Pause einlegen. Achtung auf den heißen Dampf für die Gesichtshaut!

MIT DEM DIRNDL IN DIE BADEWANNE

Ein Absud aus Blättern und Rinde der Kornelkirsche kann bei Muskel- und Gelenksschmerzen Linderung bringen.

EICHENRINDENBAD

Das Eichenrindenbad zur Linderung von diffusen Ekzemen und anderen Hauterkrankungen bewährt sich seit Jahrhunderten. Wichtig ist, dass der Absud nur bei intakter Haut ohne offene Stellen oder andere Verletzungen angewendet wird. Die Gerbstoffe der Eichenrinde in Kombination mit der bekannten Heilkraft des Wassers wirken mit den Proteinen der Haut gegen Entzündungen, Brennen und Juckreiz, der durch übermäßiges Kratzen und die dadurch entstehenden kleinen Verletzungen zu Sekundärinfektionen führen kann. Auch zur Hämorrhoidenbehandlung wird Eichenrindenansatz in Sitzbädern verwendet, weil er auch blutstillend und zusammenziehend wirkt. Umschläge und Kompressen wie auch Fußbäder gegen übermäßige Schweißproduktion haben sich bewährt.

5 gehäufte EL Eichenrinde (auch aus der Apotheke) mit 1 Handvoll Melissenkraut und Ringelblumenblüten in 3 l Wasser 10 Minuten lang köcheln, abseihen und dem Badewasser zugeben. Das Bad sollte Körpertemperatur haben und max. 5–10 Minuten andauern. (Badewanne sofort nach dem Bad reinigen!). Bei Kreislaufproblemen ist von diesen Bädern abzuraten.

Die Haut nach dem Bad mit einer fetthaltigen Creme oder Salbe (Ringelblume) eincremen.

SITZBÄDER AUS DER ASTRINDE VON ULMEN

Diese Sitzbäder lindern Beschwerden bei Hämorrhoiden.

BIRKENBLÄTTERABSUD

Äußerlich findet der Birkenblätterabsud Verwendung bei der Linderung und Komplementärtherapie von Schuppenflechte.

SCHLEHENBLÜTENAUFGUSS

Ein Schlehenblütenaufguss hilft als Waschungen bei Hautunreinheiten.

EDELKASTANIENBLÄTTER UND -RINDE

Abkochungen von Edelkastanienblättern und -rinde helfen als Waschung bei irritierter Haut.

RINDE DES HOLUNDERS

Milde Abkochungen aus der Rinde des Holunders ins Badewasser oder für Waschungen bringen Linderung bei Weichteilrheuma und Muskelschmerzen aufgrund von Übersäuerung. Die Abkochungen der Rinde vor der Anwendung immer großzügig mit Wasser verdünnen.

WALNUSSBLÄTTERABSUD

Ein Walnussblätterabsud kann auch zum Lösen von Milchschorf bei Babys verwendet werden.

WALNÜSSE UND LEINÖL, EIN STÄRKUNGSMITTEL NACH SCHWERER KRANKHEIT

Ein Absud und alkoholwässrige Auszüge aus Walnussblättern kommen bei Waschungen und Auflagen bei Furunkeln, Abszessen und trockenen Ekzemen im Bereich der Achselhöhlen und um den Genitalbereich zum Einsatz

ERLENRINDENFUSSBÄDER

Erlenrindenfußbäder in Kombination mit Rosmarinnadeln eignen sich für Menschen, die tagsüber viel auf den Beinen sind. Der Lymphfluss in den Beinen wird hier angeregt.

RIECHFLASCHERL FÜR DIE SCHNUPFENNASE UNTERWEGS

Ein gefälliges Glasflascherl 1 cm hoch mit Natursalz befüllen und mit ätherischen Ölen der Fichte, Kiefer und Weißtanne beträufeln und gut verschließen. Ätherische Öle können so lange nachgeträufelt werden, solange das Salz die Öle aufnimmt.

Bei Bedarf zur Linderung von Schnupfensymptomen und Kopfschmerzen an dem Fläschchen riechen.

Es können auch, wenn die Flaschenöffnung es erlaubt, Watte oder Baumwolltüchlein anstatt des Salzes verwendet werden.

Das Riechflascherl, gefüllt mit Salz und Fichtennadelöl, leistet bei Schnupfennasen gute Dienste. © Christine Dausek

HEILUNGSUNTERSTÜTZENDE WIRKUNGEN VON BÄUMEN, ERKRANKUNGSSYMPTOMKREISEN ZUGEORDNET

DEN BEWEGUNGSAPPARAT BETREFFEND	
Hexenschuss, Ischiasschmerzen	Wacholder, Zitterpappel
Zerrungen, Verspannungen, Stauchungen	Fichte, Kiefer, Lärche, Rosskastanie, Tanne
Erkrankungen des Rheumatischen Formenkreises, Gicht	Birke, Esche, Lärche, Schwarz- und Zitterpappel, Tanne, Wacholder, Weide
ZUR LINDERUNG VON VERKÜHLUNGEN UND GRIPPALEN INFEKTEN	
Begleitendes hohes Fieber bei Erkältungen	Holunder, Linde, Schlehe, Weide
Entzündungen	Schwarzpappel
Husten, Schnupfen, Katharre	Fichter, Kiefer, Maronibaum, Linde
HAUTERKRANKUNGEN	
Akne	Walnuss
Ekzem, Ausschlag	Eiche, Hasel, Ulme, Walnuss
Insektenstiche	Ahorn
Neurodermitislinderung, Psoriasispflege	Schwarzpappel
Übermäßiges Schwitzen ohne Krankheitsursache	Eiche, Walnuss
HERZ, KREISLAUF, VENENSCHWÄCHE	
Blutdruckregulation	Weißdorn
Hämorrhoiden	Eiche, Schwarzpappel, Ulme
Immunsystemstärkung	Schwarzpappel
MAGEN/DARMPROBLEME	
Verdauungsbeschwerden	Wacholder
Verstopfung	Schlehe, Zwetschke, Faulbaumrinde
Durchfall	Eiche, Ulme
MUND/RACHEN/ZAHNFLEISCH	
Mundgeruch nicht krankhafter Ursache	Wacholder
Schleimhaut- und Zahnfleischentzündungen, Halsentzündungen mit Stimmbandbeteiligung	Maronibaum, Schwarzerle, Ulme
KOPF- UND NERVENSCHMERZEN	
Kopfschmerzen	Fichte, Weide
Nervenschmerzen	Tanne
NIERE UND HARNBLASE	
Harnwegsinfekte	Birke, Wacholder
Steigerung der Harnmenge, Entgiftung	Birke, Eberesche, Wacholder
STOFFWECHSELANREGUNG	
Frühjahrskur, Blutreinigung	Birke

Soim und Schmier

Unverträglichkeiten und Allergien sind vor der Verwendung von volksheilkundlichen Salben zu beachten! Salben aus der Volksmedizin wurden und werden mit pflanzlichen Ölen oder tierischen Fetten als Basis hergestellt.

Die Vorbereitung der Pflanzendrogen entspricht der des wässrig-alkoholischen Auszugs: Die Pflanzenteile müssen sauber, frei von abgestorbenen, bräunlichen und welken Stellen sein. Pflanzenteile stets für einige Stunden antrocknen lassen. Es empfiehlt sich, jeweils kleine Gläser für das Mazerat zu verwenden, falls Schimmelbefall vorkommt, sind nur kleine Mengen zu entsorgen.

Der Ausdruck Mazerat kommt vom lateinischen *macerare*, was so viel wie Einweichen bedeutet. Die Pflanzenteile sollen zerkleinert werden, um mehr Ansatzfläche für das Öl zu bieten. Frische Pflanzen können auch angemörsert oder sehr kurz (!) in einem Mixer zerkleinert werden, um die Zellwände aufzubrechen.

Die verlesenen und zerkleinerten Pflanzenteile werden mit sehr gutem kaltgepresstem Bio-Öl übergossen und ca. 14 bis 28 Tage oder auch über 2 Mondphasen, das sind 56 Tage, stehen gelassen. Achten Sie bitte darauf, dass alle Pflanzenteile gut bedeckt sind, aus dem Öl ragende Pflanzenteile neigen zum Verschimmeln. Nehmen Sie hochwertiges naturbelassenes, **nicht raffiniertes Öl:** heimisches Distel- oder Sonnenblumenöl, Traubenkernöl oder hochwertiges Olivenöl. Man beginnt, wenn witterungsbedingt möglich, bei Vollmond.

In Ölen laufen Zersetzungsprozesse schneller ab als in alkoholischen Auszügen, daher müssen wir zwischen ausreichender Extraktion der Inhaltsstoffe und einem möglichst geringen Grad an Zersetzung einen Kompromiss finden. Durch die Extraktion entsteht nach einiger Zeit ein Konzentrationsgleichgewicht an Wirkstoffen in der Droge und im Öl; dann ist der Auszug fertig gereift.

Die Ölansätze sollen täglich kontrolliert werden und das Kondenswasser des Deckels abgewischt werden.

TIPP

Frisches Pflanzenmaterial einige Stunden anwelken lassen, dann zerkleinern und ansetzen; dies mindert die Schimmelgefahr. Bei getrockneten Pflanzenteilen im Ansatz ist die Verkeimungsgefahr wesentlich kleiner.

HEISSAUSZUG

Olivenöl (für Heißauszüge geeignet) auf max. 80–90 °C erhitzen. Je nachdem, was man zur Verfügung hat, getrocknete, angetrocknete oder frische Pflanzenteile zugeben und 2–3 Stunden immer unter dem Siedepunkt ziehen lassen. Anschließend abseihen (Kaffeefilter oder Baumwolltuch) und in ein dunkles Glas abfüllen. Luftdicht verschließen, dunkel und kühl lagern.

Haltbarkeit: ½ bis zu einem Jahr.

INFO

Olivenöl verträgt max. 90 °C Hitze. Heimische Öle sind hitzeempfindlicher, Ölauszüge daher nie zu heiß werden lassen!

Bei der Verwendung von tierischen Fetten, wie Schweineschmalz, Fuchsfett, Hasenfett, Rindertalg, Hirschtalg, Gamsfett, Dachsschmalz oder Murmeltierfett, als Salbenbasis ist die Vorgehensweise dieselbe. Vorher werden die Fette aus den Schwarten ausgelassen und dann weiterverwendet. Die Quellen für diese Rohstoffe sind Spezialfleischereien oder die Jägerschaft.

Als Konsistenzgeber bei veganer Herstellungsweise bieten sich exotische Wachse an.

ÖL IST NICHT GLEICH ÖL

Abseits von den Qualitätskriterien von kaltgepressten Ölen aus biologischen Rohstoffen unterscheiden wir grundsätzlich zwischen trocknenden, halbtrocknenden und nicht trocknenden Ölen.

Trocknende Öle ziehen rasch in die Haut ein und eignen sich als Ansatzöl gut für die Weiterverarbeitung zu kosmetischen Produkten. Sie wirken wundheilend und zellregenerierend.

Halbtrocknende Öle ziehen schnell in die Haut ein und unterstützen den natürlichen Barriereschutz der Haut.

Nicht trocknende Öle eignen sich als Massageöle und sie pflegen und schützen mit einem stabilen Ölfilm die Altershaut.

GRUNDREZEPT EINER VOLKSHEILKUNDLICHEN SALBE

Den Ölauszug in ein feuerfestes Glas gießen und im Wasserbad erwärmen. Bienenwachs zugeben und langsam schmelzen lassen. Das Bienenwachs hat einen Schmelzpunkt von ca. 65 °C. Die fertige Salbe in ein steriles Glas gießen und abkühlen lassen, erst dann verschließen, damit sich kein Kondenswasser im Deckel bildet.

Für mehr Weichheit der Salbe kann auch 1 KL Lanolin anhydrat (in der Apotheke erhältlich) beim Ölerwärmen zugegeben werden. Das Lanolin fungiert auch als Emulgator. Dank diesem Emulgator können auch kleine Mengen an Flüssigkeiten, wie Tinkturen oder Essenzen, in die Salbe eingearbeitet werden, ohne sich vom Öl zu trennen.

Lanolin ist das Wollfett aus den Talgdrüsen von Schafen und ist dem Lipidfilm der menschlichen Haut sehr ähnlich.

Zur Lagerung empfehlen sich mit Alkohol sterilisiertes Violettglas, Blauglas und medizinisches Braunglas (siehe Bezugsquellen, S. 197).

Das Herstellungsdatum immer auf den Tiegeln vermerken!

APFELBLÜTENKNOSPENÖL NACH HILDEGARD VON BINGEN

1 Eierbecher Apfelblütenknospen in einem sterilen Schraubglas in 150 ml Distelöl einlegen und 21 Tage ausziehen. Abseihen, mit 2 Tropfen ätherischem Rosenöl beduften und in einer sterilen, dunklen Flasche aufbewahren. Für eine wohltuende Massage an Schläfen und Stirn bei Kopfschmerzen.

BIRKENKNOSPENÖL, WENN DIE GELENKE SCHMERZEN

Ein Schraubglas bis zu einem Drittel mit Birkenknospen, frisch oder getrocknet, befüllen, mit einem guten kaltgepressten Rapsöl bedecken und für 21 Tage an einem dunklen, zimmertemperierten Platz ausziehen lassen. Dann abseihen und in sterilen, dunklen Flaschen kühl lagern.

Das Öl kann zur Linderung von Gelenksschmerzen und zur Weiterverarbeitung für eine Kältesalbe für die Wintermonate verwendet werden. Auch zur Hautpflege während des Fastens ist es geeignet.

BIRKENRINDENÖLANSATZ FÜR KÄLTECREMES UND GEGEN TROCKENE HAUT

Birkenrinde von gefällten Bäumen klein schneiden und den Wirkstoff Betulin in hochwertigem Rapsöl für 14 Tage ausziehen. Danach einmal kurz erwärmen, abseihen und in dunklen Flaschen lagern. Betulin wirkt entzündungshemmend (Rezept siehe im Kapitel *Baumkosmetik*, S. 177).

JUNGFRÄULICHE ZAPFENSALBE

Das hellgelbe bis weißklare Harz von jungen grünen Zapfen der Kiefer hat besondere Heilkraft, da es kein Wundharz des Baumes ist. Zapfenharz wird als jungfräuliches Harz bezeichnet, es enthält nicht die Informationen der Baumverletzung. Zapfenharz dient dem Schutz der Zapfenfrucht vor zu viel Sonne und als Fraßschutz.

Zapfenharz kann durch Erwärmen der grünen Zapfen in einem feuerfesten Glas gewonnen werden. Harzzapfen für einige Stunden in der heißen Sonne stehen lassen oder an einem 40–50 °C warmen Ort ausziehen. Weitere Möglichkeiten sind, die frischen Zapfen über mehrere Stunden in erhitztem Öl nach Wahl warm oder als Kaltansatz über mehrere Wochen in gutem kaltgepresstem Öl auszuziehen.

Nach dem Abseihen des Öles erfolgt die Zugabe von Bienenwachs im Mengenverhältnis von ca. 10 % des Ölgewichtes. In sterile Glastiegel füllen und abkühlen lassen. Dann erst verschließen, damit sich kein Kondenswasser im Deckel bilden kann.

Zapfensalben haben sich bei jeder Art von Verspannungs- und Muskelschmerzen, rheumatischen Schmerzen und Verstauchungstraumen oder Verletzungen des Bandapparates bewährt. Weiters als Zugsalbe bei Entzündungen unter intakter Haut, bei Erkältungen der oberen und unteren Atemwege.

Die optimalste Kombination für Harzsalben ist ein Teil aus Baumharz und ein Teil aus Zapfenharz. Altes Harz hat den Vorteil, dass die Baumwunde, die damit verschlossen wurde, schon abgeheilt ist.

Harzverklebungen auf Kleidung oder Arbeitsgerät können nur mit fettem Öl abgelöst werden.

SANDDORNFRUCHTFLEISCHÖL

Sanddornfruchtfleischöl, wie auch andere Öl- oder Gelzubereitungen, wird in unterschiedlichen Formen als Strahlenschutzöl während radioaktiver Bestrahlungstherapien bei Krebserkrankungen zur Hautpflege angewendet.

Auch in der Dekubitusprophylaxe kommen die Wirkstoffe des Sanddorns in pflegenden Ölen zur Anwendung.

Gute Erfahrung hat man auch bei der Pflege von entzündeter Aknehaut gemacht. Hautunreinheiten werden auch in tieferen Schichten der Haut beruhigt.

Bei Sonnenallergie kann mit der innerlichen Einnahme von Sanddornbeeren (auch getrocknet) bereits im frühen Frühjahr als Vorbeugung begonnen werden.

Bei allen Sanddornzubereitungen soll auf Metallwerkzeuge verzichtet werden.

Tannensalbe

15 g Ölauszug in einem Basisöl mit Tannennadeln, Tannenholz, Kiefernnadeln, Zirbenholz und Salbei • 3–5 g Bienenwachs • 1–2 Tropfen ätherisches Weißtannenöl

Den Ölauszug im Kalt- oder Heißverfahren herstellen und abseihen. Mit Bienenwachs laut Grundrezept eindicken, in sterile Gläschen füllen, leicht abkühlen lassen, das ätherische Öl eintropfen und einrühren. Ausdünsten lassen und dann erst verschließen. Herstellungsdatum vermerken.

Die Salbe ist, kühl gelagert, gut ein halbes Jahr haltbar, ohne in der Wirkung nachzulassen.

Wichtig ist, die Salbe immer mit einem Spatel zu entnehmen, damit keine Keime von den Fingern in die Salbe gelangen.

Seit jeher wurde Tannensalbe als Mittel gegen Kopfschmerzen eingesetzt. Diese Salbe kann mehrmals am Tag auf die Stirn und sehr sanft in die Schläfen einmassiert werden.

Brustschmier für die maroden Bronchien

2 Ahornlöffel Terpentinöl aus der Apotheke • 8 EL Bio-Sonnenblumenöl
20 Tropfen ätherisches Latschenkieferöl in Bio-Qualität • 1 EL Bienenhonig (kann auch weggelassen werden) • 20 g Bienenwachs

Bienenwachs im Sonnenblumen- und Terpentinöl langsam schmelzen (65 °C), Honig zugeben und in ein steriles dunkles Glas füllen. Leicht abkühlen lassen und das ätherische Latschenkieferöl einrühren. Abkühlen lassen und dann erst verschließen. Glas mit Datum beschriften.

Die Salbe ist bei kühler Lagerung gut ein halbes Jahr ohne Wirkstoffverlust haltbar. Die Salbe immer nur mit Spatel oder Löffel entnehmen, damit sie nicht verkeimt.

Klassische Lärchenpech-Grundsalbe (Zugsalbe)

1 EL Lärchenpech oder gereinigtes Lärchenterpentin • 5 EL Ringelblumenölansatz
7–8 g Bienenwachs

Das Bienenwachs mit Lärchenpech/-terpentin im Ringelblumenöl langsam schmelzen (65 °C). Gut verrühren und in sterile dunkle Gläser füllen. Den Deckel erst nach dem Ausdünsten (Abkühlen) auf den Tiegel setzen.

Lärchenpechsalbe hält sehr lange, ohne zu verderben oder die Wirkung zu verlieren. Nicht auf offene Wunden auftragen!

Lärchenpechsalbe nicht für Kinder unter 8 Jahren verwenden.

In diese Grundsalbe können weitere Kräuterölauszüge eingearbeitet werden. Bei der Verwendung von Lärchenterpentin kann etwas mehr Bienenwachs nötig sein.

Um die Salbe weicher zu gestalten, kann auch das Wollwachs Lanolin aus der Apotheke mitverarbeitet werden.

Einkaufsmöglichkeit für Lärchenterpentin siehe Bezugsquellen, S. 197.

Sanddornfruchtfleischöl © Christine Dauschek

Lärchenpechsalbe © Mona Lorenz

ZUR BEACHTUNG!

Die bisher ca. 55.000 bekannten volatilen Wirkstoffe wie Terpene und andere Inhaltsstoffe in Teilen von Nadelbäumen können bei gesunden Menschen gesundheitsfördernde Wirkungen für die unteren Atemwege haben. Vorsicht ist geboten für Menschen, die an COPD, Keuchhusten, Asthma leiden, wie auch für Säuglinge, Kinder und Frauen während der Schwangerschaft und in der Stillzeit. Hier empfiehlt die Schulmedizin vom Gebrauch von Herstellungen von Fichte, Tanne, Lärche oder Kiefer Abstand zu nehmen.

Bei chronisch obstruktiven Bronchialerkrankungen und anderen Dispositionen können die Anreize dieser Wirkstoffe gefährliche Situationen hervorrufen!

THYMIANANSATZÖL BEI ERKÄLTUNGEN, BEINWELLWURZELÖLANSATZ ALS HEILUNGSUNTERSTÜTZUNG BEI KNOCHEN UND SEHNENVERLETZUNGEN

Bei den Varianten der Lärchenpechsalbe ist bei der Verwendung als Erkältungssalbe für Erwachsene das Ringelblumenöl durch ein Thymianansatzöl auszutauschen, für Knochenverletzungen bei intakter Haut wird ein Beinwellölansatz verwendet.

ACHTUNG!

Thymian wie auch die Lärchenpechsalbe ist für Kinder unter 8 Jahren nicht geeignet!

PAPPELKNOSPENSALBE UNGUENTUM POPULEUM

Unguentum ist die Fachbezeichnung für Salben und *populeum* bedeutet: *Für alle Menschen gemacht.*

Bei Gicht- und Rheumaschmerzen, Muskelschmerzen und Entzündungen ist die Pappelknospensalbe eine gute Unterstützung.

Aus Schwarzpappelknospen, die Anfang Februar von der Triebspitze geerntet werden, und der Schwarzpappelrinde einen Ölauszug mit heimischem, kaltgepresstem Öl herstellen.

Vor dem Ansatz die Schwarzpappelknospen mit dem Nudelwalker oder einer sauberen Flasche walken und andrücken.

Diesen Ölauszug mit Bienenwachs eindicken. Auf 50 ml Ölauszug reichen 5 g Bienenwachs.

Eine Salbenzubereitung mit dem Auszugsöl der Balsampappel verwendet man für Hautentzündungen ohne offene Wunden, bei leichten Verbrennungen, oberflächlichen Hautverletzungen, Gicht- und Rheumaschmerzen, Narbenpflege, Sonnenbrand, äußere Hämorrhoiden.

GRÜNER PAPPELBALSAM MIT GRÜNEM ASPIRIN

Pappelknospen in einem Öl nach Wunsch ausziehen und mit Bienenwachs versetzen.

Diese Salbe hat sich bei rheumatischen Schmerzen, bei diffusem Juckreiz, Insektenstichen, Nervenschmerzen, Gelenkschwellungen, leichten Verbrennungen und Sonnenbrand bewährt. Das in den Pappelknospen vorhandene Salicin wirkt schmerz- und entzündungshemmend.

ULMENBLATTÖLANSATZ AUS DEN BLÄTTERN

Dieser Ölansatz hilft bei Hautirritationen und zur besseren Wundheilung, bei Akne, Ekzemen und oberflächlichen Hautentzündungen.

1 Handvoll Ulmenblätter zerkleinern und in einem Schraubglas mit kaltgepresstem Öl übergießen. Alle Pflanzenteile müssen ständig mit Öl bedeckt sein. Für 28 Tage ausziehen. Abseihen.

Wacholdersalbe zur Massage bei Muskelverspannungen

1 Ahornlöffel Wacholderbeeren • 1 Fingerhut Rosmarinnadeln • 60 g Distelöl • 6 g Bienenwachs evtl. 1 Fingerhut Lanolin anhydrat • 5–7 Tropfen Ätherisches Wacholderöl

Wacholderzapfen andrücken und mit den Rosmarinnadeln in Distelöl für zwei Wochen ausziehen. Abseihen und mit dem Bienenwachs auf 65 °C erhitzen.

In vorbereitete, mit Alkohol ausgewaschene Tiegel füllen und 2 Tropfen ätherisches Wacholderöl eintropfen und einrühren. Mit geöffnetem Deckel auskühlen lassen.

Essenzen, Volksheilkundliche Auszüge,

ELIXIERE, ANSATZGEIST, EXTRAKTE, MAZERATE, ESSIG UND WÄSSRIGES, HYDROLATE

Allgemein dürfen nur professionell hergestellte Auszüge aus Pflanzenmaterial als Tinktur bezeichnet werden. Die volksheilkundliche Herstellung eines Auszuges erfolgt in Form eines Ansatzes in der gewünschten Flüssigkeit. Perkolationsverfahren finden in der professionellen Herstellung oder in Apotheken Anwendung.

Die landläufige Bezeichnung Tinktur wird volksheilkundlich für Auszüge mit unterschiedlichen Extraktionsflüssigkeiten aus Pflanzenmaterialien verwendet. Wir unterscheiden zwischen der Einzeltinktur *Tinctura simplex* und der Tinktur mit mehreren Wirkstoffträgern *Tinctura composita* zur äußerlichen und/oder zur innerlichen Anwendung.

Jahrestinkturen setzen sich aus unterschiedlichen Pflanzenteilen eines Gewächses, die über die ganze Saison hinweg gesammelt werden, zusammen.

Es empfiehlt sich, immer kleine Einzelmengen anzusetzen. Sollte sich trotz sauberer Arbeitsweise Schimmel bilden, ist nur die kleine Menge zu entsorgen.

Glas ist die neutralste Lagermöglichkeit für Tinkturen und andere Auszüge. Violettglas trägt nachweislich zu längerer Haltbarkeit der gelösten Wirkstoffe bei, Blauglas oder medizinisches Braunglas bieten ebenfalls gute Eigenschaften für die längere Aufbewahrungszeit ohne inhaltlichen Qualitätsverlust (siehe Bezugsquellen, S. 197).

Sinnvoll ausgezogen werden kann grundsätzlich jeder ungiftige Pflanzenteil. Die Empfehlungen zu den Mengen sind sehr individuell. Das Pflanzenmaterial ist nicht standardisiert. Die wenigsten Menschen haben die Möglichkeit, die Mengen der Inhaltsstoffe der Pflanzen im Labor zu prüfen, daher sind auch Verwendungsmengen stets zu einem Teil dem persönlichen Gefühl unterworfen.

Als Grundempfehlung gibt es bei der Herstellung von Auszügen folgende Empfehlungen

- **Bei Verwendung von getrockneten Pflanzenmaterial:** 1 Anteil Pflanzenanteile, vom Volumen gesehen, wird mit 5 Teilen Flüssigkeit angesetzt.

- **Bei der Verwendung von frischem Pflanzenmaterial:** Es wird das Glasmaß herangezogen, d. h., zwei Drittel eines Ansatzgefäßes werden mit dem frischen Pflanzenmaterial befüllt und das Glas mit der Ansatzflüssigkeit aufgefüllt.

Tannen-Wacholder Franzbranntwein,
Eichenrindenauszug, Weißdornblütenansatz

EXTRAKTIONSFLÜSSIGKEITEN, UM PFLANZENAUSZÜGE HERZUSTELLEN

WASSER UND BAUMWÄSSER

Wasser und Baumwässer sind gut geeignet, um Wirkstoffe aus Pflanzenteilen zu lösen, es lässt die Pflanzenzellen aufquellen. Wasser speichert die Informationen der Gewächse. Ob Heilwasser, bestes Quellwasser, Baumwasser im Frühling oder energetisiertes Wasser zur Verwendung kommt, ist der Intuition des Tinkturherstellers überlassen.

Die Haltbarkeit von reinen wässrigen Auszügen liegt bei gekühlter Lagerung bei bis zu 7 Tagen.

Die Herstellung ist einfach, Pflanzenteile stark zerkleinern, ein Schraubglas bis zu einem Drittel mit gereinigtem, einwandfreiem Pflanzenmaterial befüllen und mit Wasser oder Baumwasser für 13 Stunden im Kühlschrank ausziehen lassen. Nach dem Abseihen der Pflanzenteile, 34 Tropfen pro Tag zu sich nehmen.

ALKOHOL

Alkohol mit 96 Vol.-%, 70 Vol.-%, 40 Vol.-% ist je nach dem zu extrahierenden Pflanzenstoff auszuwählen. Für verholzte Teile und Wurzeln eignet sich vergällter Ethanol mit 96 Vol.-% aus der Apotheke, für weichere Pflanzenteile, wie Blätter, Blüten und Krautteile, 70 Vol.-%, 60 Vol.-% oder 40 Vol.-%, aber auch Wodka (ca. 40 Vol.-%) und Kornschnaps (38–40 Vol.-%).

Übersicht, welchen Alkoholgehalt Pflanzenteile benötigen, um Wirkstoffe an den Alkohol abzugeben

- **Schleimstoffe** lösen sich bereits ab 18–30 Vol.-% Alkoholgehalt
- **Saponine** zwischen 20 und 35 Vol.-%
- **Herzwirksame Glykoside** zwischen 20 und 50 Vol.-%
- **Alkaloide Substanzen** bei 20–45 Vol.-%
- **Cumarine, Bitterstoffe und Flavonoide** zwischen 30 und 50 Vol.-%
- **Gerbstoffe und Scharfstoffe** zwischen 35 und 65 Vol.-%
- **Ätherische Öle** zwischen 50 und 70 Vol.-%
- **Blausäurehältige Glykoside** (in Steinen der Zwetsche, Apfelkerne etc.) zwischen 20 und 50 Vol.-% Alkoholgehalt

Bei Verwendung von hochprozentigerem Alkohol für den Ansatz muss die Verdünnung laut Tabelle VOR der ORALEN Einnahme/Verwendung vorgenommen werden.

ALKOHOL	WASSER	MISCHUNG
72,9 ml 96 Vol.-%	+ 27,1 ml	= 100 ml 70%ige Alkohollösung
87,5 ml 80 Vol.-%	+ 12,5 ml	= 100 ml 70%ige Alkohollösung
62,5 ml 96 Vol.-%	+ 37,5 ml	= 100 ml 60%ige Alkohollösung
75 ml 80 Vol.-%	+ 25 ml	= 100 ml 60%ige Alkohollösung
52,1 ml 96 Vol.-%	+ 47,9 ml	= 100 ml 50%ige Alkohollösung
62,5 ml 80 Vol.-%	+ 37,5 ml	= 100 ml 50%ige Alkohollösung
41,7 ml 96 Vol.-%	+ 58,3 ml	= 100 ml 40%ige Alkohollösung
50 ml 80 Vol.-%	+ 50 ml	= 100 ml 40%ige Alkohollösung

EXTRAKTE

Extrakte sind konzentrierte Auszüge, bei denen das Lösungsmittel zum Teil oder vollständig entfernt (verdunstet, entzogen) wird. Extrakte können flüssig, zähflüssig oder auch trocken sein.

ABKOCHUNGEN - DEKOKTE

Für Rinden und holzige Teile, für weichere Pflanzenteile reicht ein Absud.

WEIN

Wein als Auszugsmittel findet man vor allem in alten Rezepten, die aus der Zeit stammen, in der Wasser noch nicht in Wohnungen geleitet wurde und keine Kontrollen von Gemeinschaftsbrunnen erfolgte. Aber auch heute sind viele Pflanzenteile aus der Baumapotheke zur Extraktion in Wein geeignet.

ALKOHOLISCH-WÄSSRIGE AUSZÜGE

Landläufig als Tinkturen bezeichnet haben sie ein Grundrezept von 1 : 3 frisches Pflanzenmaterial mit Auszugsflüssigkeit oder 1 : 5 getrocknetes Pflanzenmaterial mit Auszugsflüssigkeit.

Bei Frischplanzen ist darauf zu achten, diese für zwei Stunden anwelken bzw. trocknen zu lassen, dann prophylaktisch in hochprozentigem Alkohol anzusetzen und vor dem Tinkturengebrauch laut Tabelle zu verdünnen. Die jeweilige Wirkstoffkonzentration kommt bei naturbelassenem Ausgangsmaterial immer auf die Wachstumsperiode, die Wetter- und die Bodenbedingungen an. Man kann Pflanzenteile mehrerer Bäume von unterschiedlichen Standorten verwenden.

Bei der Verwendung von getrocknetem Pflanzenmaterial ist die Gefahr von Schimmelbildung weniger gegeben.

EINE SONDERSTELLUNG BEI DEN ALKOHOLISCH-WÄSSRIGEN AUSZÜGEN HABEN ELIXIERE

Seit Jahrhunderten bekannt und in Gebrauch wird bei diesen alkoholischen Ansätzen die Dreiheit mit einbezogen. Der Tria-Principa-Lehre des Paracelsus kommt bei der Herstellung von Lebenselixieren eine besondere Bedeutung zu. Die Tria-Principia-Lehre wurde von Paracelsus begründet und war für ihn die Basis der gesamten Heilkunde.

Die Zutaten von Elixieren sind aufeinander abgestimmt und ergänzen sich in ihren Wirkweisen. Die drei Grundbausteine der Paracelsus-Prinzipen – umgemünzt auf die 3 Hauptprinzipien des Menschen Körper, Geist und Seele – ergeben ein großes Ganzes, wie Körperfunktionen nicht voneinander zu trennen sind, sondern im Zusammenspiel die Gesundheit ausmachen und erhalten.

WÄSSRIGER AUSZUG MIT FRISCHEN SANDDORNBEEREN

Die Sanddornbeeren werden ungewaschen in gutem frischem Wasser angesetzt. Dieser Auszug sind besonders reich an Vitamin B_{12}. Diese Auszüge sollen frisch getrunken werden.

TIPP

Bei allen Sanddornzubereitungen soll auf Metallwerkzeuge verzichtet werden!!

WEITERE AUSZUGS- UND LÖSUNGSMITTEL

PFLANZLICHES BIO-GLYZERIN AUS LEINSAMEN

Glycerin aus Leinsamen löst fett- wie auch wasserlösliche Pflanzenwirkstoffe. Bei Glyzerin gibt es gravierende Qualitätsunterschiede, es ist unbedingt auf Bio-Qualität zu achten. Von geringer Qualität sind Herstellungen aus pflanzlichen Monokulturen, Palmöl, Erdöl und tierischen Fetten. Veganes Glycerin, aus Erdöl hergestellt, ist ebenfalls zu meiden. Pflanzliches Glycerin ist bei der Verwendung als Auszugsmittel gleich wie Alkohol zu handhaben.

SALZLÖSUNGEN

Salzlösungen sind eine gute Alternative, wenn Alkohol als Auszugsmittel nicht erwünscht oder erlaubt ist. Gesättigte Natursole wird mit stark zerkleinerten Pflanzenteilen in einem verschließbaren Glasbehältnis für 28 Tage ausgezogen.

Die Pflanzenteile müssen zu jedem Zeitpunkt vollständig mit Sole bedeckt sein.

Nach dem Abseihen in sterilen, dunklen Flaschen lagern.

Besonnte Sole kann im Fachhandel bezogen oder selbst hergestellt werden (siehe Bezugsquellen, S. 197).

Pflanzliche Auszüge in Sole sind sehr lange bei gleichbleibender Inhaltsstoffqualität haltbar.

SOLE SELBST HERSTELLEN

Sole ist eine gesättigte Salzlösung mit ca. 26 % gelöstem Salz. Dafür 30 g Salz ohne Rieselhilfe in 100 g Wasser lösen und über Nacht stehen lassen. Um die Sole als Tinkturenauszugsmittel zu stabilisieren, wird noch weiteres Salz zugegeben, das sich dann nicht mehr löst. So ist die absolute Sättigung der Sole sichtbar. Gesättigte Sole wirkt nachweislich keimtötend.

SPEISESODA ANSTATT ALKOHOL

Speisesoda, auch Natron genannt, eignet sich ebenfalls als Auszugsmittel für Naturmaterialien.

Grundrezept: 25 g Speisesoda aus der Apotheke, 25 g Baumknospen oder Blätter, 100 ml Wasser.

Das Speisesoda in ein 200-ml-Schraubglas füllen, die gereinigten Pflanzenteile zugeben und mit abgekochtem, ausgekühltem Wasser übergießen. 7 Tage ausziehen lassen, das Glas dabei jeden Tag einmal bewegen, das dient dem besseren Herauslösen der Pflanzenwirkstoffe. Nach der Auszugszeit die Flüssigkeit durch einen Teefilter abseihen, in eine sterile, dunkle Glasflasche füllen und kühl aufbewahren.

Haltbarkeit: ca. drei Monate.

MILCH UND SAUERMILCH ALS AUSZUGSMITTEL FÜR PFLANZENWIRKSTOFFE

Die Empfehlungen von Milch als Auszugsmittel wurden schon von Hildegard von Bingen im 12. Jahrhundert erwähnt. Oftmals in Ermangelung guten Wassers, Alkohols oder Weins zu jeder Zeit, griff sie auf Milch und Sauermilch als Lösungsmittel zurück.

AUSZUGSZEITEN

Mein Vorschlag für Auszugszeiten ist an natürliche Rhythmen angepasst und beträgt 7 Tage, 14 Tage, 21 Tage oder im Optimalfall eine ganze Mondphase von 28 Tagen.

Die Einbindung von **Naturrhythmen, Sonne, Mond und Gestirnen** bei der Ernte der Pflanzenteile und der Herstellung des Auszuges bringt eine zusätzliche Wirkqualität in diese Zubereitungen.

Je nach Verwendungszweck können diese Gegebenheiten bei der Herstellung von Essenzen und Tinkturen mit einbezogen werden.

Jahrestinkturen werden über den Zeitraum eines Vegetationsjahres aus allen Teilen von Gewächsen angesetzt.

KUREINNAHMEZEITEN

Kureinnahmezeiten orientieren sich bei meinen Rezeptvorschlägen zur Herstellung auch an der Fibonacci-Zahlenreihe: 1, 2, 3, 5, 8, 13, 21, 34 Tage usw.

Die Fibonaccifolgen stellen die Naturrhythmik dar. Siehe auch im Kapitel *Fibonacci grüßt den Goldenen Schnitt*, S. 61.

ERNTE- UND ANSATZTAGE

Als Ernte- und Ansatztage kann wie auch bei Tinkturen der **Mondkalender** herangezogen werden (siehe auch *Verantwortungsvolle Ernte*, S. 24).

HYDROLATE

Echte **Hydrolate** werden per Wasserdampfdestillation gewonnen und sind oft ein Nebenprodukt bei der Gewinnung von ätherischen Ölen. Sie enthalten die flüchtigen, wasserlöslichen wie auch einige fettlösliche Komponenten der Pflanzenteile. Das Gewinnen von Pflanzenwässern ist ein interessantes Fachgebiet. Die Selbstherstellung benötigt große Mengen an Pflanzenmaterial und ist mittels im Handel erhältlicher Destillen möglich. Destillen mit bis zu 2 l Brennkesselfassungsvermögen sind meldefrei in Österreich, wobei das Alkoholdestillieren für den privaten Bereich in größeren Mengen generell verboten bzw. anmeldepflichtig ist. Die Hydrolat- und auch Geistherstellung sowie Gewinnung von ätherischen Ölen bis zu 2 l ist erfassungsfrei erlaubt.

Käufliche Hydrolate unterliegen einer strengen Kennzeichnungspflicht hinsichtlich verwendeter Pflanzenteile mit dem botanischen Namen, Herkunftsangaben, Wildsammlungen, Kulturpflanzen, konventionellem oder biologischem Anbau, zugesetzten Konservierungsmitteln usw.

Hydrolate sind in der Hautpflege wie auch zum Aromatisieren von Speisen verwendbar

GEMMOMAZERATE FÜR DEN HAUSGEBRAUCH SELBST HERSTELLEN

Dies ist grundsätzlich möglich. Die sparsame händische Ernte von wertvollen Knospen erfordert Aufmerksamkeit und sorgfältiges Arbeiten. Die frischen Knospen immer sofort verwenden!

Knospen zerkleinern und in 3 Teilen Bio-Glyzerin, 3 Teilen 40 Vol.-% Alkohol und 3 Teilen destillierten oder abgekochtem Wasser ansetzen. 21 Tage ausziehen lassen und täglich einmal bewegen oder schütteln.

Dann abfiltern und zur besseren Dosierung bei der Anwendung in eine dunkle Sprühflasche füllen.

OXYMEL – SAUERHONIG: EIN ALTBEWÄHRTES STÄRKUNGS- UND HEILMITTEL

Oxymel kann aus allen Teilen von nichtgiftigen Bäumen hergestellt werden. Es ist ein uraltes Heilmittel, das die Auszugs- und Konservierungsqualitäten von Essig und Honig nutzt. Oxymel wurde in früheren Zeiten auch von der Bevölkerung, die sich Arzneien nicht leisten konnte, zur Ausheilung von Krankheiten genutzt.

Fichten- oder Tannenoxymel

1 Teil guter Apfelessig oder Verjus (Saft unreifer Trauben, er ist milder im Geschmack als Essig)
3 Teile Waldhonig • 1 Teil zarte Fichten- oder Tannenspitzen, geschnitten
1 Teil frische Fichten- oder Tannenzapferl, geschnitten • 1 Teil Spitzwegerich, geschnitten

Die festen Zutaten in einem sterilen Schraubglas mit dem Essig-Honig-Gemisch übergießen und für 21 Tage ausziehen lassen, abseihen und in einer sterilen dunklen Flasche lagern. Dieses Oxymel lindert Hustenreiz und löst Schleim.

Kurmäßige Anwendung für 3 Wochen: 1 EL mit 150 ml körperwarmem Wasser verdünnt bis zu 2 Mal am Tag trinken.

ACHTUNG!

Tannen- und Fichtenwipfel immer nur von Ästen ernten! Förster und Grundeigentümer fragen!

Eschengeist zum Einreiben

2 Eierbecher sehr junge Eschensamen • 7 Wacholderbeeren, gequetscht
1 Ahornlöffel Brennnesselblätter • 1 Ahornlöffel Silberweidenblätter • 1 l Gin

Alle Zutaten in eine Weithalsflasche füllen und mit dem Gin übergießen. Die Flasche mit einer Papiermanschette umwickeln und für 21 Tage ausziehen. Abseihen und in einer dunklen Flasche lagern.

Bei schmerzenden Gelenken als Kompresse auf die Schmerzstelle auflegen.

FRANZBRANNTWEIN AUS MELISSENGEIST (62 VOL.-% ALKOHOL)

Mit Fichten- oder Kiefernnadeln, dem Harz der Zapfen und Wacholder erfrischt Franzbranntwein als Einreibung bei müden Beinen und lindert Prellungen und Muskelkater.

Es können auch einige Tropfen an ätherischen Ölen beigegeben werden, die vor der Zugabe zum Melissengeist in 96%igem Alkohol gelöst werden. Oder man setzt die Fichtennadeln mit dem ätherischen Öl in 96%igem Alkohol an und verdünnt die Mischung mittels Mischungskreuzrechnung mit destilliertem Wasser (Verdünnungstabelle siehe S. 169).

INFO

Die Melissengeistherstellung geht auf eine aus Belgien stammende Nonne im 19. Jh. zurück, der Begriff des Franzbranntweines auf eine volksheilkundliche Zubereitung aus dem 17. Jh. Heute laufen unter dem Begriff vielerlei durchblutungsfördernde äußerliche Einreibemittel.

FICHTENNADELWASCHUNG

Zerkleinerte Fichtennadeln werden mit 96%igem Alkohol angesetzt, für 21 Tage ausgezogen und mit destilliertem Wasser auf 40 Vol.-% verdünnt.

Diese Waschung findet als durchblutungsfördernde Waschung, Einreibung oder Kompresse Verwendung.

HASELNUSSRINDENTINKTUR

Haselnussrindentinktur kann als Regulator bei Durchfall oder Stuhlproblemen angewandt werden.

Dazu erntet man die Rinde von Ästen von unten nach oben, wenn der Tinkturansatz den Durchfall stoppen soll. Oder man zieht die Rindenteile von oben nach unten ab, dieser Ansatz fördert den Stuhlgang.

Die Rindenteile werden in 96%igem Alkohol angesetzt und für 14 Tage ausgezogen. Dann abseihen, mit destilliertem Wasser laut Verdünnungstabelle auf 40 Vol.-% verdünnen und in dunklen Flaschen aufbewahren.

Im Akutfall mehrmals täglich 10 Tropfen in einem Glas Wasser zu sich nehmen.

STÄRKENDE HERZTINKTUR

1 Handvoll Weißdornblüten und -blätter in 200 ml 40%igem Alkohol ansetzen und nach Grundrezept ausziehen.

Abseihen und als Zugabe zum Herzwein aus den Weißdornfrüchten (Rezept S. 139) im Herbst aufbewahren.

Es ist auch möglich, dieser Tinktur noch die Beeren im Herbst zuzufügen.

SCHWARZPAPPELKNOSPENTINKTUR

Schwarzpappelknospen sparsam und achtsam ernten. Die Knospen mit einem Nudelwalker oder einer sauberen Flasche walken und andrücken. In 40%igem Alkohol ansetzen.

Oder: Schwarzpappelknospen, frisch oder getrocknet, in 96%igem Alkohol ansetzen und für 2–3 Wochen ausziehen lassen, anschließend abseihen und vor der Verwendung als Zusatz zu Spülungen oder Mundwasser laut Verdünnungstabelle mit destilliertem Wasser auf 40 Vol.-% oder weniger verdünnen. In einer Sprühflasche kann diese Tinktur als Mundspray angewandt werden.

BALSAMPAPPELTINKTUR

Die Tinktur aus den Knospen der Balsampappel, die wie die Schwarzpappeltinktur hergestellt wird, kann bei der innerlichen Einnahme bei Gicht, Rheumatischen Beschwerden, Harnblasenentzündungen, Prostataleiden, leichten grippalen Infekten und Bronchitis zur Symptomlinderung lindern.

WEIDENRINDENTINKTUR, ÄUSSERLICH BEI HAUTUNREINHEITEN

Thymian oder Quendel, Rosmarinnadeln, 1 EL Weidenrinde in 100 ml 96%igem Alkohol für 3 Wochen ausziehen lassen, dann abseihen und verdünnt auf 40%igen Alkoholendgehalt als Auflagen bei Hautirritationen anwenden. Die Verdünnungstabelle ist hier im Kapitel zu finden.

Weidenrindentee kann auch bei Hautirritationen dem Badewasser zugegeben werden.

Schwarzpappelknospentinktur
© Mona Lorenz

BIRKENKNOSPENTINKTUR

Zerkleinerte frische Birkenknospen in 96%igem Alkohol ansetzen und sie an einem hellen Ort für 10 Tage ausziehen lassen. Abseihen und laut Verdünnungstabelle mit destilliertem Wasser auf 40 Vol.-% zum Gebrauch verdünnen. Innerlich zur Frühjahrsentschlackung 3 x 15 Tropfen einnehmen, äußerlich als Wundreinigungsmittel verwendbar.

Walnusstinktur

10 grüne, unreife Walnüsse (im Juni geerntet), gehackt • 5 Walnussblätter, geschnitten
500 ml 60%igem Alkohol

Für Tinkturen und Auszüge sollen die grünen Nüsse um Johanni zum 24. Juni geerntet werden.

Die Walnussblätter und -früchte mit dem Alkohol vollständig bedecken und 6–8 Wochen an einem warmen Ort ziehen lassen Als Kur 3 x 3 Tropfen für 28 Tage einnehmen.

In der russischen Volksmedizin ist eine 4-wöchige Kur beschrieben, bei der mit einem Tropfen täglich begonnen wird und diese Dosis jeden Tag um einen Tropfen vermehrt wird.

14 Tage lang wird gesteigert, dann wird wieder täglich um einen Tropfen reduziert. Auch das ist eine gute Möglichkeit für einen kurmäßigen Gebrauch.

ROSSKASTANIENTINKTUR

Aus der Blüte der Rosskastanien und den Herbstfrüchten wie auch aus den stacheligen Schalen kann eine *Tinctura composita* hergestellt werden. *Tinctura composita* bedeutet „aus mehreren Tinkturen zusammengesetzt", hier sind es Blüten und Früchte, jahreszeitlich unterschiedlich. Die Blüten in 96%igem Alkohol ansetzen und für 21 Tage ausziehen. Abseihen und in einer dunklen Flasche lagern.

Im Herbst die frischen Früchte sofort nach der Ernte zerkleinern, da dies im trockenen Zustand sehr schwierig wird. In die Frühjahrestinktur der Blüten einlegen und 21 Tage ausziehen. Dann abseihen.

Vor der Verwendung soll die Tinktur mit destilliertem Wasser laut Verdünnungstabelle auf 40 Vol.-% verdünnt werden. Diese Zubereitung kann innerlich und äußerlich als Kompresse und Auflage bei Krampfadernbeschwerden angewandt werden. In der Sommerhitze mit einer Sprühflasche auf die Beine aufgesprüht, bringt diese Tinktur auch Kühlung für die Haut.

Bei Verwendung der stacheligen Schale bekommt die Tinktur eine sehr dunkle Farbe.

Bei regionaler Anwendung auf der Haut oder bei Hämorrhoiden soll immer nach der Tinkturanwendung eine fette Salbe auf die Hautstellen aufgetragen werden. Nicht in Akutphasen einer Venenentzündung verwenden!

ULMENBLATT- UND -RINDENTINKTUR

Junge Ulmenblätter und Rindenteile von Ästen zerkleinern und mit 96%igem Alkohol für 21 Tage ausziehen. Die Tinktur abseihen und mit destilliertem Wasser laut Verdünnungstabelle auf 40 Vol.-% verdünnen.

Diese Tinktur hilft bei Herpesbläschen.

WEISSDORNTINKTUR

Getrocknete Blätter und Blüten des Frühjahres, kombiniert mit den Früchten des Herbstes, dienen als Tinkturansatz für nervöse Herzbeschwerden. Dazu ein Glas oder eine Weithalsflasche zu einem Drittel mit Pflanzenteilen befüllen, mit Alkohol 43 Vol.-% aus der Apotheke, Gin, Wodka oder Korn auffüllen und mehrere Wochen ausziehen. Dann abseihen und in dunklen Flaschen lagern.

Diese Tinktur eignet sich innerlich eingenommen zur Herzstärkung und Blutdruckregulierung.

Weißdorntinktur und Fichtenoxymel

© Christine Dauschek

Jahrestinktur aus dem Sanddorn

1 Handvoll Blüten und Triebspitzen • 1 Handvoll Blätter
1 Handvoll Sanddornbeeren • 0,5 l Alkohol, 40 Vol.-%

Hier hilft die geballte Kraft des Sanddorns mit vielschichtiger Wirkung.

Eine saisonale Tinktur aus Sanddornknospen, -blüten, -blättern und -früchten wird im Laufe der Wachstumsperiode angesetzt und komplettiert.

Die Jahrestinktur beginnt mit dem Ansatz der Blüten und Triebspitzen, wird fortgesetzt mit den Blättern und im Herbst mit frischen angestochenen Sanddornbeeren komplettiert. Wenn man nicht so lange warten möchte, können auch getrocknete Beeren aus dem Vorjahr verwendet werden. Den Komplettansatz für 21 Tage ausziehen lassen, dann abseihen und kühl und dunkel lagern.

Sollte ein höherprozentiger Ansatzalkohol gewählt worden sein, gemäß Verdünnungstabelle auf 40 Vol.-% verdünnen.

10 Tropfen pro Tag in einem Getränk sorgen für Schwung und Vitalität.

ZU BEACHTEN!

Holzessenzen und Auszüge beinhalten immer die Botschaft des Baumes aus seinem Informationsprinzip.

BAUMKOSMETIK UND SONST NOCH WICHTIGES

Baumkosmetik –

AN MEINE HAUT LASSE ICH NUR, WAS ICH AUCH ESSE

Naturbelassene Schätze unserer Speiselaubbäume eignen sich auch hervorragend zum kosmetischen Gebrauch. Das Wort Naturkosmetik ist keine Wortmarke. Zahlreiche Produkte im Handel nennen sich Naturkosmetik, es lohnt aber immer, die Inhaltsstoffe mit ihren Bezeichnungen zu prüfen. Denn ausschlaggebend für Naturkosmetik wäre der Begriff naturbelassen. Drum prüfe, wer sich einschmiert und Produktlinien vertraut!

NACHSTEHEND EINIGE VERWENDUNGSMÖGLICHKEITEN FÜR DIE SCHÖNHEIT, DIE AUS BAUMSCHÄTZEN SELBST HERGESTELLT WERDEN KÖNNEN

GESICHTSWASSER AUS APFELBLÜTENHYDROLAT

Aus Apfelblüten kann mit einer 3-l-Haushaltsdestille angereichertes Pflanzenwasser gewonnen werden. Hydrolate sind aber auch im guten Biokosmetikhandel oder beim Apfelbauern direkt erhältlich.

Das Apfelblütenhydrolat, als Gesichtswasser verwendet, erfrischt und schenkt einen rosigen Teint.

Aus zerkleinerten, pürierten Apfelresten (ohne die Kerne, die man anderweitig verwendet) ein Mus bereiten und mit 1 EL mit Honig verrühren. Dieses Mus kann als feuchtigkeitsspendende Gesichts-, Hals- und Dekolletépflege verwendet werden.

BEI ALTERSFLECKEN AUF DEM HANDRÜCKEN

Aus Apfelresten ohne die Kerne ein Mus pürieren. Mit Zitronensaft und 1 EL Topfen/Quark verrühren. Auf den Handrücken auftragen und 10 Minuten einwirken lassen.

LINDENBLÜTENHYDROLAT

Ein Hydrolat aus Lindenblüten beruhigt die Haut.

ZIRBELKIEFERNHYDROLAT

Zirbelkiefernhydrolat klärt und beruhigt die Haut, siehe auch im Kapitel *Tinkturen, Essenzen*, S. 167.

HOLUNDERBLÜTENHYDROLAT

Das aus Holunderblüten destillierte Pflanzenwasser hat sich bei zu Entzündungen neigender Haut als mildes Reinigungsmittel bewährt.

BIRKENWASSER

Frisches Birkenwasser als erfrischendes Frühlingsgesichtswasser beugt Hautunreinheiten vor.

VOGELBEERMUS ALS STRAFFENDE GESICHTSMASKE

Mus aus frischen oder getrockneten Beeren mit etwas Wasser oder einem Pflanzenwasser herstellen und dick einköcheln lassen und sanft durch ein Sieb passieren. Einköcheln gelingt durch den hohen Pektingehalt der Früchte ganz ohne Zucker. Vom Mus zum Essen eine Portion abzweigen, abkühlen und auf das Gesicht auftragen, eine halbe Stunde einwirken lassen. Mit lauwarmem Wasser abnehmen.

Die Haut wird gestrafft und zeigt sich rosig frisch.

INFO

Um Vogelbeeren zu entbittern, kann man diese über Nacht in Wasser einweichen. Die Gerbstoffe werden so großteils herausgelöst. Dieses Entbitterungswasser wirkt straffend und kann für Körperabreibungen zur Hautstraffung speziell im Brustbereich verwendet werden.

MISPELMUS MIT HONIG

Mispelmus unterstützt als Gesichtsmaske bei angespannter Haut. Dafür vollreife Mispeln aus den Schalen drücken, durch ein Sieb passieren und mit Honig verrühren. Auf die Gesichtshaut auftragen und 20 Minuten einwirken lassen. Mit lauwarmem Wasser abnehmen.

EICHENBLÄTTERGEL ZUR KÖRPERHAUTSTRAFFUNG

Aus 1 Handvoll jungen Eichenblättern mit 250 ml Wasser einen hellen Absud herstellen. 30 g Leinsamen in diesem Aufguss für 3 Minuten aufkochen. Das Gel sollte fertig sein, wenn die Leinsamen oben schwimmen und sich ein Faden vom Löffel zieht.

Das Gel durch ein feinmaschiges Sieb streichen. Mit 1 EL Zitronensaft versetzen und in ein steriles Glas füllen. Zum Dosieren und zur keimfreien Entnahme des Gels eine medizinische 20-ml-Spritze aus der Apotheke verwenden. Als festigendes Gel auf die Oberschenkel einmassieren.

(Die Leinsamen können bis zum nächsten Tag in einem verschlossenen Glas im Kühlschrank lagern, sie können noch einmal ausgekocht werden).

WALDBADEN FÜR ZUHAUSE – NADEL-BADESALZ

Fichten-, Tannen-, oder Kiefernnadeln mit einer Kaffeemühle zerkleinern und mit grobem Salz mischen. Trocknen lassen und eventuell zusätzlich mit ätherischem Weißtannenöl beduften. Zur Rückfettung von trockener Haut kann Milchpulver zur Salzmischung dazugegeben werden. In Gläsern lagern.

Zum Gebrauch in ein Stoffsäckchen füllen und unter den Wasserstrahl der einlaufenden Badewanne hängen oder dem Bad zur Gänze zugeben. In Erkältungszeiten ist es eine Wohltat, die Terpene der ätherischen Öle der Nadelbäume einzuatmen. Die Badedauer sollte bei 36–38 °C 15 Minuten nicht überschreiten. Auch für erfrischende Fußbäder bestens geeignet.

Kontraindikationen können offene Hautverletzungen, Nierenerkrankungen und Herz-Kreislaufprobleme sein.

Nicht in der Schwangerschaft und Stillzeit verwenden, wie auch für Kleinkinder ungeeignet! Vollbäder generell bei Herzschwäche und hohem Blutdruck meiden.

KIEFERN-, TANNEN- ODER FICHTENNADELPEELING UND SAUNAHONIG

Peelings und Saunahonig dienen als Vorbereitung der Haut vor oder als Pflege nach einem Saunagang.

Natursalz ohne Rieselhilfe oder Trennmittel mit frischen oder getrockneten Nadeln grob in der Kaffeemaschine vermahlen, mit 1 EL Honig vermengen und mit einer Naturbürste auf die feuchte Haut auftragen. Das Einmassieren entfernt Hautschuppen, regt auch die Durchblu-

Tannennadelpeeling und Saunahonig

tung an und macht die Haut damit aufnahmefähiger. Das Salzpeeling lauwarm abduschen.

Das Peeling kann auch nach einem Saunagang verwendet werden.

KIEFERNZAPFENPEELING

Auch grob vermahlene Kiefernzapfen, die mit wenig neutralem Öl oder Topfen vermischt werden, können ideal als Körperpeeling eingesetzt werden. Dazu Kiefernzapfen zerteilen und trocknen, anschließend für 24 Stunden in die Gefriertruhe geben und dann bis zur gewünschten Scrubkonsistenz vermahlen.

ACHTUNG!

Stillende Mütter sollten dieses Peeling nicht im Brustbereich anwenden!

LINDENBLÜTEN-SAUNAHONIG ZUM ÖFFNEN DER POREN

Sehr flüssiger Honig von Lindenblüten wird beim Saunagang auf die Haut aufgetragen. Die Klebrigkeit verliert sich im feuchten Saunaklima sofort, die Wirkstoffe des Honigs können schnell durch die geöffneten Poren aufgenommen werden.

Eichenblätterdeodorant mit männlichem Zirbenduft

ca. 10 frische Eichenblätter oder 30 ml flüssiges Eichenrindenextrakt (aus der Apotheke) oder -rindentee • 150 ml destilliertes oder abgekochtes Wasser • 1 TL Natron oder Natursalz 5 Tropfen ätherisches Zirbenöl

Eichenblätter (mit dem Eichenrindenextrakt) und dem Wasser pürieren, in einem Schraubglas über Nacht ziehen lassen, am nächsten Tag abseihen. Das Natron in eine Zerstäuberflasche füllen und wenige Tropfen des ätherischen Öles darauf träufeln. Eichenblätteransatz und/oder Rindenextraktzubereitung zugeben und gut verschütteln. Bei der Verwendung von Natursalz anstatt Speisesoda als Emulgator können Schweißränder auf dunkler Kleidung sichtbar werden, Natron oder Alkohol verhindert dies weitgehend.

Haltbarkeit: 1 Monat bei Zimmertemperatur.

Die Gerbstoffe in den Eichenblättern wirken zusammenziehend und hemmen dabei auch die Schweißbildung. Das verwendete Natron dient als Emulgator um das ätherische Öl mit dem Eichenabsud zu verbinden.

Eichenblattansatz © Mona Lorenz

Hollerblütendeo

100 ml Holunderblütenhydrolat • ½ TL Speisesoda • (20 ml Alkohol, 40 Vol.-%)

Das Holunderblütenhydrolat und das Speisesoda (alternativ anstatt des Natrons den Alkohol verwenden) in eine Sprühflasche füllen. Für die Handtasche eignet sich die Abfüllung in ein Roll-on-Fläschchen. Das Deo hält sich ca. 2 Wochen bei Raumtemperatur.

Holzduft

100 ml 40%iger Alkohol oder 40%iger Rosengin (siehe Bezugsquellen, S. 197) als weibliche Note • 3 Tropfen ätherisches Zitronenöl • 1 EL Balsampappelknospen

Die Balsampappelknospen im Alkohol oder Rosengin ausziehen und mit 3 Tropfen ätherischem Öl in gefällige Schmuckflacons mit Sprühaufsatz füllen.

Försterduft

100 ml 96%iger Alkohol • ½ EL Lärchenharz oder Lärchenterpentin

Das Lärchenharz oder das Lärchenterpentin im Alkohol auflösen. Mit der in der Verdünnungstabelle angegebenen Menge destilliertem Wasser auf 70 Vol.-% verdünnen. Der Alkohol färbt sich mit dem Lärchenterpentin weiß. In Sprühflaschen füllen. Auch als Autoparfüm verwendbar.

WEIDENRINDENFUSSBÄDER

Fußbäder mit Weidenrinde erweichen Hornhaut und Schrunden an den Füßen sehr gut und regulieren auch übermäßigen Fußschweiß.

WALNUSSBLÄTTERWASCHUNGEN

Waschungen der Achselhöhlen und der Füße mit einem Absud von Walnussblättern helfen bei unangenehmer starker Schweißbildung. Die zusammenziehende und antibakterielle Wirkung der Walnussblätter kann hier genutzt werden.

QUITTENSCHALENÖL

Die Quitten vom Flaum befreien, dünn abschälen und für 2 Stunden antrocknen lassen. Ein Schraubglas bis zu einem Drittel mit den Schalen befüllen und mit einem guten neutralen Öl bedecken. Für 14 Tage bei Zimmertemperatur an einem dunklen Platz ausziehen lassen. Anschließend abseihen und in sterilen, dunklen Flaschen kühl lagern. Dieses wohlriechende Öl wirkt reichhaltig bei zu Trockenheit neigender Haut.

GLEITGEL AUS QUITTENKERNEN

Die aus unbeschädigten, in Rosenwasser eingeweichten Quittenkernen entstandene visköse Lösung kann als Befeuchtungs- und Gleitmittel dienen. Es ist unbedingt darauf zu achten, dass die verarbeiteten Quittenkerne ganz und nicht angekratzt sind, um zu vermeiden, dass die in sehr geringem Maß enthaltenen Blausäureglycoside austreten.

1 Teil Quittenkerne in 8 Teilen Rosenhydrolat über Nacht einweichen und dann abseihen. Während dem Abseihen das Schleimgel immer wieder umrühren, damit es besser durch den Filter bewegt wird. Die Kerne dabei nicht beschädigen.

Wir verwenden keine Konservierung, daher das Gel immer frisch ansetzen. Die Kerne brauchen etwa 12 Stunden, um gut zu quellen.

EROTISCHES BALSAMPAPPELÖL

Ein Schraubglas bis zu einem Drittel mit duftenden klebrigen Knospen der Balsampappel befüllen, mit gutem heimischem Bio-Rapsöl bedecken und als Kaltauszug für 14 Tage dunkel bei Zimmertemperatur ausziehen lassen, dann absieben und in sterilen dunklen Flaschen kühl lagern.

Das Rapsöl gehört zu den nichttrocknenden Ölen, die nicht so schnell in die Haut einziehen und zur Massage geeignet sind.

Der balsamische Duft gilt als hochaphrodisierend und regt die Durchblutung der Haut an.

Pflegeöl mit Schlehenblüten für den Babybauch

150 ml hochwertiges kaltgepresstes heimisches Bio-Rapsöl
1 Handvoll Schlehenblüten, frisch oder getrocknet, aus der Apotheke

Die Schlehenblüten in einem sterilen Gefäß zur Gänze mit dem Öl bedecken. An einem dunklen Ort für 14 Tage ausziehen, täglich schütteln und kontrollieren. Dann abseihen und in einer sterilen Flasche lagern. Abfülldatum vermerken. Das Ansatzöl ist kühl gelagert bis zu 4 Wochen haltbar.

Zur pflegenden Prophylaxe gegen Schwangerschaftsstreifen und zur Babypflege.

HOLUNDERBLÜTENÖL FÜR RISSIGE HÄNDE UND FUSSKOSMETIK

Ein Schraubglas bis zu einem Drittel mit getrockneten Holunderblüten befüllen und mit Bio-Sesamöl bedecken. Für 14 Tage an einem lichtgeschützten, zimmerwarmen Ort ausziehen lassen, abseihen und in sterilen, dunklen Flaschen kühl aufbewahren.

Sesamöl ist ein halbtrocknendes Öl, das gut in die Haut einzieht

Sonnenblumenöl als trocknendes Öl zieht noch rascher ein und eignet sich ebenfalls besonders für diese Anwendung. Dieses Öl ist auch für die Handkosmetik bei strapazierter, rissiger Haut an den Händen und zur Glättung von Schrunden an Fersen und Fußsohlen geeignet.

Kälteschutzcreme für sonnengegerbte Haut aus Birkenrindenöl

27 g Birkenrindenölansatz, Ansatz laut Grundrezept im Kapitel *Essenzen*, S. 167
7 g Lanolin • 3 g Bienenwachs • 5 g *Carbamidum kristallin*, kristalliner Harnstoff aus der Apotheke • 10 g Birkentee

Den Harnstoff sehr gut in lauwarmem (ca. 25 °C) Birkentee auflösen. Er darf nicht zu sehr oder nur ganz kurz erwärmt werden, da er sonst die Wirkung verliert. Das Bienenwachs langsam in einem feuerfesten Glas schmelzen, das Öl beimengen und das Wachs gut verrühren, Lanolin zugeben. Den Birkentee mit der Harnsäure auf die gleiche Temperatur wie das Öl bringen. Den Tee rasch in das Öl einrühren. In ein steriles Glas füllen und nach dem Abkühlen verschließen. Das Lanolin fungiert als Emulgator zwischen Flüssigkeit und Öl.

HASELNUSSÖL

Haselnussöl ist ein hochwertiges Pflegeöl, das für alle Hauttypen geeignet ist. Haselnussöl stärkt auf natürliche Art und Weise den Schutzmantel der Haut. Auch für schuppige Kopfhaut sehr gut geeignet. Hochwertiges Haselöl gibt es im seriösen Handel in Bioqualität zu kaufen.

BUCHENHOLZASCHE MIT PFEFFERMINZE ALS ZAHNPASTE

Helle Holzasche aus unbehandeltem harzarmem Holz (Buche, Birken, Zwetschkenbaum) fein versieben und mit getrocknetem, fein gemahlenem Pfefferminzkraut vermengen. Mit einem Spatel auf die feuchte Zahnbürste bringen und die Zähne damit wie gewohnt putzen. Mehrmals gründlich ausspülen! Feinstversiebte Holzasche fungiert als Putzkörper und liefert dabei wertvolle Mineralien, wie Zink, Kalium, Magnesium und Kalzium, und zahnschädigende Säuren werden neutralisiert.

Diese Zahnpaste einmal in 7 Tagen anwenden, immer gut ausspülen.

APFELSCHALEN FÜR DIE ZÄHNE

Das Abreiben von Zähnen mit frischen Apfelschalen entfernt durch die Fruchtsäuren des Apfels weiche Beläge und strafft den Zahnhalteapparat.

ZWETSCHKENHOLZZAHNPASTE

Diese Zahnpaste ist ein basisches Pflegeprodukt, um Zahnstein zu minimieren und Zahnfleischirritationen zu lindern. Es gibt sie im Spezialhandel zu kaufen (siehe Bezugsquellen, S. 197).

SCHWARZPAPPEL FÜR WEISSE ZÄHNE

Getrocknete Schwarzpappelknospen und Pfefferminzblätter zu einem feinen Zahnputzpulver vermahlen. Das Pulver mittels eines Spatels auf die angefeuchtete Zahnbürste aufbringen und die Zähne putzen. Das feine Pulver hat milde abrasive Wirkung, ohne den Zahnschmelz zu beschädigen.

40%ige Schwarzpappeltinktur, in einem Glas Wasser verdünnt, dient als Mundspülung zur Festigung des Zahnhalteapparates bei Parodontitis und Parodontose.

WACHOLDERBEEREN GEGEN MUNDGERUCH

Als Mundgeruchsverbesserer kann, wenn kein krankhafter Grund für den Mundgeruch vorliegt, das Kauen einer Wacholderbeere beitragen. Auch Sodbrennen kann damit gemildert werden.

ACHTUNG!

Nicht geeignet für Schwangere und Menschen mit Nierenerkrankungen!

Birkenteerseife, Zwetschkenholzzahnpaste, Walnusshaarfarbe © Mona Lorenz

BIRKENTEERSEIFE

Diese Seife gibt es im guten Fachhandel. Beste Birkenteerseife wird ohne Palmöl hergestellt, es lohnt sich die Produkte zu vergleichen. Sie findet Einsatz bei entzündlichen Hautunreinheiten (siehe Bezugsquellen, S. 197).

HAARPFLEGEMITTEL

LEAVE-IN-SPÜLUNGEN NACH DER HAARWÄSCHE

Saure Rinsenspülungen befreien Haare auch von Silikon- und anderen Rückständen herkömmlicher Haarshampoos und Spülungen.

Vorsicht bei mit synthetischen Haarfarben gefärbtem Haar! Hier kann es stellenweisen zu Aufhellungen und Verfärbungen kommen! Es ist sicherer, reine Teerinsen, wie z. B. aus Birkenblättertee, zu verwenden. (Vorsicht bei Salbeizubereitungen, Salbei kann rote Haare schwarz färben!)

Die ursprüngliche Saure Rinse ist 2 EL Essig mit 1 l Wasser verdünnt.

APFELESSIGZUBEREITUNG ALS SAURE RINSE

Die saure Rinse wird benötigt, um die durch Haarshampoos aufgeraute Oberflächenstruktur der Haare nach dem Waschen wieder zu glätten und zu schließen.

BIRKEN- UND BRENNESSELBLÄTTERRINSE

Birkenblätter und, falls vorhanden, auch Brennnesselblätter waschen und mit einer Salatschleuder bestmöglich trocknen. Anschließend klein schneiden und in ein Glas füllen. Mit Apfelessig aufgießen. Die Blätter müssen völlig bedeckt sein. 14 Tage an einem dunklen Ort ziehen lassen. Anschließend abfiltern und in eine dunkle Aufbewahrungsflasche füllen.

Anwendung: 1–2 EL Birken-Brennnesselblätter-Essig mit 1 Liter kühlem Wasser mischen. Die Haare als letzte Spülung damit übergießen. Nicht mehr ausspülen. Diese letzte Spülung muss immer kalt oder zumindest kühl sein. Saure Rinsen tragen zur besseren Kämmbarkeit frisch gewaschener Haare bei.

WEIDENRINDENTEESPÜLUNG

1 EL getrocknete Weidenrinde mit 250 ml kochendem Wasser übergießen und abkühlen lassen. Abseihen und als letzte Spülung nach der Haarwäsche verwenden. Wirksam bei Gelbstich von grauen Haaren, bei Schuppen und fettigem Haar.

WEISSDORNRINSE

1 Handvoll Weißdornblüten mit einem Schraubglas mit 500 ml gutem Bio-Apfelessig übergießen und 14 Tage ausziehen lassen. Nach dem Abseihen in einer dunklen Flasche lagern.

Anwendung: 2 EL Essigrinse mit 1 l lauwarmem oder kühlem Wasser für die letzte Spülung verdünnen. Nicht mehr ausspülen.

WEITERE HAARPFLEGEMITTEL AUS DER BAUMWELT

BIRKENZUBEREITUNGEN

Birkentee und das Ansatzwasser von Birkenblättern, in Shampoos verarbeitet oder pur auf die Kopfhaut einmassiert, stimulieren den Haarwuchs.

Im Frühjahr gewonnenes Birkenwasser als tägliche Einreibung für die Kopfhaut regt die Durchblutung der Kopfhaut und den Haarwuchs an. Dazu wird Birkenwasser mit einem Schuss Alkohol konserviert. Wenn eine Beduftung gewünscht wird, können einige Tropfen ätherisches Lavendelöl, in Alkohol gelöst, zum Birkensaft gegeben werden.

WALNUSSSCHALENTINKTUR

Diese Tinktur reguliert die Kopfhaut bei Schuppenplage. Die Walnusstinktur findet sich im Kapitel *Essenzen, Tinkturen* auf S. 167. Bei empfindlicher Kopfhaut kann man die Tinktur mit abgekochtem Wasser verdünnen. Dazu 1 EL Tinktur mit ½ l Wasser verdünnen und in die Kopfhaut einmassieren. Nach einer Einwirkzeit von einer Stunde können die Haare, wenn gewünscht, gewaschen werden.

SANDDORNBLÄTTERABSUD

Spülungen mit einem Absud aus Sanddornblättern beruhigen schuppige Kopfhaut.

Für den Sanddornblätterabsud eine Handvoll Sanddornblätter aufkochen und 10 Minuten ziehen bzw. abkühlen lassen.

ZWETSCHKENHAARWASSER DER HILDEGARD VON BINGEN

Dieses Haarwasser pflegt bei trockener Kopfhaut und Schuppen (siehe Bezugsquellen, S. 197).

Zwetschkenhaarwasser, Fichten-Tannennadelbad mit Salz © Mona Lorenz

TANNENHAARWASSER

Haarwasser aus Tannenholzasche wirkt als basische milde Haarspülung (siehe Bezugsquellen, S. 197).

ZUM FÄRBEN DER HAARE

Berberitzenpulver kann zum Färben der Haare verwendet werden.

Das Berberitzenpulver mit Wasser zu einem Brei anrühren und auf die Haare auftragen, die Einwirkzeit richtet sich nach der ursprünglichen Haarfarbe.

VORSICHT UND ACHTUNG

Bei Haar, das mit konventionellen Haarfarben vorbehandelt ist, hier könnte es zu unliebsamen Ergebnissen bei der Färbung kommen!

HAARTÖNUNG MIT WALNUSSSCHALEN

Getrocknete und in der Kaffeemühle zu Pulver gemahlene Walnussschalen geben dunkelblondem und braunem Haar schöne satte Brauntöne. Das fein gemahlene Pulver wird mit wenig Weizenkeimöl aus der Apotheke angerührt, bis ein dicklicher Brei entsteht. Langsam heißes Wasser tröpfchenweise zugeben, bis er eine streichfähige Konsistenz erreicht ist. 15 Minuten ziehen lassen. Noch einmal mit heißem Wasser verdünnen.

Nach der Haarwäsche die Farbe mit einem breiten Pinsel gleichmäßig Strähne für Strähne in das Haar streichen. Die Einwirkzeit richtet sich nach dem Grundton der zu färbenden Haare und dem gewünschten Farbton. Die Haltedauer der Tönung hängt davon ab, wie oft die Haare gewaschen werden.

ACHTUNG,

Nicht bei Haaren anwenden, die mit konventionellen Färbeprodukten vorbehandelt sind!

HAARPACKUNG MIT KALTGEPRESSTEM HASELNUSSÖL FÜR SPRÖDES, GESCHÄDIGTES HAAR

Das Haselnussöl in die Haarspitzen einkneten, die Haare in ein Tuch einbinden und über Nacht einwirken lassen. Mit einem milden Shampoo auswaschen. Das Öl kann auch bei hartnäckigen Schuppen in die Kopfhaut einmassiert werden, ebenfalls mit einem Tuch bedecken und über Nacht einwirken lassen.

Baum-Bartpflege für des Kaisers Bart

2 EL Bienenwachs • 1 EL Lanolin anhydrat aus der Apotheke
1 EL Kiefernnadel-Wacholderbeeren-Ölansatz mit Bio-Sonnenblumenöl (kann auch direkt als Warmauszug vor der Stiftherstellung gemacht werden, Grundanleitungen für die Ölauszüge im Kapitel *Mazerate, Tinkturen*, S. 167) • 2 EL Rosmarinhydrolat
5 Tropfen ätherisches Öl nach Wunsch

Den Ölansatz fertigen oder, wenn schon vorhanden, in einem feuerfesten Glas im Wasserbad erwärmen, Bienenwachs und Lanolin langsam im Öl schmelzen, Hydrolat in kleinen Portionen einrühren, sodass das Lanolin die Flüssigkeit gut aufnehmen kann. Wenn gewünscht die Bartpflege vor dem Abfüllen mit ätherischem Öl beduften.

In eine Papierhülse für selbstgemachte Deostifte füllen, über Nacht aushärten lassen. Zur Bartpflege den Bart mit der Wachsmischung einstreichen.

Den Stift bei Zimmertemperatur lagern. Haltbarkeit bis zu zwei Monate.

SONNENSCHUTZ UND AFTER-SUN-PFLEGE

After-Sun-Öl und Sonnenbrandöl mit Sanddorn

1 Handvoll Sanddornbeeren • 300 ml kaltgepresstes Bio-Sonnenblumenöl
10 Tropfen Sanddornfruchtfleischöl (färbt sehr stark!!) • 10 Tropfen ätherisches Lavendelöl

Die verlesenen Sanddornbeeren mit dem fetten Öl mit dem Mixer/Pürierstab fein zerkleinern, damit sich die Beerenmasse gut mit dem Öl verbindet. Das Sanddornfruchtfleischöl eintropfen. Das After-Sun-Öl in eine sterile dunkle Medizinflasche füllen. Die Sanddornbeeren emulgieren mit dem Öl, das sofort verwendet werden kann. Nach dem Einölen in eine Decke oder Leintuch einhüllen, bis das Öl in die Haut eingezogen ist.

Im Kühlschrank aufbewahrt, kühlt dieses Öl bei sonnenirritierter Haut doppelt. Das Sonnenblumenöl gehört zu den trocknenden Ölen, es zieht daher rasch in die Haut ein.

Dieses Öl ist auch kulinarisch als Würzöl verwendbar.

GRÜNE WALNUSSSCHALEN FÜR EIN SONNENSCHUTZÖL

Auszugsöl von grünen Walnussschalen bekommt eine bräunliche Farbe und kann als tönendes Pflegeöl bei bereits gebräunter Haut angewandt werden.

HOLUNDERBLÜTENANSATZÖL

Dieses Öl dient als Pflegeöl nach einem Sonnenbrand und bei rissiger trockener Haut

(Herstellung laut Grundrezept im Kapitel *Soim und Schmier*, S. 162).

VORSICHT!

Auf weißer Wäsche/Kleidung können Verfärbungen entstehen.

ACHTUNG

Alle Vitamin-C-reichen Cremen, Salben oder Öle müssen in Tuben oder Medizinflaschen mit kleiner Ausgussöffnung aufbewahrt werden. Da Vitamin C in Verbindung mit Sauerstoff rasch abbaut, eignen sich Tiegel oder Weithalsflaschen dafür nicht, da dort die Oberfläche, an die Sauerstoff kommen kann, um vieles größer als in Tuben mit kleiner Ausdrücköffnung.

FÜR SPORT UND WOHLBEFINDEN

ÖLMASSAGE FÜR SPORTLER

Zum Aufwärmen und zur Pflege von Muskeln von Ausdauersportlern eignet sich ein Birkenknospenölansatz (wie im Kapitel *Soim und Schmier*, S. 162, beschrieben), mit Arnikablüten, Zimtrinde und Rosmarinnadeln zusätzlich angereichert, sehr gut. Rapsöl als nichttrocknendes Öl eignet sich besonders zur Massage, da es nicht so schnell in die Haut einzieht.

LINDENBLÜTEN-AUGENKISSEN

Getrocknete Lindenblüten in weichen Stoff einnähen und als Regenerationskissen oder bei geschwollenen Augen verwenden.

SAUNAAUFGUSS MIT WALDAROMEN

Den Boden eines 1 Liter fassenden Glasgefäßes mit Speisenatron oder Natursalz ohne Rieselhilfe bedecken. Darauf ätherische Öle von Latschenkiefer, Fichte, Tanne oder Wacholder tropfen.

Das beduftete Natron mit destilliertem oder abgekochtem Wasser aufgießen und durch Rühren mit einem Tannenzweig auflösen. Das Speisesoda fungiert als Emulgator, der die ätherischen Öle mit dem Wasser verbindet.

Den Saunaaufguss immer frisch zubereiten.

Und sonst noch Wichtiges

Wald-Raumspray

1 100-ml-Glasflasche mit Zerstäuber • 60 ml Alkohol, 96 Vol.-%, aus der Apotheke
ätherisches Öl nach Wahl, z. B. Zirbenöl, Kiefern- oder Lärchenterpentin, Fichtennadel, Weißtanne, Douglasie • 40 ml destilliertes oder abgekochtes abgekühltes Wasser

Den Alkohol in die Zerstäuberflasche füllen, bis zu 40 Tropfen des ätherischen Öls oder der ätherischen Öle in den Alkohol tröpfeln und mit destilliertem/abgekochtem Wasser auf 100 ml auffüllen. Anstelle der ätherischen Öle kann auch Kiefern- oder Lärchenterpentin verwendet werden. Gut schütteln. Bei der Verwendung von Kiefer- und Lärchenterpentin färbt sich die Mischung weiß.

TIPP

Raumsprays können auch mit allen Essenzen oder Tinkturen bereichert werden.

DUFTBÄUMCHEN FÜR DAS AUTO

Aus grünem Bastelfilz ein Bäumchen ausschneiden und mit einem Aufhängeband versehen.

Den Filz mit ätherischen Ölen beträufeln und im Auto anbringen.

RAUMBEDUFTUNG AUS QUITTE

Quittenschalen, die nicht zu Saft oder Sirup weiterverarbeitet werden, bieten sich als wunderbare exquisite Raumbeduftung an. Die frischen Quittenschalen wurden in früheren Zeiten als anregende, aphrodisierende Schlafzimmerbeduftung verwendet.

TIPP

Balsampappelknospen eignen sich ebenfalls als erotischer Duft für Schlafzimmer und Boudoir.

ZIRBENSPÄNE

Als Raumduft fördern sie die Gesundheit und im Kleiderschrank schrecken sie Motten ab. Im Kopfpolster unterstützen sie erholsamen Schlaf und unseren Herzschlag.

Patentierte Raum-Luftbefeuchter aus Zirbe bringen neben dem einzigartigen Aroma auch die gesamte Kraft des Baumes in den Raum (siehe Bezugsquellen, S. 197).

GETROCKNETE APFELSCHALEN

Getrocknete Apfelschalen (auch auf Vorrat eingefroren) mit kochendem Wasser übergießen und als Heißgetränk genießen. Was übrigbleibt, kann als Duftquelle für die Wohnung genutzt werden.

ERFOLGREICH GEGEN INSEKTEN

Walnussblätter haben sich als Insektenabschreckung für die sommerliche Terrasse bewährt, auch die Verräucherung von getrockneten Blättern hält Plagegeister fern. Getrocknete Walnussblätter dienen in feinen Gazesäckchen zur Insektenabwehr in Kästen und anderen Aufbewahrungsstätten.

KISSENSPRAY

Als Wäsche- und Bettwäschebeduftung eignen sich naturbelassene Hydrolate aus den Nadeln der Zirbe, Tanne, Fichte oder Kiefer. Blumige Noten erzielt man mit Holunder- oder Lindenblüten.

Kissensprays können auch aus mit destilliertem Wasser verdünnten Tinkturansätzen mithilfe der Verdünnungstabelle bei alkoholischen Ansätzen, siehe S. 169, hergestellt werden.

SCHLAFTROLL FÜR KINDER

Getrocknete Lindenblüten gegen Unruhe und Einschlafstörungen bei Kindern in ein Stoffsäckchen einnähen. Eine Filzkugel oder eine kleine Lindenholzkugel als Köpfchen mit aufgemalten geschlossenen Augen komplettiert den Schlaftroll. Den Schlaftroll nahe dem Kopfkissen deponieren.

Es können auch noch Lavendelblüten, Melisse- und Hopfenblätter dazugegeben werden.

PUTZEN UND REINIGEN NACH DEM MOND

BIRKEN-SPÜLI

Birkenblätter zerkleinern und in Wasser einweichen. Das ergibt ein naturmildes Wasch- und Spülmittel.

Naturputzmittel Rosskastanienwaschmittel, Wacholder-Essig-Reiniger, Birken-Spüli

ROSSKASTANIENWASCHMITTEL

10 frische Rosskastanien in kleine Stücke schneiden, in ein Stoffsäckchen geben und direkt zur Wäsche in die Waschtrommel geben. Kastanienstückchen nach dem Waschen rasch trocknen, können bis zu 3 x verwendet werden.

50 g Pulver aus getrockneten Rosskastanien in einem Stoffsäckchen direkt zur Wäsche in die Maschine geben. Die Masse kann nach dem Waschen getrocknet und bis zu 3 x wiederverwendet werden.

ABER ACHTUNG!

Rosskastanien beinhalten geringfügig fischgiftige Substanzen und sollen daher spärlich verwendet werden. Diese Gifte haben eine ca. 21-tägige Abbauzeit, der Weg des Abwassers in die Kläranlage ist zum restlosen Abbau der Fischgifte zeitlich zu knapp. Die Zeitspanne zwischen der Verwendung der Kastanienlauge und der Rückführung des gereinigten Wassers nach dem Klärprozess in den natürlichen Wasserkreislauf könnte dafür zu kurz sein.

WACHOLDERREINIGER

Die desinfizierende Reinigungskraft des Wacholders kennt man seit Jahrhunderten. Besonders für die Reinigung von Holzschneidbrettern hat sich eine Mischung aus Zitronenschalen, Wacholderbeeren, Salbeiblatt und Essig bewährt.

Die geschnittenen Zitronenschalen mit den angedrückten Wacholderbeeren und dem Salbeiblatt in Essig ansetzen und über zwei

Wochen ausziehen lassen. Abseihen und in Flaschen oder Sprühflaschen lagern. Je nach gewünschter Stärke kann dieser Ansatz auch mit abgekochtem Wasser verdünnt werden.

REINIGUNGSESSIG AUS APFELRESTEN SELBST HERSTELLEN

Apfelreste, Schalen, Kerngehäuse ohne Kerne mit 2 Ahornlöffeln Rohrzucker (um die Gärung zu beschleunigen) in ein sauberes, mit Alkohol ausgespültes Glas (1–2 Liter) füllen und mit Wasser aufgießen. Mit einem sauberen Tuch abdecken und mit einem Gummiband fixieren und an einen warmen, dunklen Platz stellen. Jeden zweiten Tag leicht schwenken. Die alkoholische Gärung wird erkennbar, wenn sich Schaum bildet. Sollten sich Kahmhefefäden im Glas bilden, diese mit einem in kochendes Wasser getauchten Holzlöffel abnehmen.

Sobald die Apfelteile auf den Glasboden sinken, den nun schon geruchsintensiven Essig durch ein Mulltuch in ein ebenfalls steriles Glas umfüllen.

Wieder mit einem Tuch bedecken und für 4–6 Wochen zum fertigen Apfelessig vergären. Wenn gewünscht, nach der Gärung noch einmal filtern, in Flaschen füllen und gut verschlossen im Dunkeln lagern.

Mit Zitronen- oder Orangenscheiben versetzt, ergibt dieser Resteessig einen duftenden Allzweckreiniger. Er ist auch zum Entfernen von Kalkresten und -flecken geeignet.

EIN PAAR HAUSHALTSTIPPS

NATÜRLICHE REINIGUNG FÜR OBST

Apfelessig mit Speisesoda und Zitronensaft als Reinigung für konventionelles, behandeltes Obst. Dafür das Obst für 10 Minuten in der Lösung liegen lassen.

NATÜRLICHE FRUCHTFLIEGENFALLE

Apfelresteessig wie im Rezept siehe oben herstellen und mit 1 KL Honig verrühren. In kleinen Schälchen aufstellen. Die Fruchtfliegen fliegen darauf. Auch als Küchenduft zum Neutralisieren von Essensgerüchen verwendbar.

AUFHÜBSCHEN VON STARK ANGELAUFENEN SILBERTEILEN

Apfelessig 1 : 6 mit heißem Wasser verdünnen, die Silberteile einlegen und nach einigen Stunden zeigt sich der Silberglanz wieder.

SILBERSCHMUCK- UND BESTECKREINIGER

Feinstversiebte naturreine Buchenholzasche bringt Silberschmuck oder Silberbesteck wieder zum Glänzen. Dafür einen feuchten Lappen in die Asche tauchen und die Teile damit sanft und ohne Druck, um Kratzer zu vermeiden, abreiben. Gründlich nachspülen und trocknen.

Buchenholzasche als Silberreiniger

© Christine Dausek

DESINFEKTIONSMITTEL FÜR KÜHLSCHRANK, OBST- ODER BROTBEHÄLTER

Als Schimmelprophylaxe Apfelessig mit heißem Wasser verdünnen und den Kühlschrank damit auswischen.

Vorsicht bei Aluminiumteilen!

HEISSER APFELESSIG UND WASCHSODA

Beide helfen beim Reinigen und Durchgängigmachen von Abflüssen.

TIPP

Neben den Putzqualitäten ist **Apfelessig mit Sodawasser** auch ein erfrischendes gesundes **Sommergetränk.**

HOLZASCHENPASTE

Zur Reinigung des Ceranfeldes und Edelstahloberflächen zeichnet sich Holzaschepaste (mit Wasser) durch hohe Fettlösekraft aus. Dazu reine Holzasche aus Buchenholz fein versieben und mit Wasser anrühren.

Immer mit Handschuhen arbeiten, da Holzasche stark basisch auf die Haut wirken kann. Auch zur Scheuerreinigung für Metallgeschirr geeignet.

ACHTUNG!

Nicht für Aluminium und Chromteile oder Kunststoffoberflächen, die kratzempfindlich sind, verwenden!

GARTENDÜNGER BEI ÜBERSÄUERTEM BODEN

Holzasche, die immer im Trockenen und im geschlossenen Behälter gelagert werden soll und nur aus 100 % naturbelassenem Holz gewonnen wird, hat sich als Gartendünger bei übersäuertem Boden und auch zum Auflockern bewährt. Nicht verwenden für Pflanzen, die sauren Boden benötigen, wie z. B. Hortensien, Heidelbeeren oder für Moorbeetpflanzen. Immer am Ende des Winters verwenden.

Als Empfehlung kann 50 g pro m^2 Rasen- oder Gartenfläche gerechnet werden. In kleinen Mengen auch als Beigabe zum Kompost geeignet. Ausbringen bei absoluter Windstille.

ACHTUNG!

Asche ist stark basisch, es werden Handschuhe bei der Ausbringung und der Einarbeitung in die Erde empfohlen.

Auch nicht auf dem Kartoffelacker und nie in Kombination mit anderen Düngemitteln verwenden.

HOLZASCHENREINIGER FÜR BODEN

Aus 8 EL fein versiebter heller Asche aus naturbelassenem Holz und 1 l Wasser in einer gut verschließbaren Flasche eine Lauge ansetzen, die nach ca. 6 Stunden verwendungsbereit ist. Empfehlenswert ist die Messung des pH-Wertes des Ansatzes mit Messstreifen. Der Höchstwert der Lauge sollte 9 nicht überschreiten. Die Lauge abgießen, der Ascherest kann ein weiteres Mal mit Wasser zu einer Lauge angesetzt werden oder kann auf den Kompost gegeben werden. Die Aschelauge gut verschlossen aufbewahren oder sofort verdünnt als Bodenreiniger verwenden. Mit klarem Wasser nachwischen.

INFO

Holzasche hat sich auch in der Schädlingsbekämpfung gegen Erdflöhe und Blattläuse bewährt.

VERDÜNNTER ASCHENLAUGENSPRAY

Aschenlaugenspray ist die perfekte Ungezieferprophylaxe für Hunde- und Katzenbetten.

1 EL Reine Buchenasche mit 1 l Wasser großzügig verdünnen und in eine Sprayflasche füllen. Das Bett vor der Benutzung durch die Tiere gut trocknen lassen.

HOLZASCHE ZUM REINIGEN VON GLÄSERNEN KAMIN- UND OFENTÜREN

Zeitungspapier zerknüllen, anfeuchten und in Asche tunken. Das ausgekühlte Ofentürglas damit in kreisenden Bewegungen reinigen und mit trockenem Zeitungspapier Schlieren und Reste entfernen.

HOLZASCHE ALS FRISCHHALTEZUSATZ

Holzasche sorgt für Schnittblumen in Vasen und zum Besprühen von Gestecken für längere Frische. 1 gestrichener KL Holzasche reicht auf 1 l Wasser.

BEI EISGLÄTTE

Holzasche kann bei Eisglätte als Alternative zu Streusalz eingesetzt werden.

SAUNAAUFGUSS MIT WALDAROMEN

Den Boden eines Glasgefäßes mit 1 l Fassungsvermögen mit Speisenatron (Speisesoda) oder Natursalz ohne Rieselhilfe bedecken. Darauf ätherische Öle von Latschenkiefer, Fichte, Tanne, Douglasie oder Wacholder tropfen, mit einem Fichtennadelabsud aufgießen. Speisenatron durch Rühren mit einem Fichtenast auflösen. Speisenatron oder auch Salz fungieren als Emulgator, der das ätherische Öl mit dem Wasser verbindet.

PAPPELWOLLE ODER AUCH DIE SAMENWOLLE DER SILBERWEIDE ALS KISSENFÜLLUNG

Beides kann sparsam als Polsterfüllmaterial zur Schweißabsorption herangezogen werden. Die bei trockenem Wetter sparsam geernteten Weidenkätzchen für einige Stunden in die Tiefkühltruhe legen. Dabei werden Schadinsekten vernichtet. Anschließend die Weidenkätzchen trocknen und gemeinsam mit Kräutern als Polsterfülle verwenden.

WEIDENKÖRBE, UMZÄUNUNGEN UND ANDERE DEKORATIVE ELEMENTE

aus den Ruten der Korbweide sind als bleibendes Naturmaterial wieder sehr gefragt.

WALNUSSBLÄTTER ALS INSEKTENSCHUTZ

Walnussblätter vertreiben Insekten. Als natürliche Tischdekoration für die Terrasse hält der Duft der Walnussblätter Stechmücken & Co. fern. Walnussblätter in einer Wasserschale oder ein kleiner belaubter Walnussast in einer Vase tun hier gute Dienste.

Möglich ist auch eine Verräucherung von getrockneten Walnussblättern.

Walnussblätterspray gegen sommerliche Insekten

20 g Walnussblätteröl • 20 g Walnussblättertinktur • 50 g Rosemarinhydrolat
Wenn gewünscht, etwas ätherisches Citronella-Öl

Ölansatz mit Walnussblättern und eine Walnussblättertinktur nach den Grundrezepten ansetzen

Alles Zutaten in eine mit Alkohol ausgespülte Sprühflasche füllen. Da diese Mischung keinen Emulgator beinhaltet, muss der Spray vor Gebrauch geschüttelt werden.

WALNUSS-GELSENSCHUTZ ALS RAUMSPRAY

Den Boden einer Flasche mit zerkleinerten Walnussblättern bedecken und mit ½ l Alkohol, 40 Vol.-%, aufgießen und für 21 Tage ausziehen lassen. Abseihen und mit Rosmarinhydrolat 1 : 1 in einer Sprühflasche mischen. Als Mücken- und Gelsenschutz in Räumen verwenden.

LINDES SCHUHSACKERL

Zum Binden von Schweißgeruch in geschlossenen Schuhen oder auch Sportschuhen hat sich ein Leinenbeutelchen mit Lindenblüten als Geruchsbinder bewährt. Die Lindenblütensackerl als Duftkissen in die Schuhe stecken. Der Wirkstoff Farnesol wirkt bakterienhemmend und verhindert so unangenehme Gerüche.

Schuhkissen nach jedem Gebrauch luftig trocknen.

Schuhsackerl mit Lindenblüten

BIRKENRINDENFACKEL FÜR DEN ROMANTISCHEN GARTEN

Breite Birkenrindenstreifen durch ein Ölbad- und Bienenwachsbad ziehen, antrocknen lassen und in mehreren Schichten um einen Haselstock binden. Birkenholz und -rinde brennen als sehr ruhiges Feuer.

NATÜRLICHE FEUERANZÜNDER

Hasel- oder Walnussschalen, Spindeln von Tannenzapfen wie auch abgeworfene Fichtenzapfen, deren Samen ausgefallen sind und die keine andere Verwendung mehr finden, kann man in flüssiges Bienenwachs tauchen und als Anzündhilfe verwenden.

VORSICHT!

Tropfgefahr bei einer dicken Bienenwachsschicht!

DIE BUNTE FARBSTUBE DER BÄUME

Die Farbpalette von Blättern, Blüten oder Rinden unserer heimischen Bäume ist in sich stimmig, sie reicht von Pastelltönen bis hin zu kräftigen satten Farben.

TINTE

Weißdorntinte ist eine Gerbstofftinte aus der Rinde des Weißdorns.

1 Handvoll kleingeschnittene Rinde für 24 Stunden in 250 ml Wasser einweichen, anschließend für 1 Stunde auskochen, bis das Wasser großteils verdunstet ist.

Es kann Alaun zugesetzt werden, um die Farbstoffe besser zu lösen.

Diese Tinte kann neben der kalligrafisch künstlerischen Verwertung auch zum Färben für vorbehandelte Wolle oder Stoffe dienen.

Die Tintenherstellung aus Eichen, Eichengallen, Erlen, Faulbaumrinde, grünen Walnussschalen, Kastanienbaumrinde, -blättern, -holz und -fruchtschalen sind in Kalligrafiekreisen eine willkommene Alternative zu herkömmlichen Schreibflüssigkeiten. Auch können alte Dokumente mit dieser Tinte ausgebessert werden.

Eichengallengebilde entstehen auf Blättern, die von Gallmücken angestochen werden und deren Eier in den Gewächsen zu Larven und in weiterer Folge zu Gallmücken heranwachsen.

Kamin- und Grillanzünder aus Zapfen und Nussschalenhälften © Christine Dausek

Farben und Tinten aus Baumrinden, Ecoprintfärbung auf Seide mit Ahornblättern, Wollfärbung mit Faulbaumrinde © Mona Lorenz

Ein Grundrezept einer einfachen Eisengallustinte: Galläpfel, Erlenrinde, Granatapfelschalen, Schale der Schwarznuss, Eichenrinde, starker schwarzer Tee, für einige Stunden gezogen, Platanen- oder Weidenrinde, Maulbeeren, Regen-, Schnee- oder Quellwasser, Bier, Eisenvitriol (rostige Nägel in Essigsäure und etwas Regenwasser angesetzt und für ca. 3 Wochen ausziehen lassen). Die Nägel können auch in der Lösung verbleiben. Galläpfel zerkleinern (in einem Stoffsackerl, mit einem schweren Gegenstand oder Hammer). Im Regen- oder Quellwasser köcheln, bis die Wassermenge auf die Hälfte reduziert ist. Abkühlen lassen und Eisenvitriol zufügen und einrühren, bis die typische tiefschwarze Farbe erreicht ist. Gummi arabicum gut einrühren und auflösen lassen. Die Tinte noch durch ein Tuch oder einen Feinfilter abseihen. Falls keine rostigen Nägel zur Verfügung stehen, kann Eisensulfat II auch im Chemiehandel oder in der Apotheke bezogen werden.

Die Schüttgelbtinte wird aus unreifen Kreuzdornbeeren hergestellt und findet in der Kunstmalerei mit Pflanzenfarben ihre Verwendung.

Kirschgummi, in Wasser gelöst, kann als Schutz für Gemälde mit Pflanzenfarben und -pigmenten verwendet werden. Pflanzentinten können mit gelöstem Kirschgummi haftbarer auf Papier werden. Die Schwebstoffe des Gummis, die sich nicht in Wasser lösen, können herausgesiebt werden.

Auch der Ruß, der bei der Kienspanverbrennung entsteht, kann für die Tinten- und Tuscheherstellung wie auch als Stiefelpolitur gute Dienste leisten.

Zur Tintenherstellung biete ich Kurse und Seminare an, die tiefer in die Materie eintauchen.

FÜR WOLLE UND STOFFE

Für die Herstellung von Färbeflotten zum Wolle- und Stofffärben eignen sich grüne Walnussschalen sehr gut. Sie ergeben eine dunkelbraune Farbe.

Der Vorteil einer Walnussfärbung besteht darin, dass die zu färbende Wolle nicht vorgebeizt werden muss. Die grünen Schalen enthalten viele Gerbstoffe, die für die Aufnahmefähigkeit der Wolle sorgen.

Das Ecoprintverfahren mit frischen Pflanzenteilen besticht durch Natürlichkeit der gefärbten Stoffe.

Beim Ecoprintverfahren werden Stoffe unterschiedlich vorbehandelt, dann mit frischen Baumblättern belegt und zusammengerollt. In heißem Wasserdampf werden die Farbstoffe der Blätter auf die vorbehandelten Stoffe übertragen.

Pinsel und andere Schreibgeräte aus Holunderästchen mit Kiefernnadeln oder eine Füllung aus Bienenwachs mit Naturfarben als Farbstift erfreuen sich nicht nur bei Kindern größter Beliebtheit.

Glossar

Aktinorrhiza	Manche Bäume gehen Symbiosen mit den stickstoffbindenden Bakterien *Frankia Alnii* ein, der Wortteil *rhiza* bedeutet Wurzel, gesamt wird diese Verbindung als Strahlenwurzel bezeichnet.
Allmende	Gemeindegut, Gemeindeflur, die allen Gemeindemitgliedern zur Nutzung zur Verfügung steht.
Anthocyane	sekundäre, bioaktive Pflanzenfarbstoffe, der Sonnenschutz der Pflanze mit gesundheitsfördernder Wirkung
Arteriosklerose	Arterienverengungen durch Beläge, die Elastizität der Arterien ist nicht mehr gegeben.
Aschereifung	Reifung von Käse, Fleisch oder Fisch in Asche, dient der Geschmacksgebung.
Ätherische Öle	werden bei der Wasserdampfdestillation von Pflanzenteilen gewonnen, als Nebenprodukt fallen Pflanzenwässer/Hydrolate an.
Bachblüten	eine Therapieform, die Wirkstoffe aus Blüten von Pflanzen einsetzt.
Ballaststoffe	meist Faserstoffe in Pflanzennahrung, die die Verdauung anregen und unterstützen.
Barrel	eine Maßeinheit aus der Zeit der intensiven Nutzung von Holzfässern, heute eine Bezeichnung für unterschiedliche Rohölmengen.
Barrique	bezeichnet ein Eichenfass für den Ausbau von Weinen, Whiskey und Bieren.
Baumbast	ein Teil der Rinde/Borke eines Baumes, der Wasser nach oben und Zuckerlösungen in Richtung Wurzeln zu den Bedarfsstellen leitet.
Baumgummi	entsteht durch die Verflüssigung von Pflanzengewebe im Inneren des Baumes, dient als Wundverschluss und ist teils wasserlöslich.
Baumhabitus	zeigt die jedem Baum eigene Wuchsform, Aststellungen und Kronenform, die Bäume auch ohne Laub erkennbar machen.
Baumharz	ein pflanzliches Sekret aus den Harzröhren der Nadelbäume, das als Wundverschluss dient.
Bitterstoffe	regulieren die Verdauung, indem sie Magen- und Gallensäfte anregen.
Blütennektar	eine flüssige Duft-Zucker-Mischung aus Nektarindrüsen in Blüten von Pflanzen, die potentielle Bestäuber anlocken sollen.
Borke	der äußere Rindenteil eines Baumes
Bucheckern	die Früchte einer Buche, Buchennüsschen
Carotinoide	sind sekundäre Pflanzeninhaltsstoffe, die im Körper umgewandelt werden und die Immunabwehr stärken.
Chlorophylle	grüne Blattfarbstoffe, die der Photosynthese in Pflanzen dienen.

Cortex ... die lateinische Bezeichnung für Rinde
Creme ... hier ein Hautpflegemittel auf Öl- und Wasserbasis
Dekokt, Abkochung, Absud ... Auskochungen von Pflanzenteilen
Droge ... Fachausdruck aus der Pharmazie, hier haltbar gemachte oder gelöste Wirkstoffe aus Teilen von Pflanzen
Durchgebranntes Fleisch ... gepökeltes, vorgetrocknetes Fleisch, das geräuchert werden soll.
Elixier ... Wein- oder Alkoholauszug von Pflanzenteilen mit besonderer Wirkung
Essenz ... ein Extrakt mit konzentrierten, gelösten Wirkstoffen einer Pflanze im volksheilkundlichen Gebrauch
Einreibung ... volksheilkundliche Anwendungen, die Wirkstoffe in besonderen Aufbringarten durch die Haut in den Körper schleusen.
Enzyme ... sind Bio-Katalysatoren, die biochemische Vorgänge im Körper ankurbeln.
Ethanol ... hochprozentiger Alkohol
Ethylen ... eine Kohlenwasserstoffverbindung, die in Pflanzen bestimmte Prozesse, unter anderem den Reifeprozess, steuert.
Extrakt ... ein konzentrieter eingedickter Wirkstoffauszug aus pflanzlichen Teilen
Fagin ... ein Wirkstoff in der Buchenfrucht, der Buchecker, der im rohen Zustand Bauchschmerzen verursachen kann, durch Erhitzen wird Fagin entschärft.
Farnesol ... ein pflanzlicher Duftstoff, der in der Kosmetik und der Pharmazie Verwendung findet.
Fibonacci-Folge ... Mathematik in der Natur als besonderes Erscheinungsphänomen, in Verbindung mit dem Goldenen Schnitt zeigen sich ganz besondere Wachstumsmuster.
Flavonoide ... Naturstoffe in Pflanzen, meist Blütenfarbstoffe
Flos ... bezeichnet in der Pharmazie die Blüten einer Pflanze
Folium ... bezeichnet in der Pharmazie die Blätter einer Pflanze
Gemmotherapie ... Nutzung der embryonalen Heilkraft der Knospen als Therapieform, ein anerkannter Zweig der Phytotherapie.
Gerbstoffe ... Geschmacksstoffe in Pflanzenteilen, die Proteine fällen und z. B. zum Gerben von Leder verwendet werden.
Geist ... hier: ein mit Früchtearomen angereicherter Neutralalkohol
Gluten – Kleberanteile ... sind Eiweißverbindungen, die klebende Wirkung haben und in Getreidemehlen für das Zusammenhalten von Brot verantwortlich sind.
Grillfurniere ... Geschmacksgeber für Grill- und Räuchergut, sehr dünne Holzbretter, in die das Grillgut zum Garen über dem Feuer gewickelt wird.
Handstraußregel ... regelt die geringe Pflanzenentnahme in der freien Natur.
Heißgetränk ... Pflanzenteile mit kochendem Wasser übergossen, um Wirkstoffe zu lösen.
Heißräuchern ... Konservierungs- und Geschmackgebungsart von Fleisch, Gemüsen und Fisch bei heißen Temperaturen mit Holzaromen
Hydrolat ... entsteht bei der Wasserdampfdestillation als Nebenprodukt der Gewinnung von ätherischen Ölen, Einsatz in der Kosmetik und Naturheilkunde
Kalträuchern ... Konservierungs- und Geschmackgebungsart von Fleisch, Gemüsen und Fisch bei niedriger Temperatur mit Holzaromen
Kambium ... die Gewebeschicht unter der Baumrinde, die für das Dickenwachstum zuständig ist.
Kätzchen ... ist meist der männliche Blütenstand von Bäumen und Sträuchern.

Kolophonium	der harzige Rückstand, der bei der Terpentinölgewinnung übrig bleibt, wird z. B. zum Pflegen von Geigensaiten verwendet.
Kompresse	eine Wundauflage
Kreosotum	ein Destillat aus Buchenholzteer
Limbisches System	ein Gehirnareal, das für die Verarbeitung von Reizen und Informationen, z. B. von Gerüchen, zuständig ist
Lignin	einer der Hauptinhaltsstoffe von Holz, ein Grundbaustein von Pflanzen
Mazerat	ein Auszug von Pflanzeninhaltsstoffen mit Wasser, Öl oder anderen Flüssigkeiten
Mondmonat	eine Zeitspanne einer Mondphase, Dauer meist 29,53 Tage
Mostrich	Senf, der aus Most hergestellt wird.
Mykorrhiza	eine Form der Symbiose zwischen Pilzen und Pflanzen, meist unter der Erde angesiedelt
Nervus trigeminus	Trigeminusnerv, ein Hirnnerv
Olfaktorisches und Gustatorisches System	Die Wahrnehmung von Gerüchen und Geschmacksrichtungen, eine Reihe von Vorgängen, die zur Bestimmung und Deutung der Wahrnehmungen im Gehirn führt.
Oxalsäure	Kleesäure, kommt in Pflanzen in unterschiedlich hohen Konzentrationen vor, kann in Überdosierung Gicht- und Rheumaschübe auslösen.
Oxymel	Sauerhonig, altbewährtes Heilmittel aus der Volksheilkunde
Parodontitis und Parodontose	Akute und chronische Zahnfleischentzündung, in weiterer Folge Zahnbetterkrankung
Pektine	pflanzliche Vielfachzucker und Ballaststoffe mit hoher Gelierkraft
Phänologie	Erscheinungslehre zu Naturabläufen und Beobachtungen im Jahreslauf
Phytotherapie	Nutzung der Heilkräfte der Pflanzen in frischer oder getrockneter Form als Zubereitung
Pionierbaum	sind die ersten Baumarten, die Brach- und Freiflächen besiedeln, z. B. Birke
Pollen	Blütenstaub von Samenpflanzen, Bienennahrung
Prossholz	junge Triebe von Weichholzbäumen, vitaminreiche Nahrung für Wild und Vieh
Proteine	Lebenswichtige Aminosäuren als Bausteine von menschlichen Zellen mit vielfältigen Funktionen
Räuchermehl	feine Sägespäne zum Aromatisieren von Fleisch, Gemüse, Fisch in unterschiedlichen Räucherverfahren
Rezeptoren	meist Endungen von Nervenfasern, die Reize aufnehmen und für das Gehirn verwertbar machen.
Rohmilch	Unbehandelte Milch von Tieren
Rotschmiere	Oberflächenbehandlung von bestimmten Käsesorten
Salbe	Heilmittel streichfähiger Konsistenz, das auf die Haut aufgetragen wird.
Salicin	Vielstoffgemisch, meist in Weidenrinden, wirkt schmerzstillend, entzündungshemmend.
Saligen	weibliche Sagengestalten aus der Alpenregion, die der Volksmusik huldigen.
Sambunigrin	ein cyanogenes Glykosid, das unreife Holunderbeeren ungenießbar macht, im Kochprozess aber unschädlich wird.
Saponine	sekundäre Pflanzenstoffe mit unterschiedlichen volksheilkundlichen Wirkungen für den Menschen
Säure-Basen-Haushalt	physiologisches Regulationssystem im menschlichen Körper innerhalb Stoffwechselfunktionen und der Atmung

Schleimstoffe ... pflanzliche Vielfachzuckerverbindungen mit unterschiedlichen volksheilkundlichen Wirkweisen
Schwellenbaum ... ein Baum, der Verbindungen von Menschen zur Anderswelt und Naturwesen herstellen kann.
Selchen ... eine Konservierungsart über Rauch für Fleisch, Gemüse oder Fisch
Servitutsrecht ... ein Fruchtgenussrecht, Wegerecht oder andere Nutzungsrechte und Dienstbarkeiten auf privaten, fremden Grundstücken
Schneitelbäume ... Nutzung von Laub- und Nadelbäumen für Mensch und Tier durch bestimmte Schnitttechniken
Signalkaskaden ... Ablauf
Signaturenlehre der Pflanzen ... Aufgrund von Pflanzenmerkmalen wird auf die Verwendung in der Volksheilkunde geschlossen und bestimmten Heilkräften zugeordnet.
Sole ... ein Wasser-Salz-Gemisch in bestimmter Konzentration, wird zu Therapiezwecken und als Ansatzflüssigkeit für Kräuterauszüge verwendet.
Spurenelemente ... anorganische Nährstoffe, essentiell für den Körper notwendige Substanzen
Steinfrucht ... Schließfrüchte, deren Samen geschützt in einem verholzten Kern in der Frucht vorhanden sind, z. B. Zwetschke, Kirsche.
Stockausschlag bei Bäumen ... Sprossbildung an Baumstümpfen
Supplemente ... Nahrungsergänzungsmittel
Tannine ... eine Gruppe von sekundären Pflanzenstoffen, die unterschiedlich verwendet werden. Hier wird die gesundheitsfördernde Wirkung beschrieben.
Terpene ... flüchtige organische Substanzen, Kohlenstoff-Wasserstoff-Verbindungen, z. B. Duftstoffe von Pflanzen oder Bäumen
Terpentin ... Balsamöle, Kiefernöle, Gemische von Harz und ätherischen Ölen
Terroir ... Zusammenfassung natürlicher und biologischer Faktoren, die den Geschmack eines Baumes ausmachen, hier: die Geschmackgebung von Holz als Reifebehältnis für Lebens, Nahrungs- und Genussmittel
Tinktur ... meist alkoholisch wässriger Auszug von Pflanzenwirkstoffen
Unguentum ... lateinische Bezeichnung für eine Salbenzubereitung
Verjus ... Saft von unreifen Trauben, milder Essigersatz
Violettglas ... hochwertige, biophontonische Verpackung für Naturprodukte, die eine längere Haltbarkeit des Inhalts bewirkt.
Waschung ... therapeutische Waschungen in bestimmten Abläufen und Streichrichtungen mit Pflanzenwässern, z. B. für somnolente Personen/Wachkoma
Wied ... Reisig, kleine Holzteile, Anheizholz
Wipferl ... hier: Astwipfel, die jährlichen neuen Sprossteile an Ästen von Nadelbäumen
Xylit ... Zuckeraustauschstoff, aus Buchen und Birken gewonnen, hat gesundheitsfördernde Wirkung auf Zähne und Stoffwechsel
Zapfen ... hier: Samenträger von Koniferen, z. B. Tannenzapfen

Anhang

BEZUGSQUELLEN

Bienenwachstücher von regionaler, heimischer Qualität, Backwaxi, Balsampappelknospenöl: Thurerhofs Kräuterwelt, Thur, 1 5164 Seeham/ Salzburg, www.thurerhof.at

Lärchenterpentin für die Salbe: Schusser OEG, Kaindorf 4, 9344 Kaindorf in Kärnten, www.schusser-oeg.at

Sanglekäse im Fichtenkambium:
Kaes.at, Dr. Stephan Gruber, Orchisgasse 72, 1220 Wien, www.kaes.at

Nuhrovia GesmbH Kolpingplatz 3, 5280 Braunau am Inn, www.nuhrovia.at Violettglas, Naturessenzen, besonnte Sole zur Weiterverarbeitung, Zahnputzpulver, Zwetschkenholzzahncreme, Haarwässer

Rosengin: Rosi Huber D'Brennerin, Seedorf 4, 4852 Weyregg am Attersee, www.brennerin.at

Luftraumbefeuchter aus Zirbe, Duftzirbler: Tischlerei Haberl, Oberdorf 10, 4865 Nussdorf am Attersee, www.werkeausholz.at

Naturbelassene Meisenknödelkörbe/-halterungen aus Weidenruten: Edith Weiß Naturvermittlung, Gillaus 58, 3613 Albrechtsberg in Niederösterreich, www.bluetenwald.at

WEITERFÜHRENDE LITERATUR UND LESEEMPFEHLUNGEN

Asamer, Ursula: 50 Shades of Green, Kneipp/ Styria Verlag, 2018

Bäumler, Siegfried: Heilpflanzen Praxis heute Band 1 und Band 2, Elsevier Urban & Fischer Verlag, 2. Auflage 2012

Cisar Erlach, Artur: Der Geschmack von Holz, Malik Verlag, 2019

Dumont, Philippe, Montelle, Edith: Baumgeschichten. Von Ahorn bis Zeder, ott der Sachbuchverlag Schweiz, 1. Auflage 2008

Eilmsteiner, Sabine: Die heilende Kraft des Waldes, Kneipp Verlag, 2018

Fischer-Rizzi, Susanne: Blätter von Bäumen, AT Verlag, 2007

Greiner, Karin: Bäume in Küche und Heilkunde, AT Verlag, 2017

Grüne Reihe des Lebensministeriums: Wald Biotop und Mythos, Band 23, Böhlau Verlag, 2011

Laudert, Doris: Mythos Baum. 7. durchgesehene Auflage, BLV Buchverlag GmbH & Co KG München, 2009

Machatschek, Michael: Laubgeschichten, Böhlau Verlag, 2002

Machatschek, Michael: Speisekammer aus der Natur, Böhlau Verlag, 2015

Machatschek, Michael: Fermentieren von Wildpflanzen, Böhlau Verlag, 2019

Moser, Maximilian, Thoma, Erwin: Die sanfte Medizin der Bäume, Servus Verlag, 2014

Natur&Heilen, Die Medizin der Bäume, Zeitschrift 05/2009

Natur&Heilen, Pflanzenwissen jenseits vom Labor, Zeitschrift 09/2020

Natur&Heilen, Heilkräfte des Waldes, Zeitschrift 11/2014

Nedoma, Gabriela: Knospen und die lebendigen Kräfte des Baumes, Freya Verlag, 2016

Strassmann, Renato: Baumheilkunde, MenSana Verlag, Taschenbuchausgabe Juni 2008

Verein Naturvermittlung: Der Weißdorn, Freya Verlag, 2016

Zwetschkenreich.at: Zwetschkenfibel des Naturpark Attersee-Traunsee, 2018

INTERNETRECHERCHE

Allgemeine Encyclopädie der Wissenschaften und Künste Band 3, E-Book kostenlos

Bäume von Hermann Hesse hesse.projects.ggs.ucsb.edu/works/baeume.html

Gurt Claudius, «Wunn und Weid», Stand: 31. 12. 2011, in: Historisches Lexikon des Fürstentums Liechtenstein online (eHLFL), URL: https://historisches-lexikon.li/Wunn_und_Weid, abgerufen am 5. 6. 2020

oekotrend.ch/wp-content, Zeichen zum Holzschlagen und Schwenden von Ludwig Weinhold, Michl Ober, Josef Schmutzer aus dem Jahr 1912, Mondholz – auf den richtigen Zeitpunkt kommt es an

Wagner, Kerstin: Bachelorarbeit Holztechnologie & Holzbau: Zum Einfluss der Linde auf die Entwicklung der Gesellschaft, Fachhochschule Salzburg

www.lko.at Die Linde Plädoyer für einen Bienenbaum Peter Frühwirth © 2016

www.proholz.at

DIE AUTORIN

Ursula Asamer, 1957 im Sternzeichen des Skorpions in Gmunden geboren und am Rande des Salzkammerguts im oberösterreichischen Alpenvorland aufgewachsen.

Im Zivilberuf Arztassistenz und komplementärmedizinische Therapeutin, seit 2010 stolze Großmutter und seit 2016 aktive Pensionistin. Seit über 20 Jahren beschäftige ich mich mit Gesundheitsthemen, gesamtheitlichen Sichtweisen, schulmedizinischen und ganzheitlich-komplementären Behandlungsmethoden in einer eigenen Praxis.

Schon lange befinde ich mich auch im engen Dialog mit unseren grünen Helfern aus der Natur- und Pflanzenwelt.

Das Wirkungsspektrum von Bäumen, Kräutern, Blüten, Wurzeln, überlieferter Volksheilkunde und der Medizin der Bäume ist gesundheitsfördernd, interessant und immer wieder neu zu entdecken.

Die beste Lehrmeisterin ist die Natur in ihrer Vielfalt und mit all ihren Facetten. Sie bringt uns Wohlbefinden und Gesundheit. Ob es um einen Spurwechsel oder eine Kurskorrektur in Sachen gesunde Lebensweise geht, unsere Pflanzenwelt mit ihren Heilkräften bietet dazu viele Ansätze.

Die Sensibilisierung und das Bewusstsein für die Natur zu stärken, ist mein Ziel in meiner Arbeit als Kräuterpädagogin und Naturvermittlerin. Aktiver, gelebter Naturschutz ist mir ein hohes Anliegen.

Ich freue mich, meine themenbezogenen Naturvermittlungsprogramme bei Naturschauspiel OÖ im wunderschönen Naturpark Attersee-Traunsee anbieten zu können.